EL
MONJE URBANO

PEDRAM SHOJAI

EL
MONJE
URBANO

SABIDURÍA ORIENTAL PARA OCCIDENTALES

APRENDE A PARAR EL TIEMPO,
DISFRUTA CONTIGO MISMO
Y ENCUENTRA PAZ Y FELICIDAD

AGUILAR

El papel utilizado para la impresión de este libro ha sido fabricado a partir de madera procedente
de bosques y plantaciones gestionadas con los más altos estándares ambientales, garantizando
una explotación de los recursos sostenible con el medio ambiente y beneficiosa para las personas.
Por este motivo, Greenpeace acredita que este libro cumple los requisitos ambientales y sociales
necesarios para ser considerado un libro «amigo de los bosques». El proyecto «Libros amigos
de los bosques» promueve la conservación y el uso sostenible de los bosques,
en especial de los Bosques Primarios, los últimos bosques vírgenes del planeta.

Papel certificado por el Forest Stewardship Council®

Título original: THE URBAN MONK: Eastern Wisdom and Modern Hacks to Stop
Time and Find Success, Happiness, and Peace

Primera edición: enero de 2017

Printed in Spain - Impreso en España

ISBN: 978-84-03-51659-5
Depósito legal: B-19819-2016

Impreso en Cayfosa, S. A. (Barcelona)

AG 1 6 5 9A

Penguin
Random House
Grupo Editorial

*A la visión de un futuro pacífico, sostenible
y abundante para los hijos de nuestros hijos.
Pongamos de nuestra parte, alcancémoslo
y hagámoslo posible para toda la vida futura.*

ÍNDICE

INTRODUCCIÓN

¿Te has sentido alguna vez culpable por no haber ido al gimnasio?

¿O por no haber ido a clase de yoga?

¿Aprendiste a meditar en algún momento de tu vida y luego dejaste de hacerlo?

¿Te arrepientes de no dedicarles más tiempo a tus hijos, tu pareja, tus amigos o tus cada vez más ancianos padres?

¿Tienes una pila de libros en la mesita del dormitorio a los que miras cada noche preguntándote cuándo empezarás a leerlos?

¿Alguna vez has vuelto de unas vacaciones sintiéndote más agotado y con menos fuerzas para afrontar la vida que cuando te fuiste?

¿Te sientes estresado, cansado o totalmente aburrido de tu rutina?

Bienvenido al mundo moderno.

Las cosas no siempre fueron así. Nuestros antepasados tenían más tiempo en su vida. Tenían más espacio. Caminaban por el mundo y respiraban aire fresco. Pasaban tiempo preparando comidas y disfrutándolas con sus seres queridos. Estaban más expuestos a la naturaleza y a los elementos. La vida era menos estresante, estaba menos cargada de cosas. Vivían rodeados de su familia y pertenecían a una extensa tribu.

Ahora, tenemos facturas. Nos bombardean con millones de informaciones cada minuto. Las noticias sobre extremistas que intentan matarnos suelen ir acompañadas de un aumento en los índices de cáncer y de desplomes económicos. Nuestros hijos están a merced de los intereses comerciales y los casquetes polares se están derritiendo. Todo cuesta más de lo que quisiéramos y nos encontramos corriendo de un lado para otro como locos intentando que este grotesco espectáculo siga adelante.

¿Y para qué?

Somos el blanco de cientos de balas y no contamos con las herramientas necesarias para esquivarlas: en eso consiste la crisis de la población urbana o suburbana moderna. Vivimos estresados, cansados, sin energía y perdidos. Algunos de nosotros inconscientemente pensamos que los milenarios secretos orientales eran la solución a nuestros problemas. Después de que los Beatles nos descubrieran a Maharishi y los gurús empezaran a volver de Asia, pensamos que el yoga, la meditación, el ayuno, el taichí y las prácticas zen iban a salvarnos. Ahora, nos encontramos sumidos en plena tormenta y ni siquiera nos acordamos de estos ejercicios cuando más los necesitamos.

Hay quien se aferra a la religión e intenta participar en la vida de su comunidad. A algunos les funciona; otros acaban desilusionados y decepcionados. Muchas de las viejas instituciones no han sabido adaptarse con la suficiente rapidez a estos tiempos cambiantes y mucha gente siente que estas instituciones se han quedado anticuadas, que no entienden nuestros problemas.

Nos dicen que el deporte es bueno para la salud, así que probamos con el gimnasio. Nos obligamos a soportar el apestoso aire viciado y la muchedumbre que se admira en el espejo... ¡Puaj! Sabemos que tenemos que movernos, pero el mero hecho de ir al gimnasio ya supone una ardua batalla para muchos de nosotros. ¿Movernos?, ¿qué es eso? La mayoría de nosotros nos pasamos una hora al día de camino al trabajo y otras buenas ocho horas sentados en la oficina. Cuando llegamos a casa, estamos de mal humor, cansados y no muy dispuestos precisamente a hacer deporte.

Si algo de esto te suena familiar, estás en el lugar adecuado. Este libro ha sido especialmente escrito para alguien como tú. ¿Por qué? Pues porque he viajado por todo el mundo aprendiendo de los maestros espirituales, y gente profesional me ha enseñado diferentes técnicas curativas. Me he entrenado para poder aportar equilibrio y paz al mundo del que vengo. Cuando volví de los Himalayas, tardé muy poco en darme cuenta de que mis pacientes, gente trabajadora normal y corriente que vivía en Los Ángeles, no iban a hacer lo que yo hice. No iban a asistir a un retiro de meditación de un mes, ni a practicar *chi kung* varias horas al día, ni a recorrer el mundo en un futuro próximo. Estaba claro que no iban a cambiar de vida ni a convertirse en monjes. Tampoco iban a afeitarse la cabeza ni a emprender un viaje hacia las montañas sagradas en busca de Dios. Tenían hijos, facturas, perros y marrones en su día a día, y ahí es donde necesitaban la ayuda. Necesitan ayuda aquí en la tierra.

He dedicado toda mi carrera profesional a acercar la sabiduría ancestral de Oriente a la gente normal y corriente que vive en los pueblos y ciudades, aquí en la tierra. Este libro es el resultado de miles de sesiones de éxito con distintos pacientes. Lo que descubrí después de todos estos años es que Occidente ha sido víctima de un terrible malentendido, cuyas consecuencias sufren miles de millones de personas.

El problema es que la mayoría de las prácticas esotéricas importadas desde China, el Tíbet y la India tenían un origen ascético, pero eran llevadas a cabo por los cabezas de familia occidentales.

Los ascetas han renunciado al mundo. Viven en la renuncia del dinero, el sexo, la familia y otras actividades mundanas en busca de una conexión más profunda con lo Divino, el Tao, la naturaleza de Buda o cualquier otra corriente de la que beban. Aceptan la austeridad y una serie de prácticas muy específicas que requieren, año tras año, un compromiso diario de varias horas. Ese es el camino elegido y, sinceramente, me alegro por ellos.

Pero ¿qué pasa con nosotros? Nos sentimos culpables por no ir a clase de yoga porque el partido de fútbol de nuestro hijo llegó hasta la prórroga. Nos prometemos que vamos a meditar por la noche, pero luego nos quedamos dormidos porque nos hemos pasado todo el día devanándonos los sesos sentados en la oficina. Intentamos comer bien, pero la comida del aeropuerto no es precisamente lo que comen los monjes. Intentamos sacar lo mejor de la desastrosa vida que llevamos, pero hay un error fundamental en todo este planteamiento. Los ascetas han renunciado al mundo; nosotros tenemos hipotecas, plazos del coche, matrículas universitarias y depósitos de gasolina que tenemos que llenar. Necesitamos un conjunto de principios rectores que nos ayuden a navegar por un mundo con dinero, estrés, compresión temporal y muchas personas que solicitan nuestra atención. Vivimos en un mundo poco tranquilo y lleno de tensiones, ¿cómo podemos encontrar la calma y no perder los malditos papeles en un lugar así?

SUMÉRGETE EN *EL MONJE URBANO*

Este libro incluye valiosos ejercicios que podrás utilizar en tu día a día, aquí y ahora, para encontrar paz y tener más energía. En vez de enfadarte con la señora que va antes de ti en la tienda por andar rebuscando céntimos en el monedero, deberías darle las gracias porque te ha regalado el valioso don del tiempo: ahora tienes cinco minutos para practicar los ejercicios de respiración y beber de esta infinita fuente de energía y paz que es tuya por derecho.

Mientras estudiaba un curso preparatorio en Medicina en la UCLA, descubrí el taichí. Gracias a eso, conocí a un abad taoísta que me enseñó kungfú y *chi kung*. Me convertí en un monje taoísta y viajé por todo el mundo; conocí a distintos maestros y me he dedicado a estudiar diferentes prácticas esotéricas desde entonces. Sin embargo, me crie en Los Ángeles, tuve amigos normales y fui a una escuela corriente. Me he ido de fiesta con estrellas del rock y me he sentado en cabañas amazónicas con los mejores. Me hice doctor en Medicina Oriental y he tratado a miles de pacientes que me han ayudado a entender el sufrimiento humano, no de manera abstracta y moderna, sino en su versión más real. He ayudado a gente normal a superar crisis reales durante años: parejas que se divorcian, personas que se mueren, hijos que tienen problemas con las drogas, mujeres que no pueden quedarse embarazadas... Esa es la vida real aquí abajo, en la ciudad, y es aquí donde necesitamos ayuda. Olvidémonos de la sublime espiritualidad por un momento y pongamos los pies en la tierra. Una vez que hayamos solucionado todos nuestros problemas en casa, entonces sí podremos explorar el maravilloso reino místico, pero el punto de partida debe ser nuestra situación actual, la que nos hace sufrir.

Yo tengo mujer e hijos, soy un padre de familia. También tengo perros y una hipoteca, así que te entiendo. También soy el fundador de Well.org, hago películas y tengo una gran empresa que requiere atención constante. Sé que el pago de las nóminas está a la vuelta de la esquina y los impuestos siguen subiendo. ¡Es lo que tiene! Un cabeza de familia crea empleo y tiene el deber de velar por todos aquellos que viven en su universo. Un cabeza de familia sale adelante mes tras mes y no se amilana cuando las cosas se ponen feas. Un cabeza de familia tiene que ser un superviviente, primero, y aprender a superarse, después.

Ha llegado el momento de arremangarnos y ponernos manos a la obra. Yo me considero un *monje urbano* y te invito a que, al final de este libro, tú también lo seas. ¿Por qué? Pues porque el mundo necesita que des un paso al frente y vivas tu vida plenamente. Nuestros hijos necesitan que protejas el medio ambiente y tomes mejores decisiones a la hora de comprar. Tu familia necesita que vivas más informado, que estés más presente y que seas más cariñoso cuando estás con ellos. Tu negocio necesita que te impliques y traigas más riqueza al mundo. Y, lo más importante, tú necesitas volver a contar contigo mismo.

Tenemos que empezar a hacer las cosas de otra forma y a convertirnos en las personas que estamos destinadas a ser, aquí y ahora, en nuestros hogares, oficinas e incluso en los largos trayectos de camino al trabajo.

El libro se divide en diez capítulos en los que se analizan diez grandes problemas a los que nos enfrentamos en el mundo moderno: el estrés, la escasez de tiempo, la falta de energía, los problemas de sueño, un estilo de vida sedentario, la mala alimentación, la desconexión con la naturaleza, la soledad, los problemas económicos y la falta de sentido y propósito en la vida. Iniciaremos cada capítulo con una breve historia basada en el tratamiento de un paciente. Estas historias son el resultado de las miles de interacciones que he tenido, como médico y como sacerdote, con gente normal y corriente durante años. Hemos modificado los nombres y las historias para proteger la identidad de los protagonistas, combinando información de distintos casos, aunque todas reflejan encuentros reales y consejos para gente real. De ahí pasamos a una primera sección titulada «El problema», en la que aislamos el problema en cuestión y lo analizamos desde una nueva perspectiva. Este primer paso nos lleva a la siguiente sección, «Sabiduría de monje urbano», que bebe de la filosofía esotérica oriental y de las culturas chamánicas ofreciéndonos un nuevo ángulo desde el que analizar nuestros problemas y buscar una salida. Y así es como llegamos a las soluciones. En primer lugar encontraremos las «Prácticas orientales» extraídas de la sabiduría ancestral y de tradiciones milenarias; se trata de un conjunto de métodos conocidos y eficaces, caracterizados por su sencillez y elegancia, que han demostrado su utilidad durante milenios. A continuación, encontrarás los «Trucos modernos», una serie de ejercicios prácticos, aplicaciones y otras técnicas que he comprobado que funcionan a la hora de solucionar los problemas contemporáneos. Cada capítulo concluye con otro pequeño relato que cierra la historia inicial con una solución. Al final del capítulo, te daré algunos consejos y un plan de acción que transformarán tu vida de forma radical. La práctica es lo que llamamos un «Gong» y llevo años enseñándola a mis alumnos. Se trata de un ejercicio personalizado que tú mismo elegirás (basándote en los principios y las lecciones que aprenderás en el libro) y que te proporcionará un plan de acción, una hoja de ruta y un esquema para lograr tus objetivos. Este sistema me ha permitido ayudar a miles de personas como tú y estoy seguro de que a ti también podré ayudarte.

Tú eliges por dónde empezar, aunque te recomiendo que leas el libro entero, ya que en mis historias probablemente identificarás a muchas de las personas que forman parte de tu vida y serás capaz de empatizar con ellas cuando descubras que también sufren. Cuando estés listo para enfrentarte a tu primer Gong, podrás consultar los ejercicios de referencia del libro siempre que lo desees.

Disfruta del libro, haz marcas, anota ideas en los márgenes y deja que te ayude a identificar aquellos aspectos de tu vida en los que la energía está estancada. Te enseñará a disfrutar del camino y a encontrar tu energía personal a lo largo del recorrido.

Me alegro mucho de que estés aquí.

CAPÍTULO 1

Estrés: ¿cómo esquivar los disparos?

Robert pertenece a la «vieja escuela». Creció en una época en la que solo había tres opciones en la vida: ser doctor, abogado o ingeniero. Estudió Derecho sabiendo que tendría un trabajo estable y una buena seguridad. Interminables horas de duro estudio, exámenes en el Colegio de Abogados, semanas laborales de setenta horas, mucho café y tratar con gente difícil fueron los baches que encontró en su camino hacia el éxito. Luchó y trabajó para llegar lejos en su profesión y ahora es socio menor en una empresa bastante buena. Sin embargo, los días siguen haciéndosele muy largos y padece un estrés desmedido. Desde luego tiene mucho menos pelo.

Su mujer dejó de trabajar cuando tuvieron el segundo hijo, por lo que él soporta toda la carga financiera de la familia.

Vive en una casa muy bonita en un buen barrio. Tienen una piscina y un *jacuzzi* que no utiliza desde el año pasado. También tienen una multipropiedad a la que les agobia no poder ir. El precio del seguro médico aumenta año tras año y su hijo pequeño padece asma y alergias alimentarias bastante extrañas, que cuestan dinero, tiempo y plantean más retos si cabe. Incluso con una niñera trabajando a jornada parcial, parece que no hay tiempo para dormir y sus últimas vacaciones a Maui le causaron más problemas que otra cosa. Volvió de ellas agotado y abatido.

La vida de Robert es muy estresante. Aunque tiene un techo, coches y mucha comida, en el fondo vive aterrado. Sabe que no puede mantener este ritmo. Sabe que algún día se va a derrumbar, pero siente que no puede hacerlo porque, a fin de cuentas, todos dependen de él. Bebe café, va al gimnasio, toma multivitaminas y se da un masaje de vez en cuando, pero, durante todo ese tiempo, no puede dejar de pensar que no puede tirar la toalla.

Un buen abogado tiene que conducir un Lexus.

Los buenos padres llevan a sus hijos a colegios privados.

La gimnasia y las clases de piano son casi una obligación.

Si el resto de padres envían a sus hijos a un sofisticado campamento de verano, nosotros no vamos a ser menos...

Ha perdido la alegría de vivir. El estrés le ha ganado la batalla y se pasa la vida intentando no derrumbarse. Su padre le enseñó que los «hombres de verdad» nunca se rinden; libran una lucha justa por su familia y nunca muestran ningún signo de flaqueza. Ve las noticias por la mañana mientras desayuna cereales con sus hijos. Se sabe un padre ausente que no está viendo a sus hijos crecer y se lamenta por ello. Robert siente que la debilidad es cada vez más fuerte y tiene muchísimo miedo de pensar que va a perder la batalla. Al fin y al cabo, con todos los gastos, la familia apenas tiene ahorros y, si él dejase de trabajar, se verían muy apurados en tan solo unos meses. Si él la palmase, la familia recibiría una cantidad decente de dinero con su seguro de vida. Ya le ha dado vueltas a esta idea un par de veces y le da pánico pensarlo.

Robert está estancado. Sus glándulas suprarrenales se están agotando y parece no ver la luz al final del túnel. No encuentra ninguna salida y, cada día, una sigilosa sensación de desesperación crece en las sombras de su psique —un angustioso sufrimiento por la propia supervivencia de su familia—. Robert sigue luchando, pero el médico ya le ha avisado de que tiene la tensión muy alta. Hay muchas cosas en juego; su vida es una de ellas. ¿Qué debe hacer?

EL PROBLEMA

En cierto modo, todos tenemos el mismo problema que Robert. Nuestros cuerpos se han desarrollado y han evolucionado durante millones de años en respuesta a determinados factores estresantes pero predecibles de nuestro entorno. La respuesta de «lucha o huida» es un hermoso mecanismo que nos ayuda a permanecer con vida en un mundo peligroso lleno de depredadores y escasez. Esta reacción se generó para ayudarnos a escapar de aquellas situaciones que amenazan nuestra supervivencia, optimizando nuestro metabolismo para adoptar el modo de crisis. Cuando nos encontramos en una situación peligrosa, nuestros niveles de cortisol y/o de adrenalina aumentan ayudando a desviar el flujo sanguíneo hacia los grandes músculos que sirven para luchar contra un oponente o huir de un depredador. Son hormonas de estrés que ejercen un control total sobre varios sistemas de nuestro cuerpo, de modo que estas pequeñas variaciones en sus niveles pueden alterar todos nuestros marcadores. Además, este proceso funciona en colaboración con un elegante mecanismo de regulación de nuestro sistema nervioso. El sistema nervioso simpático desencadena las reacciones de lucha o huida y rápidamente nos permite desviar la energía a aquellas zonas que más lo necesitan durante una crisis. El lado opuesto de esta regulación es el sistema nervioso parasimpático, al que podríamos considerar el modo «descansa y digiere», en el que el cuerpo puede repararse, descomponer los alimentos y llevar a cabo el proceso de desintoxicación y excreción. Nuestro cuerpo está diseñado para extraer elegantemente el flujo sanguíneo de los órganos internos, el sistema inmunitario y las regiones del cerebro asociadas con la capacidad de raciocinio y desviarlo hacia los cuádriceps para que así podamos correr como las balas en caso de necesitarlo. Cuando las cosas se ponen feas, es de gran ayuda, pero analicemos la vida de Robert y veamos por qué este mecanismo no le hace ningún favor al abogado moderno.

El estrés de Robert no lo genera ningún incidente grave. Sí, de vez en cuando el coche de al lado se cuela en su carril y él le hace una peineta mientras se le disparan las pulsaciones, pero esto no es lo que está acabando con él. Es el estrés crónico. Los impalas salvajes de África no piensan en las diferentes situaciones hipotéticas en las que podrían ser atacados por un león. Se dedican a comer, pasear, tener mucho sexo y, si surge una amenaza, huir de ella. Si sobreviven, lo borran de su mente y vuelven a sus vidas. Nosotros no somos así. Seguimos recreando la situación una y otra vez en nuestra cabeza, asociándola a determinadas emociones, imaginando distintos resultados y sin borrarla del todo. El impala avanza; nosotros seguimos en terapia hablando de lo mismo o, peor aún, reprimiéndonos. No conseguimos adoptar por completo el modo «descansa y digiere» para equilibrar estos sistemas, por lo que siempre estamos nerviosos.

El estrés crónico mata.

Robert tiene breves momentos de vida o muerte cada vez que un cliente amenaza con llevarse el caso a otro bufete o que un juez desestima un recurso. El otro día su mujer llegó a casa con un bolso muy elegante y el corazón le dio un vuelco: «¿Cuánto te ha costado?».

Los factores de estrés modernos son una forma de «muerte por mil cortes». Nuestro concepto abstracto del dinero o del valor está íntimamente ligado a nuestra supervivencia y activa la misma reacción: nos altera y estresa. El dinero escasea y nuestros cuerpos interpretan este mensaje que hemos interiorizado de forma visceral. Los bajos niveles de cortisol durante un periodo prolongado de tiempo tienen consecuencias nefastas sobre nuestro cuerpo. Podríamos decir que el sistema simpático de Robert funciona «a toda marcha» y se ha olvidado de cómo bajar de velocidad y relajarse. Puesto que su cuerpo desvía constantemente el flujo sanguíneo de los sistemas vitales, estas son algunas de las consecuencias más predecibles.

Menos energía para el sistema inmunitario

Un cuerpo sometido a estrés permanente es como un país en guerra, en el que todo el dinero, todas las tropas y todos los recursos se han enviado al frente (lucha estresante o vías de huida). ¿Quién va a patrullar las calles? ¿Cómo vas a luchar contra las bandas locales y las células terroristas? No puedes. Acabarán colándose sigilosamente, apoderándose de ti y manifestándose en forma de enfermedad. Cuando quieras recurrir a las tropas que están en el frente, el daño ya estará hecho y tendrás que invertir mucha más energía en arreglarlo.

Tampoco se trata de un problema provocado por un mal diseño. El sistema inmunitario humano es extraordinario: constituye un complejo universo que nos ayuda a reconocer aquellos objetos que no pertenecen a nuestro cuerpo y a deshacernos de ellos. Cuando todo funciona correctamente, resulta maravilloso admirar la precisión y la eficacia de nuestra inmunidad. Sin embargo, son muchas las personas en el mundo moderno que sufren las consecuencias de un sistema inmunitario débil. Los Centros para el Control y la Prevención de Enfermedades (CDC, por sus siglas en inglés) identifican el estrés como la causa del 90 por ciento de las enfermedades crónicas. ¡Es un porcentaje altísimo! Cuando su sistema inmunitario deje de ser lo suficientemente fuerte, Robert estará condenado a padecer una enfermedad crónica seria. Es solo cuestión de tiempo.

El problema de Robert es su vida.

Todos los días, Robert hace sin querer cosas que desvían los recursos destinados a su sistema inmunitario, impidiendo que el cuerpo mantenga el equilibrio. Al cabo del tiempo, el equilibrio se rompe y nos ponemos malos.

Menos energía para el sistema digestivo y los órganos internos

Cuando el cuerpo recibe la señal que nos avisa de que se acerca un león, desvía la sangre de las vísceras (órganos internos) hacia los músculos que, con algo de suerte, podrán ayudarnos a sobrevivir al *ataque*. Cuando esto sucede, nuestros órganos pagan las consecuencias. El flujo sanguíneo disminuye y se desvía hacia los grandes músculos de «joder, sácame de aquí». De este modo, limitamos la energía y los nutrientes destinados a nuestros órganos vitales. Imagina esta situación como si fuese una economía en tiempos de guerra: no hay dinero para libros, ni para arreglar las calles, ni para cupones de alimentos...

Cuando le quitamos energía al tracto digestivo de forma regular, empiezan a aparecer los problemas de mala digestión, deficiencia nutricional, estreñimiento o heces blandas, indigestión, hinchazón, fatiga y, con el tiempo, el síndrome del intestino permeable. El modo «descansa y digiere» nos permite recuperarnos, pero ¿qué sucede cuando no conseguimos entrar en este modo? Mira a tu alrededor: existe toda una industria sanitaria valorada en billones de dólares que gana dinero gracias a las enfermedades crónicas provocadas por los malos hábitos y el estrés descontrolado.

La montaña rusa de la glucemia

Cuando los niveles de cortisol aumentan, suceden muchas cosas. Como ya dijimos, el flujo sanguíneo se dirige a los músculos de «joder, sácame de aquí», pero nuestros niveles de glucosa también se ven muy afectados.

El cortisol es como una tarjeta de crédito.

En una situación crítica, el cuerpo necesita energía de forma inmediata, así que podemos decir que el cortisol funciona como una tarjeta energética que nos aporta una recompensa instantánea. Permite extraer energía de las reservas de glucógeno del hígado para cubrir necesidades inmediatas, pero este hecho puede tener graves consecuencias. El páncreas es sensible a este aumento inicial de azúcar en sangre y, como reacción, segrega insulina para captar este azúcar y transportarlo a las células. Es un buen mecanismo hasta que empieza a descarrilar. Tras años de exposición a esta montaña rusa de cortisol, la subida de insulina suele superar a la liberación de azúcar (energía), haciendo que tengamos hambre y necesitemos más azúcar o hidratos de carbono para subsanar el desequilibrio. Este déficit puede traducirse en mal humor, irritabilidad, dolor de cabeza y fatiga generalizada, que a menudo nos obliga a recurrir al café para sobrevivir al bajón energético. Un *muffin* me vendría muy bien... Hablaremos del papel de la adrenalina en el capítulo dedicado al sueño.

Mucha gente sufre estos altibajos que hacen que un martes a mediodía ya estén agotados y anden soñando con el fin de semana.

Causando estragos en el sistema endocrino

Me he encontrado con docenas de atletas de élite que acuden a mi consulta y me confiesan en secreto que no pueden tener erecciones. El cortisol suele ser la causa. Los altos niveles de estrés crónico acaban por consumir las glándulas suprarrenales y, con el tiempo, también se alimentan de testosterona, estrógenos, DHEA y otras vías hormonales. «Desvestir a un santo para vestir a otro» se ha convertido en un dogma de la sociedad moderna que, desde luego, se refleja en nuestros cuerpos. Hoy en día, personas como nuestro amigo Robert le roban energía al futuro para dársela a su presente, sin tener en cuenta los altos intereses de este tipo de préstamo. ¡Da pena! Puede que te vaya bien en la cama a los treinta, pero en algún momento te darás un buen golpe y tu cuerpo se pondrá en huelga. Al agotar estas hormonas, ganarás peso, te arrastrarás muerto de cansancio y te llevarás un buen palo en la cama: «Lo siento, no sé qué me pasa, dame un minuto...».

Sí, existen fármacos para todos estos problemas, pero el origen suele estar en una mala economía energética provocada por el funcionamiento anómalo de nuestras glándulas suprarrenales. Las medicinas, aparte de tener efectos secundarios, no podrán eliminar el problema subyacente.

Un duro golpe para nuestro cerebro

Probablemente una de las peores consecuencias derivadas de estos altos niveles de estrés crónico sea el desvío del flujo sanguíneo destinado a la corteza prefrontal. Esta es la parte de nuestro cerebro que nos diferencia de los monos, ya que nos permite desarrollar habilidades cognitivas, como el pensamiento abstracto, la resolución de problemas, la capacidad de raciocinio o el razonamiento moral superior. Es también la parte del cerebro que nos permite controlar la inhibición de impulsos. Esta área, denominada «el tercer ojo» en las tradiciones ancestrales, debe ser cuidada y preservada. El problema es que el mecanismo de regulación de nuestro cuerpo sabe que no necesitamos esta parte de nuestro cerebro para trepar un árbol si un rinoceronte nos ataca, por lo que desvía la sangre y la energía hacia el rombencéfalo, que es el encargado del comportamiento reflexivo instantáneo (una vez más, prima el impulso de «sácame de aquí o cárgate a ese tipo que se intenta llevar mis cosas»).

VIAJES PERSONALES

Cuando regresé de los Himalayas, decidí hacer uso de mi rebosante energía y de mi renovado sentido de misión y enfrentarme a la crisis de nuestro servicio sanitario. Pensaba que podía reparar un sistema disfuncional, así que fundé un grupo médico y, en cuestión de tiempo, teníamos tres oficinas. Salíamos en las revistas por nuestro innovador enfoque en medicina alternativa y recibíamos buenas críticas, pero sabía que no servía de nada. Yo básicamente me había formado en la prevención y la predicción de enfermedades, y, sin embargo, formaba parte de un modelo de negocio que me obligaba a esperar a que alguien se pusiese enfermo y acudiese a mí con una enfermedad diagnosticable. Intenté buscar otras soluciones dentro de ese caótico sistema y me topé una y otra vez con aseguradoras que solo querían nuestro dinero. Fue una situación muy estresante y que, desde luego, puso a prueba mi capacidad para meditar.

Pude soportarlo durante algunos años, pero, al final, caí en la cuenta: da igual que seas un buen boxeador; si te quedas en el *ring* durante mucho tiempo, al final te acabarán dando. Entonces advertí que podía hacer un trabajo mucho mejor y más relevante en el sector del bienestar y de los medios de difusión. Me alejé de aquel camino lleno de balas de estrés y mi vida cambió a mejor. ¿Cuál es la lección? Pues que, a veces, tenemos que ser capaces de pensar fuera de los límites que nos confinan y darnos cuenta de que el estrés autoimpuesto puede desaparecer con una simple decisión.

En el improbable caso de que te encontrases con un león en Chicago, este mecanismo sería muy útil. También sirve para apartarnos cuando un taxi no nos ha visto cruzar. Sin embargo, una mala asignación crónica de energía hacia nuestro cerebro de lucha o huida hará que seamos más reactivos, desconfiados, menos empáticos e incapaces de tomar decisiones meditadas a largo plazo. El razonamiento moral superior es lo que nos hace ser lo que somos. La religión, la ética, el honor y la conciencia provienen de esta materia gris positiva, por lo que nuestra inhabilidad para utilizarla es toda una tragedia. Mucha gente vive en «modo supervivencia» y podrá verse reflejada. Es otro de los motivos por los que tantas personas hacen cosas que les hacen daño, aun a sabiendas de que estas resultan nocivas. Sabemos que fumar no es bueno, pero mucha gente lo sigue haciendo; también sabemos que el dulce engorda, pero nos lo comemos de todos modos, y, por supuesto, sabemos que nuestro ex solo nos da dolores de cabeza, pero al final acabamos llamándolo. Sin un buen acceso a la corteza prefrontal, no estaremos utilizando la parte de nuestro cerebro que nos capacita para rechazar aquellos impulsos que nos hacen daño. Vivir con estrés crónico nos impide acceder a esta región del cerebro y hace que seamos mucho más impulsivos e inconscientes.

La vitalidad contrarresta el daño

En mi primera película, abordo el concepto de la vitalidad, la energía de la vida que alimenta nuestros órganos, proporciona energía a nuestras células y nutre nuestro cerebro. Es la moneda común de la vida y también el campo de fuerza que nos protege de enfermedades y de los nocivos efectos del estrés. Cuando el estrés de Robert supera a su vitalidad, hay un problema. Cuando nuestro cuerpo supera el punto de no retorno de un estado continuo de lucha o huida, los problemas llaman a la puerta y, desde luego, no son nada agradables. Si gastamos nuestros *ahorros* y nuestros niveles de energía se desploman haciendo que nuestro cuerpo no pueda más, empezaremos a sacrificar sistemas. Y ahí es cuando la cosa se pone fea y nosotros acabamos en cualquier hospital esperando a que un señor con bata blanca nos haga engullir pastillas. Entonces nos entra el pánico y empezamos a temer por nuestra vida.

La muerte siempre está ahí, recordándonos que la supervivencia no es un concepto tan lejano. Podemos utilizar este punto a nuestro favor.

SABIDURÍA DE MONJE URBANO

Sobrevivir no es suficiente. Queremos prosperar. El monje urbano construye una base sólida y comienza a cultivar la plena conciencia. Aprendemos a salir del modo de lucha o huida y ascendemos hasta el ático del rascacielos que constituye nuestro cuerpo. ¿Qué significa esto?

Trabaja para desarrollar la corteza prefrontal.
Potencia tu tercer ojo.

Diversos estudios demuestran que incluso los meditadores novatos desarrollan una mayor densidad en las neuronas corticales de la corteza prefrontal. ¡Es una buena noticia! Significa que podemos trabajar activamente esta parte de nuestro cerebro, que nos ayudará a mantener la mente fría bajo presión y a manejar mejor las situaciones de estrés. La curva de desarrollo que nos permite pasar del pánico frenético a la calma y el equilibrio es el viaje que emprende el monje urbano. Llegar a la meta es fundamental y este libro te ayudará a conseguirlo, ya que analizaremos algunos de los requisitos básicos para lograr este objetivo, como, por ejemplo, tener una dieta saludable, dormir bien, el movimiento del espectro completo, el tiempo de descanso y una forma sana de pensar.

El maestro mantiene la calma

El mundo es caótico. Nuestras vidas nos conducen al frenesí. Si no mantenemos la calma, estamos perdidos. Es importante vivir en el ojo del huracán, donde reina la calma y el caos no es la ley imperante.

Buena parte de la sabiduría de los antiguos monasterios ha sido custodiada durante milenios en centros de excelencia: templos, escuelas, cuevas y academias ajenas a los sinuosos vaivenes del mundo exterior. Nuestra labor consiste en devolver la paz a nuestras ciudades y establecer las pautas para una vida equilibrada aquí y ahora.

En Occidente, pensamos erróneamente que la meditación es algo que tenemos que hacer cuando ya estamos estresados. Es como decir que hay que estirar después de que nos dé un tirón. Sí, algo ayuda, pero desde luego llega tarde.

Te propongo otra forma de analizar la situación que puede ser de ayuda.

Mucha gente utiliza la meditación como un icono más de su escritorio. Cuando están estresados, hacen doble clic, realizan algunas respiraciones, se sienten un poco mejor y vuelven a las doce ventanas abiertas que tenían y que les llevan directamente de vuelta al caos.

Intenta utilizar la meditación
como un sistema operativo.

Esto conlleva analizar constantemente tu yo consciente y abrir la puerta a la calma. Puedes sentir los pensamientos que te hacen estar reactivo e inquieto, y aprender a dejarlos pasar, a no dejar que te desestabilicen.

La mente es reactiva.

Cuando experimentamos una nueva vivencia, tendemos a relacionar esta experiencia con un recuerdo pasado de algo parecido; si este recuerdo está asociado a una carga emocional no resuelta, la revivimos una y otra vez, y empezamos a sentirnos incómodos. Esta incomodidad es la que nos hace estar inquietos, coger un cigarro, cambiar bruscamente de tema o hacer cualquier otra cosa para evitar sentirnos mal. Y así durante todo el día.

La clave está en aprender a permanecer en modo no reactivo. ¿Acaso significa hacer las cosas sin pasión? En absoluto. Vive, ama, ríe y aprende, pero no seas un amante del drama. Vive tu vida con pasión y con un propósito, pero no seas un títere en la función que los demás han diseñado para ti. Tú llevas las riendas. O, mejor aún, deja que tu yo superior conduzca y relájate.

El deseo como raíz del sufrimiento

Buda tenía mucho que decir sobre esto y eso que era un tipo que no hablaba demasiado. Identificó el origen del sufrimiento humano en dos sentimientos: la aversión y el deseo. O bien nos disgusta algo o cómo ese algo nos hace sentir, y nos alejamos; o bien nos gusta y lo deseamos con todas nuestras fuerzas, haciendo que queramos más.

He pasado gran parte de mi vida estudiando el budismo y viajando por los Himalayas hasta que decidí volver y ser el capitán de mi propio barco. Mientras estudiaba Introducción al Marketing y me precipitaba por aquella madriguera durante los años siguientes, me horrorizaba ver cómo mis dos mundos entraban en conflicto. Como monje taoísta y estudiante de budismo, se me había encomendado la tarea de aliviar el sufrimiento humano; como propietario de un negocio, me enseñaron a utilizar el deseo como la herramienta más poderosa a la hora de aumentar las ventas. Es una industria que se alimenta de las debilidades del ser humano. Te puede convertir en un parásito que se alimenta de fantasmas hambrientos en lugar de salvarlos. Obviamente, también hay buena gente dentro del sistema que hace todo lo que puede, pero el objetivo fundamental sigue siendo el mismo: cómo coaccionar y al mismo tiempo ayudar a la gente. Afortunadamente, yo encontré un camino más sano y he utilizado este afán por innovar para despertar a las personas y hacer que puedan ayudarse a sí mismas y al resto del mundo. No obstante, el *shock* inicial fue duro de llevar.

Pero ¿qué tiene que ver esto contigo? *Todo.*

Todos los días, las veinticuatro horas del día, nos bombardean con publicidad. Se ha convertido en una auténtica batalla para la mente humana. Desde la parada del autobús hasta el mensaje de *spam* que recibes, las empresas luchan por tu atención y por tu dinero incesantemente. Están por todos lados y no van a parar. Si bajas la guardia, podrías coger un virus mental bastante contagioso (llamado meme).

¿Virus mental?

Sí, del tipo «Me tengo que comprar ese coche porque los hombres de verdad conducen cochazos».

O como este: «Quiero ese bolso porque Suzy tiene uno muy bonito y acapara toda la atención».

O este: «Mis hijos tienen que llevar cosas de tal diseñador para que el resto de padres vean que también somos gente con clase».

La lista sigue. Nos pasamos el día corriendo de un lado para otro para ganar dinero que, al final, nos acabamos gastando en chorradas que en realidad no necesitamos, siguiendo un guion y unas *necesidades* que nos inoculan en el cerebro, para al final tener poco dinero y andar siempre preocupados por llegar a fin de mes. ¿Te acuerdas de Robert? Gana mucho dinero y, aun así, está arruinado. Ese es el sistema en el que vivimos: el dinero es sinónimo de supervivencia; si lo tienes, te preocupa perderlo y, con independencia de cuánto tengas, nunca es suficiente.

Un monje urbano no se preocupa por su estatus y, por lo tanto, es libre.

El sentido de su identidad se basa en unos robustos pilares interiores. Ha cultivado su respiración y utiliza su conexión con todo el universo. No le importan los elogios de los demás. La vida y la naturaleza refuerzan este poder, ya que su exuberancia y entusiasmo nacen de su interior.

Selecciona bien la información

Existe un motivo por el que todos los monasterios del mundo suelen estar escondidos en la cima de una montaña y alejados de la locura del mundo. El principio «somos lo que comemos» también se aplica a la información que consumimos. Ver el telediario te convencerá de que el mundo es un lugar peligroso y de que tienes que vivir estresado. Es una buena forma de cargarte tus glándulas suprarrenales y acabar en la consulta del médico.

El sinsentido diario de «fulano dijo que mengano dijo» genera dramas que contaminan nuestra mente y nos roban claridad. El monje urbano trabaja para ser selectivo con la información que digiere y solo acepta contenido que enriquezca su experiencia. Existen grandes maestros, libros, cursos y personas de las que aprender. Si nos tomamos a pecho el axioma «somos lo que comemos», analizaremos con un nuevo prisma todos aquellos elementos que dejamos entrar en nuestra vida. Aprende, crece, prospera y mantén la calma: ese es el camino hacia delante.

¿Quiere decir esto que no tienes que preocuparte por lo que pasa en el mundo? No, yo ojeo los titulares una vez al día y me aseguro de estar al tanto de los asuntos importantes que tengo que conocer. De vez en cuando, investigo sobre algún tema interesante, pero siempre *cuido* la información que me llega utilizando la tecnología como aliada. Somos muchísimos lectores. Yo utilizo las alertas de Google: selecciono cinco o diez temas que me interese seguir y solo recibo información sobre esos asuntos. De ese modo, me mantengo al día con información relevante. Desde luego, lo que haya hecho la famosa de turno cuando estaba borracha para ponerse en evidencia no guarda ninguna relación con mi vida y es un desperdicio de espacio mental.

Recalibra tu nivel de estrés

El combate a muerte solía ser una forma de vida. Los niños se hacían hombres enfrentándose a la muerte, mirándola a los ojos. Las niñas aprendían a evitar a los depredadores y a las serpientes venenosas. Los leones llegaban hasta los pueblos y había bandidos por todos lados. La vida era mucho más peligrosa y la muerte tenía otro rostro. Cuando estaba aprendiendo a rastrear leones en África, ya había practicado kungfú durante miles de horas, estaba acostumbrado a luchar y conocía el precio de llegar el segundo. Sin embargo, esa preparación no fue suficiente para la sensación que experimenté al encontrarme con un león salvaje en su hábitat natural. Sentirse tan cerca de un depredador tan enorme y tan poderoso te hace sentir algo extremadamente primitivo, algo que sacude todo tu cuerpo. Recuerdo seguir la pista de un león por todo el valle y acercarme tanto a él que, si el viento hubiera cambiado de dirección y el animal hubiese identificado nuestro olor, habríamos corrido un serio peligro. Cuando me di cuenta de lo cerca que estábamos y de que el león podría estar en cualquier lado a menos de 15 metros, todo el vello de mi cuerpo se electrificó y las células despertaron de repente. «La muerte está cerca. Despiértate».

Aquel día recuerdo sentirme totalmente transformado: las cosas pequeñas ya no importaban. Estábamos vivos y era una sensación maravillosa. Supongo que por eso tanta gente practica deportes de aventura y hace cosas caóticas, para recordar la intensa sensación de estar vivo. Se trata de un sentimiento especial del que todos nos hemos distanciado y que ilustra la tragedia del mundo moderno: no nos sentimos vivos. Si no hemos calibrado o recalibrado nuestro nivel de estrés en mucho tiempo, puede que lo que Jenny dijo el otro día en la oficina establezca el límite de aquello que nos va a estresar y agobiar ese día.

*Nos metemos en el mar con manguitos
y resulta indigno.*

Recalibrar tu nivel de estrés es tan sencillo como hacer todos los días algo que te dé miedo. Puede ser pedirle salir por fin a esa compañera que te gusta, irte solo a Perú, saltar desde un avión o cualquier cosa que te saque de la realidad tediosa que paraliza tus sentidos. Antiguamente, los monjes tenían que valerse por sí mismos para protegerse frente a animales salvajes, bandidos, soldados imperiales y cualquier otro peligro que se cruzase en su camino. Si lo piensas, nuestros antepasados estaban llenos de espíritu pionero y de peligro. Imagínate a ti y a tu familia viviendo solos y que vuestra supervivencia estuviera en tus manos. El médico más cercano se encontraría a dos días a caballo, así que tendrías muchísimo cuidado al cruzar el río.

Tomar las riendas de tu vida te ayudará a controlar el estrés. Si las pequeñas cosas te hunden, haz grandes cosas (más adelante, en este mismo capítulo, veremos una serie de ideas para ayudarte a conseguirlo). La clave consiste en hacerte grande y echar la vista atrás para poder reírte de las pequeñas cosas que te preocupaban. No hay nada como sentirse vivo para reajustar los niveles de estrés. Henry Ford dijo una vez: «Los obstáculos son esas cosas espantosas que ves cuando apartas los ojos de tu meta».

Aprende a escuchar

Tu cerebro registra millones de datos cada segundo. Desde la posición de tu pie hasta el aire que te da en la cara, toda esa información se registra como ruido en el cerebro. Por otro lado, también se produce un flujo constante de recuerdos, traumas, emociones y sufrimientos pasados que tu cerebro lucha constantemente por alejar. ¡Hay mucho ruido! Muchas personas se dan cuenta por primera vez cuando intentan meditar y se agobian al ser conscientes de ello: el caos está en nuestro interior. Esta es la maldición, pero también la bendición de la condición humana. Una vez que nos damos cuenta de que la paz es una cuestión interna, tan solo tenemos que aprender a apaciguar el caos en nuestro interior. Aprenderemos a ser menos reactivos al ruido y seremos menos impulsivos. A medida que vayamos mejorando, descubriremos uno de los milagros más grandes de la vida.

*El mundo exterior empieza a cambiar
a medida que cambiamos nuestro interior.*

Comenzaremos entonces a apreciar el reflejo de nuestra recién hallada paz en el mundo que nos rodea, a medida que surge un poderoso ciclo de retroalimentación. El caos se ordena; el drama se resuelve; las buenas personas se cruzan en nuestro camino; las malas se alejan.

«Lo que está arriba es como lo que está abajo,
lo que está adentro es como lo que está afuera,
lo que está en el universo es como lo que está en el alma».
Hᴇʀᴍᴇѕ Tʀɪѕᴍᴇɢɪѕᴛᴏ

El antiguo axioma hermético lo resume perfectamente. El mundo que nos rodea es, básicamente, un reflejo de nuestro mundo interior y, a medida que vamos encontrando la paz y el cambio en nosotros mismos, vemos ese cambio reflejado en el mundo exterior. Esta es la verdadera biorretroalimentación. ¡Analicemos algunos de los métodos que nos permitirán alcanzarla!

PRÁCTICAS ORIENTALES

El sistema operativo del monje urbano

El monje urbano aprende a vivir en calma. Esto significa alcanzar un estado no reactivo en el que no rechazamos los sentimientos de malestar cuando aparecen. Observamos los pensamientos que van y vienen, y aprendemos a no aferrarnos a ellos. Vincular emociones a los pensamientos que aparecen es la forma de sufrimiento humano por excelencia. Al aferrarnos a recuerdos pasados nos alejamos del presente. El monje urbano aprende a observar de forma pasiva los sentimientos y emociones que florecen, y no los combate. A medida que mejoremos nuestra técnica, comenzaremos a sentir una profunda sensación de paz y bienestar en nuestra vida.

¿Cómo podemos lograrlo? Practicando. El monje urbano analiza constantemente su cuerpo en busca de sentimientos y sensaciones. Cuando aparece el malestar, debemos respirar con él, sentir dónde está localizado este sentimiento en el cuerpo y arrojar la luz de nuestro conocimiento sobre él (no ocultarlo, como suele ser costumbre en nuestra cultura). De este modo, nuestra conciencia permanece anclada en el momento presente y nos transporta a la realidad de la situación. Nuestra mente es tan fascinante que tiene la asombrosa capacidad de desvanecerse en lo abstracto y alejarse del momento presente. Es una habilidad maravillosa si queremos pensar, soñar despiertos, crear o divagar, pero, cuando estamos realizando actividades en nuestro día a día, tenemos que estar presentes. El monje urbano está en la habitación. Está vivo, despierto y atento a la tarea que le ocupa, realizando su trabajo con una intención y un propósito.

A lo largo de este libro compartiré contigo varios ejercicios que te ayudarán a alcanzar este estado mental. Ponlos en práctica y descubre qué te aporta cada uno. Rápidamente podrás experimentar este estado de conciencia y despertarás a una potente versión de ti mismo que te ayudará a superar las telarañas de los malos hábitos y a caminar hacia un brillante futuro.

Alivia el estrés meditando

Aprender a frenar esta locura y apaciguar tu mente es el primer paso para dominar tu vida. Si le damos rienda suelta a las turbulentas aguas del agitado mar de la locura, empezaremos a sentirnos más nerviosos, irritables, menos centrados y, en general, más abatidos. Aprender a combatir el estrés utilizando nuestra respiración es fácil, pero requiere algo de práctica.

Ser un monje urbano implica
estar dispuesto a hacer tu parte del trabajo.

Aprender bien a meditar requiere algo de práctica y puede resultar frustrante en un primer momento. Sin embargo, una vez superada esta primera barrera, la recompensa será inmensa y podrás recoger los frutos durante el resto de tu vida... ¡Toda una inversión!

El primer principio que hemos de abordar es el concepto occidental de respiración. La respiración contiene nuestra fuerza vital. Es nuestra conexión con la naturaleza esencial del universo y nuestro anclaje al Gran Misterio. La expansión y la contracción del propio universo se reflejan en nuestra respiración. La entrada y la salida son los ciclos de la naturaleza circular de la vida y los momentos intermedios son especialmente importantes. Los momentos exactos que siguen a la inhalación y la exhalación, en los que estamos a punto de cambiar, son perfectos para detenernos y prestar atención.

Pero ¿qué conseguimos con esto? Empezaremos con un ejercicio que te ayudará a dar el primer paso y a construir un marco que favorezca la exploración continua de este maravilloso universo interior. Te permitirá equilibrar rápidamente el hemisferio derecho e izquierdo de tu cerebro, así como las energías del yin y el yang.

Este es el ejercicio:

o Siéntate en un lugar cómodo en el que puedas tener la espalda recta y limitar las distracciones (pon el teléfono en modo avión).

o Establece un plazo de tiempo concreto para hacer el ejercicio: entre cinco y diez minutos sería un buen comienzo.

o Ahora que tienes apagado el teléfono (para variar), pon una alarma en función del tiempo que quieras practicar

y empieza (así podrás relajarte mientras meditas sin tener que preocuparte de no perder la noción del tiempo). Es importante que te des *permiso* para hacerlo
y que no sientas que llegas tarde a nada. Saca tiempo
y *dedícaselo* a este ejercicio.

A practicar:

o Inspira y espira por la nariz, llevando el aire hacia la
parte inferior de tu abdomen, a unos tres dedos por
debajo de tu ombligo. Esta será la forma correcta de
respirar en la mayoría de los ejercicios que haremos
juntos.
o Coloca la mano izquierda sobre la rodilla izquierda con
la palma de la mano hacia arriba y el dedo pulgar e índice juntos.
o Utiliza la mano derecha para tapar y destapar los orificios de la nariz alternativamente. Coloca el pulgar en el
orificio derecho y prepara el dedo anular para colocar-
lo en el orificio izquierdo.
o Espira suavemente y por completo con el orificio izquierdo mientras cubres el derecho con el pulgar y, una
vez más, vuelve a inspirar suavemente con el mismo
orificio (izquierdo).
o Tapa el orificio izquierdo con el dedo anular (durante
todo el ejercicio utilizaremos la mano derecha) y exhala profundamente con el orificio derecho. Después,
vuelve a inhalar por el mismo orificio.
o Continúa alternando y repitiendo esta secuencia hasta
que suene la alarma.

o Cuando se acabe el tiempo, termina la exhalación en la parte que estés trabajando y respira un par de veces con normalidad (sin utilizar la mano, por los dos orificios), inhalando el aire por la nariz y exhalando por la boca para limpiar los conductos. Regresa a la habitación.

Sacúdete

Este ejercicio consiste en limpiar los canales del cuerpo y descargar la energía estancada. Si te fijas en lo que hace un impala tras haber escapado con éxito de un depredador, verás cómo se sacude y tiembla durante unos segundos. El sistema nervioso está descargando toda la energía (y las hormonas) generada por el estrés de la situación, para así poder reiniciarse y volver al modo «descansa y digiere». Pero ¿qué hacemos nosotros? Recibimos golpes durante todo el día, vemos la tele, nos metemos en la cama totalmente conectados y acelerados, y después nos preguntamos por qué no podemos dormir. El estancamiento emocional y mental nos hace estar desanimados. Este ejercicio te ayudará a sacudirte algo de polvo y, si respiras mientras lo haces, aprenderás a dejar pasar las cosas sin aferrarte a los sentimientos que van surgiendo, sintiéndote así más ligero y más libre.

Este ejercicio tiene su origen en una eficaz tradición de *chi kung* que ayuda a limpiar la energía bloqueada, acabar con el estancamiento, reducir el estrés y revitalizar el sistema. Lo puedes practicar todo el tiempo que quieras, aunque yo recomiendo empezar poco a poco y después ir ampliando las sesiones. Realizar este ejercicio, aunque nos resulte desagradable, puede ser muy terapéutico a nivel emocional. Si alguna articulación te molesta, hazlo con cuidado y consulta a tu médico.

Es posible que quieras algo más de privacidad para este ejercicio, ya que resulta un poco extraño visto desde fuera. Allá vamos:

o Colócate de pie con los pies separados a la anchura de los hombros y las manos delante del torso.

o Pon las palmas de las manos mirando a tu pecho, como si abrazases un árbol o una pelota de playa.

o Las rodillas deben estar ligeramente flexionadas y la lengua enrollada tocando el cielo de la boca.

o Respira suavemente por la nariz llevando el aire a la parte inferior del abdomen.

o Los hombros, las muñecas y todo el cuerpo deben estar relajados.

o Esta postura se llama la «postura del árbol» o «el poste de taichí».

o Relájate en esta postura y respira un par de veces llevando el aire a la parte inferior del abdomen.

o Deja que tu cuerpo empiece a moverse lentamente manteniendo la misma posición. Deja las manos sueltas, pero mantén la misma postura.

o Empieza a moverte. Puede ser de lado a lado, desde delante hacia atrás... Mucha gente empieza con una suave sacudida o una vibración.

o Empieces como empieces, la clave está en dejarte llevar y permitir que la energía que recorre todo tu cuerpo se exprese. Pasamos muchísimo tiempo reprimiendo la energía de nuestra vida; esta es tu oportunidad para darle rienda suelta y dejarte llevar.

o Intenta respirar lentamente, aunque no pasa nada si, al cabo de un rato, la respiración también acompaña al temblor o al movimiento. Recuerda, eso sí, volver a respirar lentamente cuando te sientas incómodo o agobiado.

o No estés mucho tiempo al principio, unos tres o cinco minutos. Puede que al principio no notes nada, pero es mejor empezar poco a poco e ir profundizando en el ejercicio a medida que te sientas más cómodo.

o Cuando notes que has acabado, reduce el ritmo de la respiración y ve deteniendo lentamente el movimiento o el temblor hasta que vuelvas a quedarte quieto en posición de poste tras haber realizado algunas respiraciones de desaceleración.

o Haz cinco respiraciones tomando el aire por la nariz y expulsándolo por la boca antes de dejar que los brazos se relajen.

Este ejercicio va a ser muy duro; tienes que estar preparado para reencontrarte con los fantasmas de tu pasado. Tu trabajo consiste en seguir respirando y dejar que estos sentimientos fluyan. Tienes que dejar de reprimirlos y que circulen... Libérate de todas las restricciones que te has autoimpuesto. No te pases la primera vez, pero utiliza este ejercicio para empezar a limpiar para siempre las telarañas de tu pasado. Utilízalo para superar la percepción que tienes de tus limitaciones y para acceder a tu poder.

Con el tiempo descubrirás que este ejercicio te permitirá liberar todo tipo de energía bloqueada y te ayudará a aliviar los dolores y achaques del cuerpo, así como posibles bloqueos mentales. Viajarás a lugares en los que, emocionalmente, no te encontrarás muy a gusto. Si hay algún acontecimiento traumático, trabaja con tu terapeuta para utilizar este ejercicio como válvula de escape. Ahonda en lo profundo, pero no abarques más de lo que puedes... Vive para luchar otro día. Puedes consultar un vídeo en inglés de este ejercicio en la siguiente dirección:

theurbanmonk.com/resources/ch1

Hierbas y tés relajantes

Oriente cuenta con una antigua y sofisticada tradición de herbología. Las plantas tienen fuerza vital. Tienen conciencia. Nuestra medicina procede de la medicina basada en el espíritu de las plantas. Los chamanes y los curanderos pasados y presentes tienen una conexión con las plantas que cultivan y las utilizan como buenas aliadas que nos ayudan a encarrilar nuestra vida.

A continuación, encontrarás algunos de los remedios herbales más eficaces en forma de té que puedes tener en casa para combatir el estrés siempre que lo necesites. Una despensa bien surtida de tés medicinales puede cambiarte la vida.

Albahaca sagrada (Tulsi). Se ha demostrado que esta sencilla y elegante planta puede moderar la secreción de cortisol y ayuda a reducir los nocivos efectos del estrés suprarrenal. Muchas empresas ya la venden en bolsitas de té y es una excelente forma de controlar el estrés mientras haces otras cosas. Una o dos tazas al día pueden resultar muy beneficiosas.

Kava. Esta planta tradicional polinesia se utiliza desde hace milenios en ceremonias y es conocida por sus efectos tranquilizantes. Es mejor tomarla por la tarde, ya que te puede dejar grogui a mitad del día, y no creo que a tu jefe le haga mucha gracia. Una taza de kava después de cenar es una excelente manera de desconectar y relajarse tras un largo día de trabajo.

Menta. Sencilla y elegante, una taza de menta puede ayudarte a sosegar la mente y reducir el flujo de energía. También ayuda a regular el movimiento del Chi (energía) del hígado y a acabar con el estancamiento del cuerpo. En general, la familia de la menta favorece el correcto flujo de Chi en el cuerpo, haciéndote sentir relajado y agradablemente revitalizado sin tener que despertarte con el café, algo que suele poner nerviosa a mucha gente. Esparcir aceite esencial de menta por la casa también resulta muy relajante.

Té verde. Aunque este té contiene cafeína, el otro ingrediente principal es la L-teanina, una sustancia que relaja nuestra mente de forma eficaz. Los monjes zen han utilizado el té verde durante milenios para estimular y calmar la mente al mismo tiempo... ¡Menuda combinación! Los investigadores aislaron la L-teanina, identificándola como la parte relajante, que ahora se vende también en forma de suplemento (y funciona). Una taza de té verde puede darte un empujoncito, pero manteniendo una actitud zen, lo que lo convierte en un excelente sustituto del café.

Xiao Yao San. Se trata de un preparado clásico a base de hierbas que combina diversas plantas chinas que, en forma de té o pastillas, hacen maravillas a la hora de rebajar el estrés y favorecer el correcto funcionamiento del cuerpo. La herbología tradicional es muy sofisticada y muchos pacientes recurren a una receta personalizada basada en su carácter y sus niveles de energía, pero, en general, esta fórmula combate el estrés de forma bastante universal, ayudando a muchas personas que viven atrapadas en el atolladero urbano. El tratamiento de referencia consiste en consultar a un herbolario para conseguir una solución personalizada, pero, cuando la situación se agrava, esta mezcla funciona muy bien para la mayoría de la gente.

Algo muy importante: asegúrate de comprar estas hierbas chinas de una fuente orgánica de confianza.

Visualización matinal

Muchas personas empiezan su día pulsando el botón de repetición y dando tumbos en su rutina. Una ducha caliente, café, las noticias matinales, darle el desayuno a los niños; sea lo que sea, la situación se descontrola con facilidad. A medida que desarrolles tus habilidades como monje urbano, querrás convertirte en un superninja y dominar tus mañanas. Esto implica trazar un plan la noche anterior: antes de irte a la cama, piensa en lo que tienes que hacer al día siguiente y estúdialo a fondo. Visualiza tu día e imagina cómo transcurre con fluidez y facilidad en tu mente. Diseña esta imagen mental y dile a tu subconsciente que estás incorporando esta idea para que tu mente la haga realidad mientras te duermes. Cuando te despiertes, vuelve a visualizar el día antes de levantarte. Sal de la cama y empieza a ejecutar tu plan. En los próximos capítulos aprenderás una serie de ejercicios de *chi kung* que te ayudarán a empezar el día con buen pie. Si quieres tomar las riendas y escribir el guion de tu día con plena conciencia y un claro objetivo, no hay nada mejor que el *chi kung*.

Te levantas, visualizas, practicas *chi kung* y empiezas el día con la vista puesta en la recompensa, asegurándote de que tienes claros los grandes acontecimientos del día. Cuando mejores tu capacidad de concentración, las pequeñas cosas dejarán de interponerse en tu conciencia y conseguirás mantener el rumbo. Mejorar en la vida empieza por mejorar por la mañana, así que asegúrate de tomarte en serio este principio.

TRUCOS MODERNOS

Aprende a defenderte

Antiguamente luchábamos para sobrevivir. También corríamos para sobrevivir. Las noches eran frías y los inviernos duros. La comida escaseaba y en ocasiones pasábamos hambre durante más tiempo del que deseábamos. Básicamente, aprendimos a desafiar el circuito de nuestra supervivencia y nos convertimos en seres más resistentes. Nos hizo más fuertes.

Hoy en día, es muy fácil engordar y volverse vago en la ciudad. Controlamos el clima y comemos antes incluso de tener hambre. Los policías nos defienden y los leones están en el zoo. La sociedad moderna se ha inventado todo tipo de cosas geniales, pero también nos ha hecho más débiles y perezosos. El monje urbano sale de esta vida de silenciosa complacencia y entra en una vida marcada por la acción, la aventura, el reto constante y la genialidad.

No hace falta que hagas un salto HALO* en un barco pirata somalí con una espada samurái y empieces a dar tajos, pero sí tienes que salir de tu zona de confort. La vida no es un deporte para espectadores; por eso la televisión es veneno.

---

* El salto HALO (del inglés *High Altitude-Low Opening*) es una técnica de paracaidismo utilizada principalmente en el ámbito militar. *(N. de la T.)*.

Conviértete en la persona que cualquier programa de la tele querría tener como protagonista.

¿Cuáles son tus sueños y aspiraciones? ¿Qué es lo que siempre has querido hacer? ¿Qué necesitas para hacerlo? Levántate y empieza a trazar tu plan.

Sin embargo, no podrás conseguirlo sin una mente y un cuerpo sanos, y eso es lo que nos frena a muchos de nosotros. Nos falta energía para seguir adelante y ahí es donde entra en juego el entrenamiento de supervivencia. Y por eso la escalada en roca nos puede ayudar o el kungfú puede ser la solución. A medida que empieces a seguir los principios de este libro, comenzarás a sentirte más sano y tendrás más energía, que podrás utilizar para hacer muchas otras cosas maravillosas, despertando así tus genes de guerrero y de superviviente. Llegado ese momento, habrás alcanzado un punto de inflexión y empezarás a sentir cómo la vida vuelve a correr por tus venas. La energía aumentará junto con tu entusiasmo y empezarás a salir de tu burbuja, volverás a la vida.

Busca una buena escuela de artes marciales y ponte manos a la obra. Hombre o mujer, anciano o joven, el monje urbano sabe cómo defenderse. Incluso si tienes 90 años, el taichí es un maravilloso ejercicio que estimulará tu circulación. Crecer o morir: se trata de una necesidad vital dictada por la naturaleza y por nuestros genes de supervivencia. Alcanzar este poder es una pieza clave del puzle, ya que te ayudará a sentirte seguro, vivo, realizado y listo para afrontar mayores retos. He incluido en la sección de recursos algunos ejercicios procedentes de la tradición del taichí con los que yo mismo me he entrenado.

Cafeína: desintoxícate

He tenido miles de pacientes que han acudido a mí con ansiedad y a los que he podido ayudar con sencillos trucos. Uno de los más simples consiste en dejar de tomar cafeína. Cuesta algunos días acabar con la neblina, pero al final del camino nos espera la claridad, la concentración y unos niveles de estrés más bajos. La cafeína nos suele despertar con niveles de energía prestados. Es como poner la música a todo volumen para calmar a un niño que está gritando; no es la mejor solución. En vez de consumirla, debemos utilizar las prácticas del monje urbano para movilizar la energía y apaciguar el sistema nervioso ganando claridad y tranquilidad.

Al privarse de la cafeína durante un mes, muchos de mis pacientes han logrado una notable mejoría a la hora de reducir su nivel general de estrés. Puedes empezar utilizando distintos sustitutos del café o sencillamente optar por un *smoothie* verde y salir a correr. Solo tenemos que cambiar nuestros rituales y sustituirlos por otros mejores. Podemos estimular el cuerpo con una ducha fría, una caminata rápida, algo de ejercicio o, mejor aún, algunos ejercicios de *chi kung*, como los que se incluyen en el libro. ¡Pon a prueba tu primer Gong! Es probable que tu vida cambie para siempre.

Escaneo mental activo

Establecer un nuevo *sistema operativo* mental es la clave de la meditación budista básica, pero no es necesario conocer todo este lenguaje florido para conseguir el objetivo. Lo único que necesitas es crear un entorno en el que puedas aprender a *escanear* tu yo consciente con una sencilla pregunta.

¿Qué estoy haciendo ahora mismo?

Con independencia de cuál sea la respuesta, *deja* de hacerlo y relájate. Este ejercicio está diseñado para que tu mente pueda escapar de la costumbre de *hacer* algo permanentemente y pueda adentrarse en un estado más saludable en el que simplemente se *está*. Con la práctica, descubrirás que casi siempre que te hagas esta pregunta estarás haciendo alguna tontería. Por ejemplo, la respuesta podría ser: «Estaba preocupándome por lo que pasaría si mi mujer no llega a tiempo del gimnasio y yo llego tarde al trabajo».

Este es uno de esos pensamientos comunes que, de alguna manera, siempre anda en la trastienda de nuestra mente. Suele ser un pensamiento del tipo «si + circunstancia» seguido de drama o ansiedad, preocupación, mi respuesta, tengo hambre, me pica la pierna, ¿dónde está el niño?, mira un globo azul, ¿dónde he puesto las llaves?, ¿dónde narices está esta mujer?, ¿me he acordado de enviar el informe?; ¡vaya, está nublado!... ¿Te suena de algo? Todos lo hacemos.

Aprende a escanear tu mente y examina qué es lo que estás haciendo. No te enfades contigo mismo por tener la cabeza llena de ruido. A todos nos pasa, incluso al dalái lama. La diferencia entre el maestro y el resto de los mortales es que el primero aprende a observar este ruido y a no reaccionar. Lo detecta y deja que se vaya, no se abalanza sobre él. Siempre que te descubras cayendo en picado por la cascada de tus pensamientos, limítate a reconocer lo que está pasando y deja de hacer lo que estés haciendo mentalmente. Esta *caída* se traduce en pensamientos desenfrenados, ansiedad, agitación, aburrimiento o cualquier otra emoción que nos saca del momento presente.

Relájate.

Aprender a relajarse es la clave hacia la maestría. Vivir ahí es el paraíso. Esa es la morada del monje urbano; la calma es el centro de un mundo caótico. Huir a Maui no soluciona el problema. No podemos ir hacia la paz, solo podemos encontrarla en nuestro interior.

Haz deporte

El deporte, cuya eficacia ha sido probada y demostrada, es una forma excelente de reducir nuestro nivel de estrés. Hace que el cuerpo bombee sangre y que fluyan las endorfinas. Evolucionamos a partir de un entorno en el que recorríamos grandes distancias durante el día. Ahora, miles de años después, nos limitamos a ir de la cama al coche, del coche a la oficina, de la oficina al coche, del coche al sofá y del sofá a la cama. El agua estancada se convierte en agua tóxica y este es uno de los principales motivos por los que tantas personas de nuestro entorno están enfermas o se sienten infelices.

Empieza por caminar. Estírate por la mañana y haz algo de ejercicio en el patio. Sigue con algún arte marcial y practica tu *chi kung* a diario. Si te gusta, ve al gimnasio o busca la forma de hacer algo *de kettlebell** en casa. Aprende a bailar. Tienes que moverte: una rutina saludable de ejercicio físico es el punto de partida para cualquier persona que desee llevar una vida

---

* Balanceo con pesas rusas. *(N. de la T.)*.

feliz y saludable. Nada de esto es nuevo, pero yo voy a ir un poco más allá y añadiré que un monje urbano se propone alcanzar su mejor forma física. ¿Puedes escalar en un acantilado? ¿Puedes saltar un barranco? ¿Puedes llevar cubos de agua cuesta arriba? Nuestros antepasados solían hacer todo esto a diario. Era parte de su vida. Es tu herencia.

Variabilidad de la frecuencia cardiaca

Este sencillo cálculo nos permite evaluar nuestra respuesta frente al estrés y la capacidad de nuestro cuerpo para recuperarse de acontecimientos estresantes. Una mayor variabilidad significa mayor resiliencia. Esto tiene efectos positivos sobre nuestra salud y se utiliza en todo el mundo como un truco moderno para combatir el estrés. Consulta la sección de recursos para más información.

EL PLAN DE ACCIÓN DE ROBERT

Robert tenía un serio problema, pero de fácil solución. Estaba perdiendo vitalidad por momentos y lo primero que había que hacer era detener la hemorragia. Le apagamos la tele y sustituimos el desayuno con cereales por huevos y proteínas en polvo. Le animamos a crear un plan de jubilación, que le sirvió para ver cuánto dinero habían despilfarrado. Él y su mujer fueron poco a poco bajando el nivel de sus gustos «para estar a la altura de los demás» y les fue muy bien. La familia entera se fue de acampada, a pescar, pasaron tiempo en el parque y dejaron de comprar todos los videojuegos nuevos que salían. Sorprendentemente, los niños no se quejaban por la falta de juguetes nuevos porque por fin estaban pasando tiempo con su padre.

Sustituimos el café de Robert por té verde y le enseñamos a meditar. Su móvil suena cada veinticinco minutos para recordarle que se tiene que levantar, estirarse y activar su Chi. Sale fuera a caminar o se asoma a la ventana y medita durante un par de minutos. Al final, se bebe un buen vaso de agua y practica un rápido ejercicio de *chi kung* antes de volver a trabajar. Se pregunta: «¿Qué estoy haciendo ahora mismo?», y entonces revisa sus objetivos para el día. «¿En qué estaba trabajando? ¿Qué es lo que tengo que terminar y qué es lo más prioritario?». Vuelve donde lo dejó (en su nueva mesa para trabajar de pie) y trabaja durante otros veinticinco minutos de forma rápida y eficaz. Los veinticinco minutos de trabajo y los cinco de descanso le funcionan de maravilla.

Al principio le preocupaba no ser capaz de terminar nada, pero no había tenido en cuenta la eficacia y la claridad añadidas. De hecho, terminaba antes de trabajar, hacía mejor su trabajo y llegaba antes a casa para pasar tiempo con su familia. Con la tele apagada la mayor parte del tiempo, pueden sacar a pasear al perro y pasar tiempo juntos todas las tardes antes de que sus hijos vuelvan a hacer la tarea y Robert reconecte con su mujer.

Consiguió que su empresa colaborase de forma altruista con una causa local y así mejoró el ánimo general en la oficina. En resumen, le llevó un par de meses conseguir que las cosas cambiasen, pero ahora los resultados de sus análisis son muy buenos y él ha recuperado su luz. Todavía tiene que acordarse de hacer respiraciones a menudo, ya que su trabajo es bastante caótico de por sí, pero es un hombre nuevo y todo el mundo lo nota.

CAPÍTULO 2

Beber del cáliz de la eternidad: el arte de manejar el tiempo

Ashley es madre de dos hijos pequeños. Ahora que el más pequeño ha empezado preescolar, ha vuelto a trabajar a tiempo completo y está intentando retomar la normalidad. Sin embargo, nunca se ha recuperado del todo de la falta de sueño que acumuló con sus dos hijos y lleva librando una difícil batalla cuatro años. Nunca tiene tiempo para nada.

Ashley estudió Planificación Tributaria en la universidad y está contenta de volver al trabajo, pero los días se le hacen cada vez más cuesta arriba. Ahora se levanta a las cinco y media de la mañana para hacer veinticinco minutos de cinta antes de que los niños se levanten. A partir de ahí, todo es un caos. Vestirlos y darles el desayuno, meterlos en el coche, ir a dos colegios distintos y después lidiar con el tráfico para llegar al trabajo a las ocho y media. Suele entrar tarde y no recuerda la última vez que tuvo tiempo de desayunar decentemente.

Su trabajo es bastante ajetreado y últimamente bebe más café porque siente que está perdiendo habilidades mentales.

La culpa ha ido ganando terreno: se siente responsable a título personal de los consejos que ofrece a esos clientes que le confían el dinero que con tanto esfuerzo han ganado. Hace poco pasó por alto un detalle en un documento que casi hizo que su cliente perdiese muchísimo dinero y que le costó una buena reprimenda de su supervisor.

Ahora es el marido de Ashley el que se encarga de recoger a los niños en el colegio porque ella no podía llegar a tiempo. Ha sido un alivio, pero, cuando el tráfico por fin le deja llegar a casa, ya es hora de preparar la cena, bañarlos y acostarlos.

Agotados, Ashley y su marido se derrumban frente a la tele y ven cualquier tontería antes de subir las escaleras e irse a la cama. Ella intenta leer en la cama, pero, cuando llega a la quinta página, ya está fuera de combate. Tiene once libros apilados en la mesita de noche y se amontonan con más velocidad de la que ella lee, haciendo que se sienta más estresada y culpable. Tanto ella como su marido están demasiado cansados para practicar sexo.

Ashley tiene sueños activos y no descansa por la noche. Intenta recuperar algunas horas de sueño el fin de semana, pero siempre hay un partido, una fiesta o algún familiar que se presenta, haciendo que tenga cosas que hacer y esté activa.

Ashley se encuentra sin fuerzas y se pasa el día adelantando la energía del futuro (con café y estimulantes) para sobrevivir al presente. Es «pobre en tiempo» y acusa el hecho de no tener espacio mental para descansar y relajarse. A todo esto, debemos sumarle lo culpable que se siente cuando piensa que le gustaría hacer más yoga, conseguir esa certificación de nivel avanzado en el trabajo, llamar a sus amigas, etcétera. Todo esto hace que Ashley esté perdida y no sepa por dónde empezar sin un final previsible a la vista.

EL PROBLEMA

Vivimos desbordados y siempre tenemos que hacer demasiadas cosas en muy poco tiempo. Padecemos el «síndrome de compresión temporal». Se produce cuando nos comprometemos a hacer más cosas de las que razonablemente pueden realizarse en un determinado plazo de tiempo. Este síndrome provoca estrés y una conciencia debilitada, que acaba por doblarse bajo el peso de la presión temporal. Tensa nuestra alma. Hemos dominado el arte de condensar múltiples tareas en nuestra agenda hasta tal punto que ahora no podemos ni salir por la puerta.

El descanso y la relajación no están bien vistos en nuestra sociedad y se interpretan como signos de debilidad. La productividad lo es todo. Sin tiempo para recuperarnos, intentamos meter cada vez más actividades en nuestra jornada, estirándola al máximo con plazos imposibles que nos hacen sentirnos constantemente estresados por llegar tarde y no tener tiempo de terminar todo lo que queremos hacer. Somos unos glotones del castigo; soñamos con un futuro en el que podremos ponernos al día y, por fin, bajar el ritmo, pero no hacemos nada para que ese día llegue de verdad.

Tu «futuro» siempre será el mismo
si tu «presente» es caótico.

Hay un viejo refrán que dice que como haces una cosa es como haces todo. Si no puedes relajarte y disfrutar del presente, tienes un buen problema. Muchas personas posponen tareas con tanta frecuencia que nunca son capaces de ponerse al día. Esto provoca un incómodo sentimiento de no estar completo, que a su vez genera una ansiedad basal de la que parece que no podemos deshacernos. El tiempo es oro y se agota.

El tiempo es oro y se agota.

Las madres se estresan cuando los niños quedan para jugar, los niños tienen demasiada tarea, los padres se afeitan mientras tienen al bebé en brazos, los perros pasean muy poco y luego nos preguntamos por qué muerden los muebles...

De alguna manera, los parámetros de éxito de la industria y las innovaciones del mundo empresarial nos hacen pensar que necesitamos el mismo tipo de eficacia racionalizada en todas las facetas de nuestra vida. Es algo que ha funcionado bien en los memes predominantes de nuestra sociedad, pero a un alto coste. La gente sufre crisis nerviosas constantemente, la industria de los ansiolíticos está en plena expansión, y las empresas farmacéuticas ganan miles de millones al año y están comprando todos los canales para seguir bombardeándonos con su absurda publicidad.

¿Cuál es el mensaje? «No tienes tiempo para parar, así que tómate esta mierda y sigue adelante, idiota».

El tiempo se está acelerando con la tecnología y todos sentimos que nos estamos quedando atrás. Siempre hay algo nuevo que no conocemos: nueva tecnología, un nuevo restaurante, nuevas modas, nuevos competidores... Demasiadas novedades en muy poco tiempo. Hemos aceptado una visión del mundo en la que tenemos que parecer muy ocupados o no somos importantes. Tenemos que actuar y vestirnos de un modo determinado para poder encajar.

VIAJES PERSONALES

Me ilusioné mucho cuando *descubrí* por primera vez el taichí. Se convirtió en una parte de mi nueva identidad: llegué a convertirme en un tipo espiritual, una nueva personalidad bastante *cool* para mis años de universidad. Recuerdo muy a menudo un día que llegaba muy tarde e iba volando entre los coches para llegar a clase de taichí, sin parar en las señales de stop y cogiendo atajos para asistir corriendo a una clase en la que precisamente me enseñaban a frenar un poco. Llevaba tanta prisa que no vi a un compañero que estaba cruzando la calle. Tuve que frenar en seco para no darle. Logré evitar la tragedia por muy poco y le pedí perdón. Seguí conduciendo pero tuve una revelación tan potente que tuve que aparcar. Me senté bajo un árbol en un parque y pensé en lo que acababa de pasar. Me di cuenta entonces de que el taichí no es una clase, sino un estilo de vida. No había entendido nada y casi mato a alguien por el camino. Aprendí mucho sobre el taichí aquel día, aunque tenía muy poco que ver con el movimiento. La quietud era la pieza que faltaba y acababa de encontrarla de manera clara y rotunda.

La necesidad de estar al día es algo muy real. Existe el FOMO *(Fear of Missing Out)*, cuyas siglas en inglés se corresponden con «el miedo a perderse algo», un concepto bien asentado en la blogosfera. Todos lo padecemos. Para enfrentarnos a este miedo han surgido movimientos como el JOMO *(Joy of Missing Out)* o «la alegría de quedarse fuera». Estar ahí ya no forma parte del diálogo *mainstream*. Con la llegada de los *realities* televisivos, ya no vale con conocer nuestra realidad, sino que tenemos que estar al día de las vidas de muchos otros personajes que no tienen nada que ver con nosotros en un flujo ininterrumpido de dramas y acontecimientos de los que nuestros amigos van a hablar.

Conozco a muchas personas que siguen obedientemente las instrucciones del GPS dondequiera que vayan, incluso cuando se dirigen a sitios en los que ya han estado. Estos aparatos nos guían hasta nuestro destino de tal forma que hacen que nos perdamos el paisaje en el que estamos conduciendo y nos privan de una parte esencial de la experiencia humana. ¿Qué experiencia? La asociación del tiempo y el espacio; el hecho de saber dónde nos encontramos en el tiempo y en el espacio puede considerarse como una especie de coordenadas universales y ahora los GPS nos han robado este conocimiento. Estar perdido es una forma muy típica de asegurarse de que la gente siga dando tumbos en su vida y no tenga ni idea de cómo ha llegado a donde está. Puede que hayan pasado al lado de un precioso jazmín y que ni lo hayan olido. El GPS tampoco nos avisa del roble gigante ni de la extraordinaria puesta de sol que podríamos haber disfrutado si hubiésemos parado. Pero no, hemos salido pitando del aeropuerto al hotel y ahora podemos volver a la telerrealidad.

*El tiempo puede ser nuestro mejor regalo
o nuestro mayor reto.*

Para muchos urbanitas modernos, el tiempo está relacionado con la escasez y el desaliento. Nos morimos por tener más tiempo pero, a la vez, nos comprometemos a hacer cosas que no nos revitalizan ni ayudan a largo plazo. Nos quejamos de no tener tiempo, pero luego malgastamos el poco del que disponemos en tonterías que no propician nuestros sueños ni favorecen nuestra vitalidad.

Como seres humanos, experimentamos unos 2500 millones de latidos a lo largo de nuestra vida. Parecen muchos, pero son aproximadamente unos 100 000 latidos al día. La pregunta que nos tenemos que plantear es en qué estamos gastando todo este tiempo. ¿Nos está acercando más a la felicidad, la iluminación, una mejor salud o más aventuras? El problema de mucha gente es que sus latidos resuenan en la dirección equivocada. Millones de personas se pasan la vida aparcadas en la silla de la oficina haciendo algo que no les apasiona. Cogen peso, comen mal y buscan distracciones soporíferas para pasar el tiempo.

Matar el tiempo es matar la vida.

No podemos recuperar el tiempo perdido, y la forma en la que invertimos nuestro tiempo se refleja en cada aspecto de nuestra vida. O bien avanzamos hacia un mayor conocimiento, o bien seguimos cayendo en un monótono sueño. Mira a tu alrededor. Las personas como Ashley se han convertido en auténticos zombis porque han renunciado al bien más preciado que tenemos: el tiempo. Intercambiar tiempo por dinero es el patrón que rige la economía, pero se trata de un modelo con graves deficiencias. Las empresas pagan por el trabajo y los resultados, no por el tiempo muerto. Esta mala interpretación ha hecho que la economía se resienta y ha nublado la mente de millones de personas que se limitan a fichar cuando entran y salen de la oficina. Un monje urbano despierta de esta realidad deprimente y recupera su tiempo. Nunca lo malgasta y lo invierte conscientemente para avanzar en su vida y crecer como persona.

SABIDURÍA DE MONJE URBANO

Para los antiguos monjes de Oriente y Occidente, el tiempo siempre ha sido uno de los grandes misterios de la vida. Lo que consideramos «tiempo convencional» es una construcción lineal y secuencial muy distinta a la construcción *atemporal* de los monjes.

Medimos el tiempo convencional en el reloj. Este concepto está ligado al movimiento solar, la rotación de la Tierra, las fases de la Luna y nuestro lugar en el sistema solar. Nos ayuda a tener un lenguaje y una convención comunes sobre cómo y cuándo reunirnos. El tiempo social permite que los aeropuertos y los colegios funcionen. Es un concepto válido y constituye una maravillosa herramienta que nos permite saber cuándo existimos en el universo. Es una *convención* muy útil dentro de la sociedad y nos ayuda a funcionar como tal. Teniendo en cuenta esta noción temporal, es más fácil quedar con un amigo para tomar algo a las cinco menos cuarto que al atardecer.

Sin embargo, esta concepción del tiempo convencional no tiene en cuenta la *calidad* del tiempo que vivimos. El tiempo puede dilatarse e ir más rápido o más despacio, en función de nuestro estado natural o de nuestro estado de conciencia en ese momento. Cuando nos sumergimos en nuestra frenética rutina, el tiempo parece volar y nunca es suficiente. Sin embargo, si nos vamos de vacaciones dos semanas a Hawái, dejamos que el tiempo se alargue y nos descubrimos mirando inquietos al reloj, sorprendidos de que solo sean las once. ¿Cómo es posible?

Cuando me voy de vacaciones, intento cogerme al menos dos semanas. La primera semana me permito hacer solo lo que me *apetece*, que, normalmente, suele ser no hacer nada. Tratar de bajar el ritmo tras toda esa locura... es duro al principio. La siguiente semana hago algunas cosas si me apetecen. ¿Por qué? Porque *hacer* es la enfermedad de la era moderna, mientras que *estar* es un arte que se perdió hace mucho tiempo. Cuando estoy de vacaciones, me permito ser más perezoso de lo normal. Me echo una siesta cuando estoy cansado, como cuando tengo hambre y solo hago cosas que me apetecen.

Sin embargo, mucha gente se va de vacaciones y planea tal cantidad de actividades que parece que está viviendo un martes normal yuxtapuesto en el paraíso. Las excursiones, el buceo, las actividades, viajar por la isla con el coche, visitar museos y ver espectáculos son una buena idea si no estás agotado y te falta tiempo en tu vida. Una buena solución pasa por darte permiso para decir que no a ciertas cosas y por crear el *espacio* mental y temporal necesario para relajarte. Volver cansado de unas vacaciones es una locura. Es como correr una maratón la noche antes de una gran carrera y preguntarte por qué ha bajado tu rendimiento.

Nuestros antepasados comprendían muy bien los ciclos del descanso y la recuperación. En primer lugar, vivían mucho más en contacto con la naturaleza y los ritmos de las estaciones. También entendían el tiempo de un modo totalmente distinto. Para el monje urbano, la dilatación temporal es una tradición viva y activa que sigue cultivándose en los monasterios de todo el mundo.

El tiempo también es relativo. Es infinito.

El universo no conoce el tiempo. Fuera del angosto límite marcado por nuestra identidad autoconsciente, el tiempo hace lo que le place. Podemos recordar acontecimientos de nuestra infancia que son capaces de ponernos de mal humor de repente, invadiendo nuestro torrente circulatorio de moléculas, desencadenando emociones y aumentando la frecuencia cardiaca. Podemos soñar con el futuro y dejarnos llevar hasta un mundo de fantasía en el que vivamos felices y pensar en esto hasta que suena el teléfono y nos devuelve a la realidad.

Viajamos en el tiempo constantemente.

Nuestro yo consciente tiene acceso a los acontecimientos dentro de un amplio marco temporal y a menudo suele sacarnos del momento presente. Nos empuja hacia *otro tiempo* en el que podemos gastar mucha energía. Nos saca del *ahora* y nos hace obsesionarnos con un acontecimiento traumático del *ayer* o con un evento anticipado del *mañana*. De hecho, parece que nos hemos aficionado bastante a pasar buena parte de nuestro tiempo real en *otro tiempo*.

La clave para liberarnos del tiempo consiste en entender un gran axioma de la filosofía hermética: «Todo el poder que fue o será está aquí y ahora».

El tiempo presente es aquel momento en el que tenemos pleno acceso a todas nuestras facultades; aquel momento en el que podemos centrarnos en las tareas reales que tenemos *entre manos* y realizarlas magistralmente; aquel momento en el que nuestro cuerpo está relajado y nuestra mente tiene unos patrones de ondas cerebrales más saludables. Si aprendemos a regresar al momento presente, gozaremos de mayor agudeza mental, de un sistema nervioso más relajado, de una mejor expresión epigenética de los genes saludables y seremos capaces de tomar mejores decisiones.

Si sabemos cómo acceder a ciertas partes de nuestra conciencia, podremos disfrutar del momento *atemporal* y «beber del cáliz de la eternidad». Ese es el estado de *flujo* de los atletas y la mente zen de los meditadores. Este estado nos permite recuperar las riendas de nuestra vida y nos proporciona el poder personal para *decidir* en qué queremos invertir nuestro tiempo. También nos hace ser más eficientes, de forma que podemos hacer más cosas (y mejor) al tiempo que nos mantenemos tranquilos. Los atletas profesionales hacen que parezca fácil, los mejores artistas marciales parecen elegantes y los bailarines del *ballet* más difícil se mueven con suma gracia. Sin embargo, esa aparente sencillez es el resultado de mucha práctica y de una intención dedicada y concentrada. En los deportes de alto rendimiento, o estás presente o te caes. La vida no es muy diferente. Levantarse significa vivir la vida en plenitud y estar totalmente presentes y despiertos; significa despertar tu yo consciente.

Controlar qué hacemos con nuestro tiempo

Podemos frenar la calidad del tiempo con nuestra respiración, nuestra mente y controlando nuestros biorritmos. Tener tiempo para uno mismo es lo más importante que podemos hacer por nuestro desarrollo personal y nuestra salud mental. Nuestra capacidad para elegir sabiamente y dedicar nuestro valioso tiempo a nuestros objetivos es una muestra real de control.

Mucha gente intenta estar a mil cosas a la vez y luego nos preguntamos por qué la mayoría no lo consigue. Cada una de estas tareas requiere tiempo y energía mental. Muchos de nosotros agotamos nuestra vitalidad y nuestra fuerza de voluntad intentando alimentar demasiadas ideas, tareas, compromisos sociales y proyectos porque nunca hemos *parado* el tiempo de verdad ni hemos analizado adecuadamente nuestra situación. ¿Parar el tiempo? Sí, el monje urbano escapa a la noción del tiempo y existe en un potente espacio atemporal.

En el mundo moderno
no tenemos un centro, así que giramos.

Si aprendemos a respirar con la parte inferior del abdomen y a apaciguar nuestra mente, volveremos a sentirnos completos. Este estado nos permitirá examinar con calma nuestra vida y nuestros compromisos en el tiempo y diagnosticar dónde estamos gastando demasiada energía. Sin una perspectiva sosegada, nuestra agitada mente acaba por convencernos de que más es mejor y de que con otro expreso se solucionará el problema, agravando así la locura. Encontrar el centro nos ayudará a dominar nuestra percepción del tiempo y a alcanzar la paz.

Acceder a la quiescencia significa moverse al ritmo del universo

Un grave error en la interpretación de las escrituras antiguas ha provocado que mucha gente intente parar el tiempo y evitar todo tipo de movimiento. Esto es imposible. El universo entero se ha movido desde que has leído la última frase. Todo está en movimiento y crece a cada segundo. El monje urbano entiende este principio y se deja llevar por el *armonioso flujo del universo*. Al parar el tiempo, dejamos de luchar contra el movimiento de la realidad y nos movemos *a su compás*. Puede parecer inmovilidad, pero es como ir en una balsa río abajo. Fluyes con el río y no vas a contracorriente.

El control está en la negación

Esto significa aprender a decir que no. Veamos un ejemplo:

Si los colegas me escriben para que vaya a tomar algo con ellos esta tarde, mi primer impulso será decir inmediatamente que sí. Al fin y al cabo, no veo a mis amigos lo suficiente, a esa hora ya tendré algo de hambre, estoy estresado y tengo una larga semana por delante, así que me lo merezco y puede estar bien. Parece razonable, ¿verdad?

Pero al decirles a ellos que sí, le estoy diciendo que no a mis hijos, que quieren pasar tiempo con su padre; a mi mujer, que también está ocupada y a la que no veo lo suficiente; a la sesión de entrenamiento que ya había planeado y que debería ser una prioridad; a mi sueño, de cuya falta siempre me estoy quejando; a la lectura que dije que iba a hacer para seguir avanzando en mi carrera, y, por supuesto, a mi pobre hígado.

Todas las cosas importantes con las que ya me había comprometido *en el tiempo* acaban condensadas en la agenda por culpa de esta decisión impulsiva, que desencadena una cascada de acontecimientos que desbaratan aún más mi calendario y comprimen en mi psique el tiempo en sí mismo. Es el clásico «síndrome de compresión temporal» y todos estamos infectados.

¿Cuál es la mejor forma de manejar esta situación?

Párate y piensa. Respira un par de veces profundamente llevando el aire a la parte inferior del abdomen y adelántate en el tiempo para ver qué consecuencias desencadenaría esta decisión. ¿Te puedes permitir una planta más en el jardín o va a quitarle el agua al resto de plantas que son más importantes para ti?

El monje urbano se mantiene sereno y tranquilo.

La ciencia moderna proclama ahora algo que los antiguos maestros han dicho siempre: la meditación nos ayuda a ser menos impulsivos. Los estudios de resonancia magnética funcional demuestran una mayor densidad en las neuronas corticales del cerebro de aquellas personas que meditan. Es un descubrimiento fascinante porque, como ya aprendimos en el capítulo anterior, la corteza prefrontal es la parte de nuestro cerebro que se encarga del control de los impulsos y del razonamiento moral superior. Son los mismos elementos que nos ayudan a tomar mejores decisiones y asumir el control de nuestra vida. Y esto solo ocurre cuando dejamos de ser reactivos y comprendemos el movimiento del tiempo.

Mi interés por este tema me llevó a crear un laboratorio cerebral en una de mis clínicas. Contratamos a un gran médico que estaba llevando a cabo una investigación puntera en el campo del análisis con electroencefalogramas cuantitativos de ondas cerebrales vinculadas con experiencias religiosas y estados de flujo. Contamos con la colaboración de meditadores y estudiamos qué «firma cerebral» se liberaba, mientras que anotábamos todos los resultados. Con el tiempo, descubrimos cómo enseñarle a la gente a «meter el embrague» y quitar la «marcha rápida» cuando se recorre la superautopista del tiempo.

En este laboratorio examinamos el maravilloso concepto de *atemporalidad* del universo en el que entraban los meditadores. Este concepto contrasta con la idea del tiempo cultural que se limita a las casillas de nuestro calendario. Debemos entender ambos conceptos, ya que se encuentran en los polos opuestos de un proceso de comprensión clave. Si podemos experimentar el tiempo en sus distintas variantes, tendremos en nuestra mano la clave para entender quiénes somos en realidad.

Es importante que comprendamos quiénes somos *en el tiempo*. El universo está en movimiento y nosotros nos movemos con él. Si nos anclamos en un momento particular del tiempo, el universo entero seguirá moviéndose y nosotros nos estaremos aferrando a algo que ya no fluye por el río de la vida. Toda la energía del universo se mueve con él y ese poder reside en un punto particular: el *ahora*.

El cambio es la única constante en el universo.

La clave para superar la compresión temporal pasa por vivir en el ahora y aceptar el cambio. Cuando un monje urbano se da cuenta de que algo no funciona, vuelve al ahora. ¿Por qué? Porque ahí es donde tenemos poder. Ahí es donde podemos aprovechar los grandes flujos de energía que recorren nuestro ser y donde residen la paz y la sabiduría. En el momento presente tenemos la claridad y la perspectiva necesarias para recuperar la fuerza de voluntad en nuestra vida y tomar mejores decisiones. Controlamos el tiempo y nuestra percepción de él. Le damos paso a ciertas cosas en nuestra vida y se lo negamos a otras. Fijamos límites adecuados y decidimos qué acontecimientos queremos anotar en la agenda. ¿Crees que saldrán mal las cosas y surgirán situaciones de emergencia? Por supuesto. Sin embargo, controlamos aquello que está en nuestras manos y, por lo tanto, tenemos la fuerza de *voluntad* necesaria para cambiar las cosas si sucede algo grave.

El maestro se mueve al compás del tiempo y se adapta constantemente igual que un buen surfista realiza microajustes para poder permanecer en la ola que avanza y lo envuelve a su paso.

Estar rígidos nos hace caer.
Tener miedo del cambio nos paraliza.

Y esta es la gran paradoja: permanecer inmóvil significa moverse al compás del tiempo, al ritmo del universo. La quietud es, en realidad, un estado en el que nos movemos al unísono con el universo.

En mi época, emprendí muchos viajes de mochilero por el campo. Me gustaba caminar hasta parajes remotos en la montaña, buscar un prado que tuviera algún arroyo y quedarme allí durante algunos días. El objetivo siempre era el mismo: sentarme junto al río y permanecer en silencio. No hay nada como un arroyo o un río para darnos cuenta de que el cambio es algo constante. Funcionan como un recordatorio permanente de que el universo y el tiempo fluyen. Cuando el sonido de mis atropellados pensamientos por fin es depurado por el suave sonido del arroyo, sé que he *bebido de esa agua* y vuelvo a un lugar saludable. Es entonces cuando decido regresar a la ciudad y traer conmigo el don de la naturaleza. La quiescencia es nuestro bien más preciado y aquellos que caminan con ella viven su vida con lucidez y con un propósito. En el capítulo siete te enseñaré este ejercicio más en detalle.

En la naturaleza, los elementos se mueven al ritmo de la luz solar y las estaciones. Sin embargo, en nuestra sociedad, ninguno de estos elementos parece importar. En un mundo lleno de construcciones artificiales y compresión temporal, la única forma de mantenernos cuerdos pasa por tomar las riendas de nuestro tiempo personal. Acceder a la intemporalidad nos conecta con la vida que nos rodea y nos hace sentirnos parte del tejido del universo. Nos conecta y nos ayuda a silbar mientras trabajamos. Impide que el mundo se nos venga encima. Seguimos con calma la vida que fluye a nuestro alrededor y no nos damos por vencidos cada vez que la frecuencia o los horarios de otra persona invaden nuestro espacio. Yo lo llamo «contaminación temporal»; se produce cuando otra persona que funciona en una frecuencia distinta infecta tu espacio y altera tu estado mental. Un monje urbano continúa anclado en su propio tiempo, un tiempo específicamente limitado para la tarea que tiene entre manos, y permanece inmune ante cualquier frecuencia infiltrada que no le sirve.

Podemos optar por vivir en el espacio central atemporal y ser una fuente de consuelo e inspiración para las personas que nos rodean. Desde ahí, comprenderemos mejor a nuestro Yo Eterno y nos liberaremos del yugo del tiempo.

Ser un esclavo del tiempo es el principal obstáculo
para entender quiénes somos.

PRÁCTICAS ORIENTALES

Meditar respirando en cuatro tiempos

Es la técnica básica de meditación del monje urbano que ayuda a apaciguar la mente y a perfeccionar nuestra concentración. Está diseñada para funcionar como *anclaje* de nuestro yo consciente: algo real en lo que centrarnos, como la respiración. Se trata básicamente de una práctica repetitiva en la que debemos contar las respiraciones y hacer pausas entre las inhalaciones y las exhalaciones. Cuando te empieces a dormir y estés distraído (y lo estarás), vuelve al ejercicio y sigue haciéndolo. Con el tiempo, te ayudará a calmar la mente, reducir la reactividad y potenciar los lóbulos frontales del cerebro que te permitirán pensar antes de comprometerte a hacer cualquier cosa. Se trata de una práctica básica de meditación *mindfulness* o de atención plena diseñada para gente que está empezando. Dicho esto, los maestros avezados la practican a diario, así que no te dejes engañar por su sencillez. Podemos acceder al tiempo universal utilizando primero nuestra respiración. Una vez que aprendas a controlar y entender tu respiración, podrás practicar de forma eficaz la dilatación temporal.

El ejercicio:

o Siéntate en una posición cómoda con la espalda recta.
o Toca el cielo de la boca con la punta de la lengua.

o Empieza a inspirar y espirar suavemente por la nariz con la boca cerrada.

o Lleva el aire a un punto situado a unas 3 pulgadas (unos 7 centímetros y medio) por debajo del ombligo llamado el Dantian inferior. Respiraremos con esta zona en todos nuestros *chi kung* (trabajos de energía) y en muchos de los ejercicios de meditación del libro. La zona se localiza a unos tres dedos por debajo del ombligo, en el centro del cuerpo. Es un espacio vacío que nos permite respirar, cultivar energía y calmar nuestra mente.

o Infla (o inhala) y desinfla (exhala) esta zona con cada respiración.

o La próxima vez que inhales respira llevando lentamente el aire a la parte inferior de tu abdomen mientras cuentas hasta cuatro (despacio y de forma uniforme).

o Contén la respiración mientras cuentas hasta dos.

o Exhala lentamente mientras cuentas hasta cuatro. Debes haber expulsado todo el aire cuando termines de contar. Mídelo para poder hacerlo.

o Contén la respiración mientras cuentas hasta dos.

o Vuelve a inhalar mientras cuentas hasta cuatro.

o Sigue repitiendo el patrón básico mientras te encuentres cómodo (o lo desees).

o Asegúrate de que al inspirar y espirar mantienes el mismo ritmo cuando cuentas. Presta especial atención a los momentos que siguen a la inhalación y la exhalación, en los que estamos a punto de cambiar.

¡Eso es todo! Te recomiendo practicar este ejercicio durante al menos diez minutos al día. Pon la alarma del móvil, activa el modo avión y nutre tu cerebro agotado por la compresión temporal. Libérate del concepto de tiempo social al sincronizarlo con tu cerebro. El equilibrio a la hora de respirar resulta fundamental, así que asegúrate de que tardas lo mismo en inhalar que en exhalar. Conseguirás grandes beneficios para el cerebro.

Chi kung en movimiento con ejercicios de dilatación temporal

Este ejercicio está diseñado para romper nuestra fijación en el tiempo y modelar nuestro yo consciente. Requiere algo de práctica, pero el esfuerzo merece la pena. Consiste en un simple movimiento acompañado de una respiración con la que conectamos. A partir de ahí, podemos ajustar la velocidad del movimiento de las manos mientras seguimos respirando tranquila y lentamente. Si practicamos este ejercicio durante unos minutos, podremos interrumpir nuestro patrón, liberar a nuestra mente de la ingrata tarea que acarrea la compresión temporal e introducirnos en el momento presente, vivo y activo, que está lleno de potencia y de energía.

El ejercicio:

o Colócate de pie con los pies separados a la anchura de los hombros y los brazos a los lados.
o Inspira y espira por la nariz y toca el cielo de la boca con la lengua.
o Lentamente, respira llevando el aire a la parte inferior del abdomen (hasta el Dantian inferior, como en el ejercicio anterior).
o Cuando hayas conectado con tu respiración y hayas bajado el ritmo, mueve las palmas hasta tocar la parte delantera de los muslos AL EXHALAR.

o Desde ahí, levanta lentamente los brazos delante de ti (a la anchura de los hombros) hasta la altura de tus hombros AL INHALAR.

o Lentamente deja que los brazos vuelvan a bajar hasta una altura en la que las palmas puedan tocar la parte superior de los muslos AL EXHALAR.

o Repite con delicadeza este ejercicio unas diez veces, realizando los movimientos con cuidado y lentamente.

o Contempla sin fijar la vista el espacio entre las manos.

o Ahora mantén la respiración al mismo ritmo y DESCO-NECTA el movimiento de los brazos, realizando dicho movimiento al doble de velocidad que las respiraciones.

o Realiza unas diez o veinte repeticiones y analiza cómo te sientes.

o A continuación, mueve los brazos a una velocidad cuatro veces superior y sigue respirando lenta y profundamente (el ritmo no está conectado con el movimiento de los brazos).

o Realiza unas diez o veinte repeticiones y analiza cómo te sientes.

o Finalmente, recupera el ritmo original del principio, conectando el movimiento de los brazos con la respiración. Se trata de un movimiento rítmico lento asociado a la respiración.

o Vuelve a la posición inicial y respira lentamente unas diez o veinte veces llevando el aire al Dantian inferior.

Meditación con una vela

Este ejercicio está diseñado para ayudarte a conectar tu yo consciente con el *elemento* primordial del fuego. La meditación con vela, practicada durante miles de años en los monasterios taoístas, ayuda a nutrir nuestro espíritu y concentrar la atención en el corazón. Centrar nuestra conciencia en la llama de la vela nos ayuda a *parar el tiempo* y cortar lazos que nos unen a las pequeñas cosas.

El ejercicio:

o Busca una habitación tranquila sin corrientes de aire en la que puedas estar solo durante unos minutos.

o Asegúrate de que la habitación puede quedarse completamente a oscuras. Cuanto más oscura, mejor, así que asegúrate de apagar los aparatos electrónicos o, al menos, cubrirlos.

o Coge una única vela y colócala a unos 90 centímetros de ti, para que quede a la altura de la barbilla una vez sentado.

o Apaga las luces.

o Siéntate cómodamente con la espalda erguida (frente a la vela).

o Inspira y espira por la nariz llevando el aire hasta el Dantian inferior.

o Toca el cielo de la boca con la punta de la lengua.

o Contempla tranquilamente la parte azul de la llama.

o Sigue respirando con el abdomen inferior, pero centra tu atención en la llama.

o Relaja la vista y deja que alcance toda la llama.

o Intenta no parpadear, pero tampoco te hagas daño.

o Haz varias respiraciones mientras te relajas. Unos cinco o diez minutos deben ser suficientes.

o Cuando estés listo, expulsa el aire por la boca al exhalar y cúbrete con las dos manos las sienes.

o Haz otras diez respiraciones llevando el aire al Dantian inferior y, a continuación, abre despacio los ojos y regresa a la habitación.

o Intenta permanecer sentado meditando durante algunos minutos. Respirar contando hasta cuatro sería una opción perfecta.

Este eficaz ejercicio nos ayudará a transformar nuestro yo consciente y nos devolverá al momento presente.

TRUCOS MODERNOS

Ayuno de información

Todo ese negocio que intenta manipularnos utilizando nuestros deseos y anhelos no satisfechos tiene un lugar privilegiado en la televisión. Las noticias en los medios de comunicación nos golpean con historias sobre lo espantoso y peligroso que es el mundo. Nos atacan a un nivel primitivo y apelan a nuestro temor por la supervivencia. Por eso el monje urbano aprende a protegerse a sí mismo y a sus seres queridos. Está bien contar con un cuerpo de policía y un ejército, pero entregar todas nuestras libertades civiles a cambio de *seguridad* constituye un terreno resbaladizo que algunos elementos oscuros de nuestra sociedad civil quieren explotar.

Las noticias pueden envenenar tu mente rápidamente.

La programación de la tele también constituye, en su mayoría, una «carrera hacia el abismo»: el drama, la intriga, la infidelidad, la violencia, los asesinatos y la avaricia..., eso es lo que vende. Los sociópatas hacen las veces de héroes y al cabo de un «tiempo muerto» viendo estas cosas, nuestra psique empieza a incorporar sutiles memes... Todos acabamos cayendo en esa mentira. Pero ¿de qué mentira hablamos? Pues de una visión del mundo inexacta y oscura que nos hace sentirnos inseguros, no amados, solos y poco atractivos. Es la fórmula perfecta para estimular un consumo vacío y que mueve el engranaje de la economía mundial: millones de personas comprando chorradas que no necesitan para sentirse mejor o encajar.

Un monje urbano rechaza categóricamente esta realidad. Elige tus canales y cuida tu información. Internet es perfecto; ve solo aquello que te aporte o enseñe algo. No pasa nada por ver programas de entretenimiento y, de hecho, hay algunos muy buenos en este momento. El problema surge cuando nos sentamos a ver el programa de alguna cadena y, con él, todos sus anuncios de forma mecánica. Elige los contenidos adecuados y recuerda que la frase «somos lo que comemos» también es aplicable a la información que consumes.

Basura entra, basura sale (proverbio informático sobre la arquitectura de las bases de datos).

Un ejercicio excelente consiste en pasar *un mes* sin ver la televisión ni utilizar las redes sociales. Verás qué pasa con tu tiempo. De media, un estadounidense verá la televisión más de cinco horas al día y pasará más de tres en las redes sociales. ¡Son más de ocho horas! Teniendo en cuenta que trabajamos ocho horas y dormimos otras ocho (como deberíamos), según estas estadísticas de 2014, nos pasamos prácticamente el resto del tiempo viendo la televisión o haciendo el tonto en las redes sociales. ¿Y luego nos preguntamos por qué la mayoría de la gente no consigue hacer realidad sus sueños o aspiraciones? Hay quien me dirá que la gente navega por las redes sociales mientras ve la televisión. De acuerdo, *touché*... Bienvenido al trastorno por déficit de atención.

El «tiempo muerto» es una farsa. No se descansa de verdad; además, cotillear la vida de los demás es básicamente una pérdida de tiempo. Aprovéchalo. El tiempo forma parte de la fuerza vital. Al recuperarlo, conseguirás la energía y la claridad que necesitas para destinar tu poder a las cosas que de verdad te importan. Al principio puede ser frustrante, puede que te aburras y que no sepas qué hacer. Es la influencia nociva de las malas costumbres que te intentan arrastrar hacia un comportamiento dañino. Al recuperar el tiempo, te darás cuenta de cuánto has perdido y, en lugar de lamentarte por el pasado, disfrutarás de tu liberación y seguirás adelante.

El monje urbano recupera el tiempo, pues constituye el tesoro más valioso que tenemos. Malgastarlo viendo la tele o en las redes sociales es una locura. Tómate un mes de descanso y verás lo que pasa. Al principio no sabrás qué hacer con el tiempo. Es normal, ya se te ocurrirá. Hacer senderismo, ir al gimnasio, pasar tiempo con tus hijos, leer libros, seguir formándote para dejar ese trabajo de mierda, ver a tus amigos o cualquier otra idea genial son todas las opciones que te esperan. La vida te está esperando.

Descansos programados: cómo utilizar correctamente el calendario

Cuando hablo con la gente y le pregunto por sus prioridades, la mayoría me habla de su familia, la salud y los viajes. Entonces les pido que me enseñen el calendario del móvil. Casi *nunca* aparece tiempo reservado para alguna de estas prioridades. Mucha gente *dice* que se preocupa por ciertas cosas, pero, al no incluirlas en el calendario, invierten poco o nada de tiempo en ellas.

Elegimos con nuestro tiempo y, al no incluir nuestras prioridades en el calendario, le estamos diciendo al universo que en realidad no nos preocupan. Yo reservo el tiempo que dedico a pasear con mi esposa, el bebé y el perro cada mañana. A no ser que esté de viaje, el calendario me recuerda que me he comprometido y casi nunca dejo que nada (a no ser que sea extremadamente urgente o relacionado con el huso horario) me robe este valioso tiempo. También reservo momentos de *recuperación* algunos días para recargar las pilas. Significa decir que no a los intrusos. «¡Dejadme ser y permitidme descansar!».

Tu tarea debe ser la misma: elige tus prioridades absolutas y reserva ese tiempo en el calendario. Si de verdad quieres hacerlo, respeta ese compromiso. Te sorprenderá ver lo bien que funciona y cómo transforma tus malas costumbres.

Tiempo para consultar el correo

Cambiar de tarea cada vez que llega un nuevo mensaje de correo electrónico es malísimo para nuestra atención y hace que seamos muy ineficientes. Nos desconcentra de la tarea que tenemos entre manos y hace que estemos más distraídos, estresados y que seamos, en general, menos eficientes. Un monje urbano soluciona este problema decidiendo cuándo quiere comunicarse con el mundo exterior. Esto implica consultar el correo solamente a determinadas horas durante el día. En los días creativos, yo no lo miro hasta las once. Así tengo tres horas ininterrumpidas para terminar el trabajo antes de que el mundo me venga con tareas que no estaban en mi agenda. Mucha gente que aplica con éxito esta práctica dedica dos o tres periodos de tiempo (entre treinta y sesenta minutos suelen ser suficientes) para limpiar la bandeja de entrada y responder los mensajes.

La mayoría de los servicios de correo cuentan con herramientas geniales que nos permiten etiquetar el correo, marcar los mensajes destacados y categorizarlos para ayudarnos a clasificar los mensajes a medida que los vamos recibiendo. La norma general es que, si puedes responder un *email* en menos de cinco minutos, lo hagas. Si vas a tardar más, márcalo, reenvíalo o encárgate de él en otro momento. Así, no se te acumularán los correos y también tendrás el tiempo necesario para ocuparte de asuntos importantes por correo electrónico.

Tener buenos filtros *antispam* y aprender a darte de baja de aquellas suscripciones que ya no te interesen también resulta clave. Una forma de hacerlo es tener una segunda dirección de correo para algunos servicios de internet y hacer que todos los mensajes de nuestras aventuras digitales acaben en ese cajón. Siempre podrás volver y revisar esa bandeja de entrada cuando quieras, pero los mensajes promocionales o poco importantes dejarán de distraerte en tu día a día.

Con el tiempo, aprenderás a hacerlo cada vez mejor y aumentará tu productividad. Esto no significa necesariamente que tengas que trabajar más. Puedes trabajar más si así lo deseas, pero también puedes invertir esa eficiencia añadida en ir a correr, llegar a casa una hora antes y ver a tus hijos, o ir a clases por la noche y seguir avanzando en tu carrera profesional. Una siesta tampoco estaría mal...

No me canso de repetirlo: el tiempo es extremadamente valioso y un monje urbano nunca lo desperdicia. Haz cosas a conciencia y no dejes que un aluvión constante de *emails* te distraiga de los objetivos del día.

Meditar con música para las ondas cerebrales

Hace tiempo que sigo de cerca las distintas tecnologías que nos pueden ayudar a gestionar el estrés y la compresión temporal, y he descubierto algunas que son fantásticas. En el laboratorio cerebral que yo dirigía tuve la oportunidad de acceder a miles de horas de datos EEG (información obtenida mediante electroencefalograma) de meditadores y yoguis en estados de alteración. Descubrí algunas pistas para ondas cerebrales que resultan especialmente útiles a la hora de deshacernos de la compresión temporal y que recomiendo encarecidamente. ¿Por qué? Pues porque diversos laboratorios se han dedicado a estudiar la actividad del cerebro humano durante estados alterados y existen datos muy interesantes que avalan este hecho. El cerebro funciona en diferentes frecuencias de ondas cerebrales y, en cada momento, suele haber una frecuencia que predomina por encima del resto. Cuando estamos estresados y padecemos compresión temporal, nos solemos encontrar en Beta (12-19 hercios) o Alta Beta (19-26 hercios). Hacer que el cerebro baje a Alfa (7,5-12,5 hercios) y de ahí a Theta (6-10 hercios) puede resultar muy terapéutico y relajante. Algunos meditadores expertos son capaces de bajar al estado Alfa con facilidad y otros pueden llegar al Theta o incluso al Delta (1-3 hercios) en estados de alteración. Estas nuevas tecnologías son una buena herramienta para entrenar nuestro cerebro haciendo que entre en estos estados rápidamente, sin tantos años de meditación.

En la sección de recursos encontrarás algunos enlaces a las pistas que he creado.

PLAN DE ACCIÓN DE ASHLEY

Al analizar la vida de Ashley y estudiar cómo podíamos obtener rápidos resultados con el mínimo esfuerzo, nos dimos cuenta de que la primera medida estaba relacionada con el tiempo que veía la televisión. ¡Menudo desperdicio de fuerza vital! Hicimos que se desenchufase de todos los medios *de presión*, como la televisión y la radio, para que ella misma pudiera elegir la información y los contenidos que llegaban a su vida. El resultado: tenía mucho más tiempo cada día para pasear con su familia, cuidar las plantas y hacer yoga por las tardes. También empezó a leer para avanzar en su trabajo por las tardes y, poco a poco, la ansiedad que le generaba tener siempre cosas pendientes comenzó a desvanecerse.

Lo siguiente que hicimos fue trabajar en su rutina matinal. Correr en la cinta no era la mejor opción para una persona como Ashley. Su perfil suprarrenal era todo un reto y correr no hacía sino empeorar la situación. Empezó a hacer entrenamiento a intervalos y ejercicios de cuerpo completo al tiempo que corría. El resultado: más energía, mejor humor y un cuerpo más tonificado y definido. También añadimos diez minutos de *chi kung* por la mañana, que le ayudaron a centrarse y conseguir algo de claridad mental. Ashley se pasaba la vida intentando recuperar el aliento y ahora esta práctica le permite beber de la Fuente antes de empezar el día.

Asimismo, aprendió a incluir sus prioridades en la agenda del teléfono y a realizar pausas regulares en el trabajo. Al principio le daba pánico hacerlo, así que no se tomaba descansos largos por miedo a que sus superiores le regañasen. Solo cinco minutos para respirar con la parte inferior del abdomen tenían un potente efecto sobre ella. Cuando se empezó a dar cuenta de lo bien que se sentía y de la claridad con la que trabajaba después de estas pausas, sucedió algo mágico. Se volvió más eficiente. Empezó a ir siempre un paso por delante y a las cinco de la tarde había terminado todo el trabajo y podía irse antes a casa. Esto significaba más tiempo para su familia y para ella. La calidad de su trabajo era mucho mejor y, al cabo de unos meses, consiguió un ascenso.

Otro reto importante para Ashley era aprender a desconectar por la noche. Estaba acostumbrada a dar vueltas durante todo el día y ese impulso hacía que siguiera igual de acelerada durante varias horas. Ella y su marido empezaron a pasar tiempo a la luz de las velas un par de noches por semana, y Ashley sustituyó su *tablet* por un buen libro antiguo. Al cabo de un par de meses, sus niveles de energía habían mejorado y eran más constantes. Se quejaba menos por el cansancio y conseguía hacer grandes progresos en su lista de cosas pendientes. Los momentos románticos a la luz de las velas también consiguieron reavivar el deseo sexual que habían perdido hace tiempo y que finalmente pudieron recuperar.

Con un par de cambios en su rutina y un giro en la *dirección*, su vida cambió para siempre. Cuando Ashley fue capaz de controlar su vida, consiguió recuperarla.

CAPÍTULO 3

Energía: ¿por qué estoy siempre tan cansado?

Jessica no lo vio venir. Tenía una vida totalmente normal como cualquier otra persona y, poco a poco pero de forma manifiesta, empezó a quedarse sin energía. Al principio estaba bien. Salía con sus compañeros por la tarde para tomarse un café y hablar de la vida. Por la noche cenaba y se tomaba algo con su grupo de amigas, y las cosas no se solían descontrolar. Tenía veintimuchos años y vivía en Nueva York. Era lo que tocaba.

Las mañanas le empezaron a resultar cada vez más duras. Solía hacer algo de bici antes de levantar pesas en el gimnasio, pero su energía iba menguando. Cualquier cosa le parecía demasiado esfuerzo. Tomó unas pastillas para adelgazar que alguien le había recomendado durante algún tiempo y, aunque funcionaban, la ponían muy nerviosa e inquieta. Al cabo de un tiempo, recayó y volvió a coger los kilos que había perdido; no fueron muchos, pero los suficientes como para hacer que se sintiera *gorda* todo el rato.

La última vez que se fue de vacaciones estuvo en Europa. Ella y una amiga visitaron doce ciudades en catorce días. Museos, discotecas, barcos, caminatas durante todo el día y más museos... Se llevó una buena dosis de cultura y muchas fotos, pero también volvió a casa con un buen resfriado.

Su carrera profesional ha sido dura. Se graduó en Periodismo y ha probado muchas opciones, desde las relaciones públicas hasta los reportajes de investigación, pero todavía no ha encontrado su verdadera pasión. El dinero es otro problema y le resulta casi imposible llegar a fin de mes en la gran ciudad. Se priva de todo lo que puede; aun así, consigue mantener su vida social, algo bastante importante para ella. Prácticamente solo come ensaladas, así que no entiende por qué está siempre tan cansada si come tan sano. Al fin y al cabo, hace todo lo que debería. ¿Por qué está tan agotada?

EL PROBLEMA

Jessica no es la única: una de las principales quejas en las consultas médicas es el cansancio. Todo el mundo está cansado y esta fatiga se está convirtiendo en una epidemia. Nuestro cuerpo nos está diciendo que algo no funciona, pero nosotros estamos demasiado ocupados como para escucharlo.

La energía es como el dinero en efectivo. En Oriente, lo llamamos Chi. Es una *divisa* que fluye y que circula a través de nosotros en un ciclo de abundancia. Si conservamos el equilibrio, nuestra energía será saludable y circulará como es debido. Hablaremos mucho más sobre este tema, pero antes imaginémonos la siguiente situación.

Estás en una tienda y ves algo que te gusta. Miras en el monedero a ver si tienes dinero, pero te das cuenta de que te lo has gastado todo por la mañana. Hace unos años, te ibas de la tienda sin el artículo y seguramente aprendías una valiosa lección sobre cómo administrarte mejor. Pero hoy en día ya no tenemos que enfrentarnos a esa situación porque... ¡tenemos tarjetas de crédito! Sacas la tarjeta del monedero, la introduces y... ¡boom! Ya tienes lo que quieres en la bolsa y te vas sonriendo de camino a casa; bueno, sonriendo hasta que te llega el cargo y te das cuenta de que necesitas el dinero. ¿Te suena, verdad? Pues es lo mismo que estamos haciendo con nuestra energía.

Jessica podría haberse ido a un retiro en la montaña y haber leído un libro, haber dormido mucho, haber practicado yoga y haberse sentado frente a una hoguera durante una semana para recargar las pilas. Pero, en lugar de eso, se gastó todo el dinero y la *energía* que tenía viajando por Europa. De hecho, pagó la mayoría del viaje con la tarjeta de crédito y ahora vive agobiadísima pensando en los cargos que le van a venir.

> *Está cansada y más nerviosa.*
> *Ha apagado su Chi y se siente agotada.*

Como no descansa, no se recupera. Es un principio básico: todo lo que sube baja. El yin y el yang siempre tienen que encontrar el equilibrio para que la energía fluya.

Jessica encuentra el equilibrio, pero no de forma adecuada. Tensa la cuerda hasta que su cuerpo no puede más y tiene que pasarse una semana entera en cama recuperándose, sin poder salir a cenar, sin poder hablar, tomando medicamentos y viendo episodios repetidos de *Friends*.

La cafeína es como una tarjeta de crédito energético

En una sociedad capitalista, la deuda sirve para estimular el crecimiento y generar riqueza. Puede ser algo útil si tienes que pedir un préstamo para una casa, aunque el banco saque una buena tajada. Si tu negocio tiene altibajos, una línea de crédito te puede ayudar con los problemas de liquidez... Hasta ahí todo bien.

El problema tiene que ver con una mala «economía energética».

No podemos gastar más energía de la que producimos. Es un principio matemático muy sencillo que la mayoría de la gente entiende, pero que nos plantea un gran desafío. Nuestra vida es rápida y frenética. Nunca tenemos suficiente tiempo (consulta el capítulo anterior sobre el «síndrome de compresión temporal»), por lo que parar a descansar y respirar parece una locura... «Tenemos que seguir, beber café y picar algo...».

Puesto que, desde nuestro punto de vista, tenemos poco tiempo, parar a comer resulta inconveniente y molesto. Se trata de un gran problema contemporáneo al que muchos de nosotros nos tenemos que enfrentar y que está arruinando la vida de la gente. Antiguamente, la vida y los rituales solían estructurarse en torno a las comidas, pero ahora ni siquiera tenemos tiempo para sentarnos una vez al día. Este acto ha perdido todo su sentido, así que tampoco importa lo que comemos. «Me tomo esta barrita de proteínas y listo». ¿Cuál es el problema? Que esa basura no es comida.

La comida ya no es lo que era

Nuestra energía procede de los alimentos y nos los hemos cargado todos. Les hemos metido y pinchado tantas cosas, los hemos modificado tanto genéticamente y los hemos mejorado de forma artificial hasta tal punto que nuestro cuerpo tiene problemas para reconocer muchos de los alimentos que ingerimos como comida. Esto confunde a nuestro sistema inmunitario haciendo que sea incapaz de distinguir a sus *amigos* de sus *enemigos* y que ataque a estas partículas de alimentos a lo largo del revestimiento intestinal. Este proceso consume una gran cantidad de energía y hace que estemos cansados, hinchados y que no pensemos con claridad. En los capítulos seis y siete analizaremos en detalle este problema, pero, por ahora, te adelanto cuál es la moraleja de la fábula: come *alimentos de verdad*, orgánicos, que procedan de la tierra y que no hayan sido manipulados. Es lo mejor para nuestra salud, nutrición y bienestar general.

Las toxinas nos asfixian

Cada día nuestro medio ambiente tiene que hacer frente a unos 33 565 millones de kilos de sustancias químicas, y muchas de estas sustancias resultan nocivas para nuestras mitocondrias, especialmente susceptibles al daño. Las mitocondrias son los pequeños orgánulos celulares que nos ayudan a producir energía. Cuando se dañan o se ven afectadas, nuestra producción energética se resiente y nos quejamos de desgana y fatiga.

Vivimos una epidemia de toxicidad que nos golpea por todos lados. A medida que nuestro cuerpo pierde su capacidad de recuperación, las mitocondrias resultan dañadas y tenemos menos energía para el sistema inmunitario, los procesos de desintoxicación y la excreción. Básicamente, nos encontramos en una espiral descendente de toxicidad y cansancio. Cuando el piloto de la reserva empieza a parpadear, nuestro cerebro se nubla, nos ponemos de mal humor e irritables, y acabamos recurriendo a las pastillas o al café. Pero esa no es la solución; el problema está en los productos de limpieza, los alimentos procesados, el aire y el agua contaminados, y los cosméticos que utilizamos a diario. Mi segunda película, *Origins*, hace un profundo análisis de este problema y muestra los efectos nocivos para la salud de este experimento químico del que todos formamos parte. Mirar para otro lado ante esta aterradora realidad tampoco va a resolver el problema. El monje urbano selecciona cuidadosamente su suministro de alimentos y se da cuenta de que el dicho «somos lo que comemos» va mucho más allá de los alimentos.

El moho tóxico, un silencioso exterminador de energía, también plantea un serio problema para la sociedad. El moho activa nuestro sistema inmunitario y puede desencadenar una serie de síntomas desde la niebla mental hasta reacciones autoinmunes. No siempre se ve y sus efectos pueden ser acumulativamente nocivos. Si crees que puedes ser sensible al moho, consulta la sección de recursos, donde encontrarás algunas herramientas que te serán de ayuda.

El cuerpo está diseñado para moverse

Una pieza importante en el puzle de la baja energía es la inactividad que caracteriza la vida moderna. En el capítulo cinco analizaré en detalle este problema y exploraremos sus distintos matices. Por ahora, lo que debemos tener claro es que nuestros cuerpos son eléctricos por naturaleza y que el movimiento genera una carga. Mover las piernas hace que la sangre y los iones activen el sistema nervioso y que este se comunique adecuadamente con el cerebro. Las endorfinas hacen su aparición y nuestros sentidos funcionan en tres dimensiones. ¡Esto es lo que somos: seres vibrantes y poderosos capaces de escalar paredes rocosas y atravesar barrancos!

Sin embargo, si nos fijamos en nuestro presente, nos veremos aparcados detrás de una mesa o en el coche cruzando los dedos para poder hacer algo de deporte después del trabajo. Nos sentamos en vez de estar de pie y conducimos en vez de caminar. Esto anula el ciclo natural del flujo de energía que el cuerpo conoce y con el que fluye. Así es como empezamos a apalancarnos y a quedarnos dormidos. Nuestros genes dejan de estar programados para ofrecer un rendimiento óptimo y empezamos a ganar peso. Nos hacemos viejos y nos vamos oxidando porque un sistema sano es aquel que se mueve y vibra con cada descarga de energía.

La energía tiene que ir a algún lado

Hablamos de energía como si fuese dinero en la cuenta del banco y por eso ganamos peso. Recuerda: la energía tiene que circular. No puede permanecer en un mismo lugar y almacenarse como lo hace en forma de grasa, algo que no necesariamente queremos tener en nuestro cuerpo. Así que ¿cómo podemos solucionar este problema?

Dale siempre una salida a tu energía.

Un monje urbano permanece conectado a todo aquello que requiere energía en el mundo. Desde las causas que apoyamos hasta nuestras inquietudes intelectuales, necesitamos continuamente más y más energía para cubrir las necesidades de nuestro crecimiento personal. A medida que crece nuestra huella en el mundo, seremos capaces de movilizar más energía *a través de nosotros.* Para ello, debemos actuar como un conducto de energía en el mundo; desde el trabajo que realizamos hasta el barro que quitamos del jardín, somos energía. Desde los libros que leemos hasta las clases que damos, eso es energía. Desde la gente para la que trabajamos hasta la autoayuda que practicamos, consumimos energía. Cuanta más energía liberemos y más eficientes seamos, mayor será la fuerza que recorra nuestro interior.

Para ver la vida por la tele no necesitamos ningún tipo de energía: ese es el problema del estilo de vida moderno. Comer alimentos que no has cultivado ni cazado tampoco implica ningún tipo de intercambio directo. Recorrer la ciudad en coche consume gasolina y no la grasa de tus caderas. La vida se ha vuelto algo abstracto y nuestro distanciamiento de las necesidades básicas relativas a la producción de energía nos ha alejado de la fuente de nuestro poder real. Regresemos a nuestros cuerpos.

SABIDURÍA DE MONJE URBANO

La energía vital está en todos lados. Todo está impregnado de espíritu y conciencia. Estamos rodeados por la vida y la sensibilidad que rebosan en el mundo natural. Vivimos en una maravillosa red vital y la matriz energética es como una deliciosa sopa en la que nadamos. Nos alimentamos de este poder y respiramos devolviéndole energía. Se trata de un precioso y potente sistema de vida interconectada y de transferencia de energía hilvanado con una conciencia común: una mente o espíritu universal *del que todos formamos parte.*

Cuando comemos alimentos llenos de vida, nosotros ganamos energía. La *calidad* de los alimentos que ingerimos determina la calidad y el volumen de nuestro Chi. Aquello que está en contacto directo con la naturaleza posee fuertes vibraciones y contiene más nutrientes y mayor fuerza vital. Los alimentos manufacturados carecen generalmente de todo esto. La falta de vida en los alimentos es nuestra falta de vida. ¿Sigue habiendo alguna duda de por qué todo el mundo está tan cansado? Una vez más, los alimentos nos aportan mucho más además de calorías. Por supuesto, contienen nutrientes, minerales y cofactores, pero ¿qué pasa con el Chi? Sí, estos alimentos, aparte de las calorías que quemamos, nos proporcionan todo tipo de energía sutil. La conectividad de toda forma de vida es siempre una transferencia de energía y conciencia. Nos alimentamos de la gente que nos rodea, los libros que leemos, los programas que vemos y los entornos en los que descansamos. Todos somos parte de una inteligencia universal que nos ayuda a sentirnos conectados y llenos de vida. Todo está vivo e impregnado de conciencia.

Consume vida

Compartimos la energía eterna del universo con el resto de formas de vida y el acto de alimentarnos es sagrado, pues estamos transfiriendo energía de una forma de vida a otra. Debemos realizar este acto con reverencia y respeto. El monje urbano se alimenta *conscientemente* y da las gracias por cada comida, por cada bocado. Se trata de una actitud de inclusión y respeto por encima de todas las estrategias y tácticas de dieta de las que podamos hablar. Todo lo demás es secundario.

Partiendo de este principio, ingiere solo alimentos que estén vivos o hayan estado vivos hasta hace poco. Las verduras orgánicas son la clave. Si comes carne, asegúrate de que provenga de ganado alimentado con pasto, criado en sitios de pastoreo y bien cuidado. La carga tóxica que asimilamos al ingerir carnes convencionales es enorme. Activa nuestro sistema inmunitario, nuestras vías de desintoxicación y, generalmente, hace que estemos más cansados y aletargados.

Un paso más allá sería decir que, para comer carne, *tenemos* que ir a cazar y *matar* lo que nos vayamos a comer. Debemos conocer lo que significa sacrificar una vida y hacerlo con reverencia. Las largas horas caminando montaña arriba y abajo y desafiando a los elementos activan la circulación de la sangre. No es cualquier cosa y, una vez que lo hayas grabado en tu yo consciente, no volverás a devorar inconscientemente otro sándwich de pollo.

Evita todo lo que venga envasado o incluso que necesite etiquetado. Las verduras proceden de la tierra, acércate aún más a ella. Si puedes, ten un huertecito en casa y cultiva todos o parte de los alimentos que consumes. ¡Toca la vida! Aprende de dónde viene y cultiva un profundo respeto por ella. Esto es lo que falta en Occidente. Consumimos a ciegas pseudoalimentos carentes de Chi y luego nos preguntamos por qué estamos cansados, enfermos, gordos y deprimidos. Si quieres sentirte vivo, reincorpórate al ciclo de la vida y consume solo alimentos reales llenos de energía natural. De este modo, conseguirás los nutrientes que necesitas, te sentirás mejor, te desharás de esos horribles antojos y, simplemente, empezarás a sentirte con más energía.

Recoge agua y corta madera

En los monasterios, dice así un viejo refrán:

> *Antes de Zen, recoge agua y corta madera.*
> *Después de Zen, recoge agua y corta madera.*

El trabajo es maravilloso. Los hindúes lo llaman «karma yoga» y es bueno para nosotros. Que tengas una mesa de trabajo no significa que no puedas moverte de ahí. Una mesa para trabajar de pie, ejercicios que podemos hacer mientras trabajamos y los paseos diarios son algunas de las muchas estrategias de las que hablaremos en este libro. Seguir moviéndose es un requisito básico para sentirse mejor y tener más energía.

Incorporar la palabra *trabajo* en nuestra rutina de entrenamiento es un principio importante para el monje urbano. Salir ahí fuera y ensuciarnos es bueno para nosotros. En cierto modo, la sociedad ha decidido que trabajar al aire libre no es algo particularmente elegante, como si fuera algo para la clase obrera y la gente rica tuviera que ver la televisión en la cinta del gimnasio.

¡Menuda estupidez!

Construye una caseta, recoge heno, parte algunas rocas, planta un árbol y limpia el ático. Antiguamente nos movíamos sin cesar y eso hacía que estuviésemos llenos de energía. Nos entraba hambre porque nos pasábamos el día moviéndonos, no porque el reloj marcase las seis.

Descansa cuando estés cansado

El cuerpo humano tiene ritmos circadianos con altibajos de energía. Aprender a surfear estas fluctuaciones es fundamental para un monje urbano. El mero hecho de cerrar los ojos entre cinco y diez minutos puede ayudarnos a desconectar y recargar las pilas a mitad del día. A menudo, es lo único que necesitamos para poder seguir y mantener la energía, pero el problema es que no nos lo permitimos. A nuestra mentalidad occidental le cuesta mucho trabajo darnos permiso para relajarnos. Al fin y al cabo, nuestra cultura tiene orígenes anglosajones y germánicos que conceden especial importancia al trabajo duro y la persistencia. Eso nos ha permitido construir una sólida economía y flotas de portaaviones, pero también ha hecho que dependamos de los medicamentos para todo.

Tienes permiso para relajarte.

¡Ahí tienes, te lo acabo de dar! Algún día serás capaz de dártelo a ti mismo, pero hasta entonces puedes utilizar el mío. El monje urbano aprende a trabajar de forma más eficiente, no más horas. Parecer ocupado para contentar a la gente que te rodea es una estupidez, aunque todos lo hacemos de vez en cuando. Tómate algo de tiempo para recargar las pilas y notarás un profundo cambio en tus niveles de energía, rendimiento y salud. Esto hará que consumas menos cafeína y, seguramente, menos hidratos de carbono. Con la cantidad adecuada de reposo, los niveles de leptina (una hormona que controla la saciedad) en el cerebro se equilibran y evitamos ser presa de los dañinos ataques de hambre.

VIAJES PERSONALES

Tras el nacimiento de mi primer hijo, no tengo ni idea de qué me pasó. Yo siempre había dormido bien y nunca había padecido insomnio. Con el bebé recién nacido llorando y despertándonos cada dos por tres, mis alterados patrones del sueño me empezaron a pasar factura. Tenía más trabajo que nunca con el lanzamiento de una película y cada día me quedaba menos energía en el depósito. Me sentía cansado, notaba menos deseo sexual, no hacía muy bien la digestión y, en general, no tenía mucha ilusión por nada. De hecho, sentía que me dirigía hacia una «bancarrota de la ilusión». Me hice unos análisis y descubrí que mis glándulas suprarrenales estaban agotadas, así que empecé un tratamiento que incluía suplementos para las suprarrenales y algunas hierbas tónicas. También cambié de dieta y solo tomaba hidratos de carbono por la noche. De este modo quemaba grasas y proteínas durante el día y los hidratos de carbono de la noche ayudaban a provocar una subida de insulina que permitía reducir los niveles de cortisol. Con ayuda del yoga y haciendo turnos con mi mujer para cuidar del bebé, fuimos capaces de darle la vuelta a la situación rápidamente. Me he dado cuenta de que muchas personas nunca se recuperan de verdad de estas situaciones y arrastran este cansancio a todo lo que hacen en su vida. Este libro te ayudará a acabar con ese déficit de energía.

Siente la fuerza

Aunque obtenemos las calorías de los alimentos, la vida que nos rodea también nos aporta todo tipo de energía de forma sutil. Todo lo que está vivo irradia energía que nuestros cuerpos perciben intrínsecamente. Aprender a sentir la energía de una habitación, un valle, un bosque o un prado es una habilidad que nuestros antepasados poseían de forma innata. Estoy seguro de que puedes recordar la sensación de estar en medio de la naturaleza y sorprenderte de lo bien que te sentías. Todo lo bueno se encuentra allí mismo. Un monje urbano no lo desperdicia ni regresa sin más a la tierra de las almas perdidas. *Ahí* es donde podemos recuperar nuestra vitalidad y aprovechar los campos energéticos de las plantas y los animales que nos rodean.

Antes de que nos rodeásemos de paredes, alfombras, aparatos y muebles, teníamos mucho más acceso a la naturaleza y éramos capaces de *beber* de esta energía por todos nuestros poros. Estábamos rodeados de naturaleza y nos bañábamos en ella. Ahora, hemos perdido la conexión y parece que nos falta algo. Es cierto.

El monje urbano pasa el mayor tiempo posible en la naturaleza rodeado de cosas puras y vivas, y así es como consigue ser mejor persona. Conecta con la fuerza vital de los árboles, el viento y el agua para recuperar su vitalidad y ser parte del ecosistema. Sabemos que lo hemos conseguido cuando dejamos de sentir que nuestra energía es suciedad que contamina la naturaleza pura que nos rodea. A medida que limpiemos nuestro estilo de vida y aprendamos a potenciar nuestra energía de forma sana y sostenible, dejaremos de exudar caos y volveremos a estar conectados con el tejido de la vida que nos rodea. Cuando esto sucede, el sentimiento es puro e incuestionable. Es tu derecho.

Conoce las sombras

También hay un lado oscuro. Existen ciertos elementos parasitarios en la sociedad muy interesados en que no estemos conectados con nuestra vitalidad natural. Se alimentan de la vida y necesitan que estemos dormidos y desconectados para que así perdamos involuntariamente nuestra vitalidad.

Los antiguos gnósticos denominaban este sombrío elemento inmaterial «los Arcontes», entidades incorpóreas que practicaban la *contraimitación*, una técnica consistente en emular algo bueno y ser tan parecido a este modelo como para que la gente llegue a confiar en ti. Son vampiros que chupan la energía y permean todos los elementos de la sociedad. Están por todos lados y han infectado a muchas personas. Se trata de una forma de conciencia depredadora, generalizada y perversa. Muchas personas están infectadas.

«El mejor truco que el diablo inventó fue convencer al mundo de que no existía».
KEYSER SÖZE – *Sospechosos habituales*

Es algo que podemos ver en la religión, en las compañías farmacéuticas y en el negocio de los medicamentos. También podemos verlo en los políticos y en todas esas empresas *verdes* que van de limpias y ecológicas. Es algo tan común que hemos aceptado que el mundo funciona así y punto, pero, en nuestro interior, sabemos que hay algo que no va bien.

Un monje taoísta pasa buena parte de su tiempo realizando exorcismos; yo he visto situaciones inimaginables, así que dejemos las cosas claras. Hay personas que hacen cosas malas y que tienen que estar controladas. Es algo que todos podemos ver con nitidez. Lo que mucha gente no ve es el virus mental contagioso que infecta y permea a todas esas personas.

Podemos entenderlo mejor con algunos ejemplos reales de contraimitación.

Religión: «Representamos a Dios y todo lo bueno».
+ «A Dios le parece bien que nosotros sacrifiquemos a tu tribu porque vosotros sois paganos y nosotros somos los elegidos».
+ «Soy un hombre de religión, así que puedo tocarte ahí, hijo mío».
+ «Amamos a todo el mundo y no juzgamos, pero los negros viajan al final del autobús».
+ «Dios está de nuestro lado y ganaremos la guerra santa» (añade el país o la religión que corresponda).

Políticos: «Representamos al pueblo y trabajamos por el bien de todos».
+ «Soy el representante del pueblo, nunca aprobaría una ley como esa, pero... ya está hecho, lo siento».
+ «Defendemos la libertad de expresión y las libertades civiles, pero votamos en contra de ellas porque nuestros patrocinadores no están de acuerdo».
+ «He jurado servir a mi país, pero también he aceptado dinero de intereses particulares porque así funciona el

sistema. Todos estamos comprados, la política funciona así».

Medicina: «Estamos aquí para curar las dolencias de la humanidad y no hacer daño».

✦ «Sabemos que la dieta y el ejercicio podrían acabar con muchas enfermedades crónicas, pero de ahí no se saca ningún dinero, así que vamos a cambiar de tema y a promocionar nuestras pastillas y nuestros métodos, independientemente de los efectos secundarios».

✦ «Claro que sí, esa hierba funciona, pero como no es posible patentar la naturaleza, vamos a desacreditar ese estudio y a seguir vendiendo la basura que nos da dinero».

✦ «Es imposible que conozca toda la información que existe al respecto, pero seré arrogante y despectivo con tu pregunta porque cuestiona mi autoridad y, además, si no te unes a nosotros, no voy a poder cobrar un dineral. Yo soy el médico, capullo».

Empresas: «Te damos lo que quieres y somos buenos ciudadanos del mundo».

✦ «Somos totalmente verdes porque en nuestra caja de cereales sale un granero, aunque no hacemos nada para que nuestros ingredientes sean más saludables».

✦ «Vamos a comprar esa marca respetuosa con el medio ambiente y a utilizar su imagen para parecer una buena empresa mientras seguimos utilizando alimentos transgénicos más baratos. Esos idiotas no van a notar la diferencia».

✦ «Podemos vender las manzanas de siempre en los mercados de productores y decir que son orgánicas; es un plan perfecto porque los consumidores pagarán más por la misma basura. ¡Menudo chollo!».

Medios de comunicación: «Somos justos e imparciales y nos gusta compartir contigo arte, cultura y entretenimiento».

✦ «Sobórname o únete a mi secta y te daré el papel en la película. Ya lo sabes: las cosas funcionan así».

✦ «Contamos las noticias como suceden y nunca tenemos una opinión ni ningún interés en la historia, aunque pertenecemos a una parte interesada».

✦ «Nos da igual lo bien que canten, ¿están dispuestos a fumar ante nuestro público adolescente? Queremos una imagen de chico malo y podemos encontrar a cualquier otro fácilmente. Hay músicos a patadas».

La lista es interminable, pero creo que me has entendido: la gente va de lo que no es, se aprovecha del sistema y se comporta como una idiota. Estamos rodeados de reaccionarios y nos han hecho creer que tenemos que negociar con el diablo para poder abrirnos camino en el mundo. El dinero es el diablo y tenemos que entrar en el juego porque todo el mundo lo hace...

Menuda chorrada.

Un monje urbano rechaza categóricamente esta premisa y sabe que es una invención de los elementos parasitarios que llevan siglos inoculando esta idea. Tenemos los medios tecnológicos necesarios para pasarnos completamente a la energía solar y, sin embargo, seguimos librando guerras por petróleo. Los comerciantes de armas siguen alentando conflictos en Oriente Medio constantemente y los fabricantes de refrescos siguen añadiendo sabores *naturales* para hacernos creer que sus productos son saludables. No tenemos que ensuciarnos las manos para ganar dinero. Podemos fabricar productos y ofrecer servicios con integridad y honestidad. El precepto budista del «modo de vida adecuado» sigue vivo; los buenos ciudadanos del mundo tienen que regirse por este principio y defenderlo. Así pues, lo que hagas no debe provocarle daño al planeta ni a otras personas.

Tenemos que defender aquello
que está bien y es bello.

Pero ¿qué tiene que ver esto con nuestros bajos niveles de energía? Pues mucho. Nos alimentan para que seamos zombis, para que no pensemos por nosotros mismos y nos limitemos a obedecer. Necesitamos que nos digan lo que tenemos que hacer: vota azul o rojo, come hamburguesa con patatas fritas y bebe coca-cola, acepta la realidad tal y como es, y, para ser más claro, cállate y sigue pagando impuestos y cómprate zapatos. ¡Es agotador! Quizá estamos cansados porque somos sumisos e inconscientes. Quizá nos han adormecido tanto que la *chispa* de la vida es el ingrediente que de verdad nos falta.

No puede haber flujo de Chi (energía)
sin un Shen (espíritu) saludable.

El Shen se puede traducir como «espíritu». Los parásitos nos distraen y nos mantienen desconectados de nuestro espíritu, que constituye nuestra fuente esencial de energía eterna. Nos hacen sentir que no somos nadie sin ese coche, ese bolso, ese título o ese compañero ideal. Nos hacen desear una vida imposible marcada por una falsa promesa, de modo que sucumbimos fácilmente entregando nuestro dinero y alimentamos a la bestia parasitaria. Nos hacen creer en la escasez y la lucha incesante del ser humano, el cuento de que hay gente mala al acecho y de que el mundo es un lugar inseguro.

Lo bueno es que este espíritu es infinito y eterno. Cuando volvemos a conectar con él, nos reímos de estas absurdas distracciones y recuperamos el control que habíamos perdido: un *poder personal* que proviene de nuestro interior y se refleja en nuestro exterior, un poder personal que sabemos que es mucho más grande que nosotros, un canal para la Fuente de energía que es el elemento común de todas las formas de vida. Es lo que hace que una planta pueda brotar en medio de una acera de hormigón y que un pingüino pueda permanecer expuesto al frío glacial protegiendo a sus crías durante meses.

Un monje urbano reconoce su potencial y se convierte en un faro de luz en su comunidad. Lucha por la justicia y hace lo correcto. Analiza sus decisiones y cuestiona los memes que no le sirven. No se somete cuando un sociópata intenta imponerle su visión negativa del mundo y, desde luego, no intenta encajar en el mundo de los zombis, sino que los despierta. Es libre de espíritu y esto hace que su energía se libere. Está vivo y lleno de Chi.

La energía es Chi y tiene que fluir.

Proviene de nuestra comida y constituye nuestra Esencia Vital. Se alimenta de nuestro espíritu. Malgastar nuestra Esencia es otra sencilla forma de cargarnos el sistema. Aprender a cultivar nuestra Esencia y mover nuestro Chi es una práctica básica a la hora de restaurar nuestra energía. Aprendemos a descansar cuando estamos cansados, comemos alimentos saludables cuando tenemos hambre, nos movemos, utilizamos nuestro cuerpo y (he aquí el ingrediente perdido) cultivamos nuestro Chi para poder brillar y sentirnos totalmente vivos. Este es el próximo paso para convertirte en un monje urbano. Es hora de aprender a utilizar «la Fuerza».

PRÁCTICAS ORIENTALES

Chi kung

Si te dijera que existe un ejercicio que puede ayudarte a sentirte mejor, tener más energía, ganar claridad, ser más flexible, reforzar tu inmunidad y aumentar tu vitalidad, ¿lo harías? Pues bien, ¡allá vamos!

La traducción literal de *chi kung* es «trabajo de energía» y constituye la base de la práctica de cualquier monje urbano. Vivimos en una época fascinante, así que es mucho mejor enseñarte esta práctica que intentar explicártela en el libro. Tan solo tienes que visitar la página: theurbanmonk.com/resources/ch3, donde podrás acceder gratuitamente a los ejercicios de *chi kung* de *El monje urbano* (niveles 1 y 2). Podrás descargarte los vídeos en el móvil, la *tablet* o el ordenador, o reproducirlos en *streaming* en la televisión o el dispositivo que prefieras. Es muy fácil de aprender, solo tienes que acceder a la información. Si eres un lector al que le gusta ir paso a paso, también he incluido las instrucciones (para ello no hace falta que el libro tenga quinientas páginas).

Empieza con el nivel 1 por las mañanas y, si puedes, haz el nivel 2 por las tardes. Combinados, estos ejercicios te permitirán cultivar tu yang por la mañana y tu yin por la tarde, y lograr así un equilibrio vital. Disfrutarás de más energía, pero has de darte cuenta de que aquellas personas que tienen las glándulas suprarrenales bajo mínimos tardarán un poco más en recuperar toda la energía. Es tu ejercicio, así que trátalo como se merece. Realízalo de forma consciente. Reserva ese tiempo y descubre lo bien que te sienta. A medida que ganes más vitalidad, te darás cuenta de la gran inversión que supone.

Hierbas tónicas

Durante milenios, la longeva tradición de la herbología tónica ha permitido a mucha gente recuperar la vitalidad y potenciar el Chi. A continuación incluyo una lista de hierbas que contienen propiedades adaptogénicas, es decir, que nos ayudan a regular el cuerpo y nos aportan lo que necesitamos, dándonos un empujoncito extra donde es necesario o sedándonos cuando hace falta. Este tipo de hierbas resultan muy interesantes y son un legado de la inteligencia natural que podemos encontrar en las plantas. Todas se consumen en forma de té y muchas empresas las comercializan en polvo soluble en agua caliente. El método tradicional consiste en hervir las hierbas en una cazuela de barro durante algunas horas y utilizar el líquido como té medicinal.

Ginseng. Considerado «el emperador» de las hierbas tónicas, el *ginseng* posee potentes propiedades para la construcción del Chi. Ayuda a regenerar la vitalidad y construir Esencia. Existen diferentes tipos que podemos utilizar en función de nuestro estado de ánimo. El *ginseng* rojo tiene un contenido más yang y estimula las vías excitatorias, mientras que el *ginseng* americano suele ser más yin y reconstituyente. Muchos maestros herbolarios utilizan una mezcla de diferentes raíces para crear un preparado personalizado. Como curiosidad, has de saber que los ginsenósidos que se encuentran en las raíces del *ginseng* son los ingredientes activos con más propiedades medicinales. Cuanto más haya luchado una planta por crecer y más duras hayan sido las condiciones a las que se ha enfrentado, mayor será el contenido de estos ingredientes y más potente será el efecto. Este será un tema (kungfú) recurrente como monje urbano.

Ashwagandha. Es una de las hierbas más potentes utilizadas en la medicina ayurvédica. Se utiliza desde tiempos inmemoriales para tratar diversas dolencias y es conocida por sus beneficios reconstituyentes. También es un adaptógeno y ayuda a combatir el estrés, refuerza nuestro sistema inmunitario, regenera la energía y estabiliza el azúcar en sangre.

Reishi. Este hongo, utilizado en herbología tónica desde hace miles de años, permite reforzar nuestro sistema inmunitario de forma eficaz. Sometido a múltiples estudios, ha demostrado su eficacia a la hora de estimular las neuronas cerebrales, combatir las células cancerígenas y prevenir el desarrollo de grasa en personas obesas. Protege el ADN mitocondrial y ayuda a que se exprese un gen de la longevidad que es clave.

Astrágalo. A menudo combinado con el *ginseng*, el astrágalo también es otro de los pilares de la herbología tónica china. Refuerza nuestro sistema inmunitario, eleva el Chi, aumenta la resistencia y nos ayuda a hacer la digestión. Recientemente se ha utilizado como diurético para tratar cardiopatías obteniendo buenos resultados. En este último caso, te recomiendo que consultes a tu médico antes de utilizarlo.

Rhodiola. Esta hierba crece a gran altitud en zonas árticas de Europa y Asia, y se utiliza como tónico adaptógeno en Rusia y Escandinavia desde hace años. Ayuda a prevenir la fatiga, el estrés y los efectos nocivos provocados por la falta de oxígeno. Yo la tomé estando en Nepal, y me sirvió para potenciar mi energía y a prevenir el mal de altura.

Recetas personalizadas. Buena parte de la herbología tónica proviene de un enfoque medicinal individualizado. Si sabes dónde necesitas ayuda, qué energía tienes que reequilibrar en tu cuerpo y hasta dónde puedes llegar, tú mismo puedes diseñar una mezcla de hierbas a medida que se adapte a tus necesidades. Los adaptógenos son hierbas con las que resulta fácil trabajar, ya que son muy versátiles y la mayoría de las personas puede tomarlas. Sin embargo, si utilizas hierbas medicinales, tendrás que saber lo que haces o consultar a alguien que lo sepa. En la sección de recursos podrás encontrar algunos consejos para preparar tus propias mezclas en casa.

Bébete la comida

La dieta de los monjes consistía básicamente en verduras, arroz y carne magra (si acaso). La comida moderna no se parece en nada a lo que la gente comía hace cientos de años y el camino de vuelta pasa por la sencillez. Dos de los grandes problemas que plantean las dietas modernas son la baja calidad de los alimentos y las *cantidades* excesivas. Comemos hasta que estamos llenos y no descansamos para digerir.

*Come hasta que sacies la mitad de tu apetito
y espera entre cinco y diez minutos.*

Normalmente, este tiempo será suficiente para activar la
saciedad y habrás terminado de comer. Este simple gesto puede ayudarte a perder varios kilos de más. Permite que el cuerpo tenga tiempo de segregar un volumen adecuado de enzimas digestivas, que el ácido gástrico empiece a trabajar
y favorece tu tránsito intestinal sin que tu sistema digestivo
soporte una carga innecesaria. Aprender a masticar bien también es una forma extraordinaria de descomponer una comida,
optimizar el proceso de nutrición y establecer una relación más
íntima con los alimentos. Una forma fácil de hacerlo consiste
en contar el número de veces que masticamos cada bocado
o pedacito de comida. Un buen número para empezar sería
diez veces. Conozco gente que mastica cada bocado veinte,
o incluso treinta y seis veces.

En muchas tradiciones, las sopas, los guisos o los *congees*
(gachas de arroz) son una parte fundamental de la dieta de los
monjes. Están hechos a base de ingredientes maravillosos y se
cocinan a fuego lento durante un buen rato para extraer los
nutrientes vitales y descomponer mejor los alimentos. En su
revelador libro *Catching Fire: How Cooking Made Us Human
(La captura del fuego: Cómo cocinar nos hizo humanos)*, Richard
Wrangham describe cómo la utilización del fuego a la hora de
cocinar permitió que nuestra especie liberase nutrientes vitales
y obtuviese más calorías de los alimentos, lo cual nos hizo más
flexibles, más ágiles, y nos permitió tener un cerebro mayor.

De este modo, el monje urbano puede disfrutar de los
nutrientes y las calorías de los alimentos con mayor facilidad,

y las comidas son más ligeras, energizantes y sencillas. Estas comidas nos nutren y nos evitan tener que lidiar con una gran carga digestiva que ralentiza nuestro sistema y nubla nuestra mente. Al fin y al cabo, si nuestro objetivo es podernos sentar a contemplar la vida y la naturaleza de nuestra existencia, devorar un burrito de queso solo puede garantizarnos una cosa: un monje somnoliento con un cerebro nublado.

¿Cuándo más comemos sopa? Normalmente cuando estamos enfermos. La sopa de pollo de la abuela nos ayuda porque muchos de los alimentos ya han sido *digeridos previamente* para ti, haciendo más fácil la recuperación. Dicho de otra manera, el calor ya ha ayudado a descomponer los alimentos y le ha ahorrado trabajo a nuestro cuerpo.

Si tus tropas están en primera línea de defensa combatiendo una infección, lo ideal es que se queden ahí. Desviar energía del sistema inmunitario cuando se está librando una batalla no es una buena idea, y por eso la sopa es un remedio tan eficaz. Así que ¿por qué no tomamos sopa más a menudo? ¿Por qué no la utilizamos para ahorrarle trabajo a nuestros cansados y debilitados cuerpos para así poder liberar algo de energía y empezar a sentirnos mejor?

Come como un enfermo una vez a la semana.

Comer sopa una vez a la semana es una forma de ayuno —podríamos llamarlo «ayuno digestivo»—. Tu estómago, tu páncreas y tus intestinos pueden tomarse un respiro para recuperar el aliento y funcionar mejor. Al sustituir los alimentos sólidos por líquidos una vez a la semana le estamos dando a nuestro cuerpo el respiro que tanto necesita para recuperarse y reparar nuestro revestimiento intestinal. A mí me gusta añadirle caldo de huesos, hierbas tónicas y plantas medicinales para adaptar la sopa a mis necesidades. Es una forma perfecta de utilizar los alimentos como medicamentos y, de hecho, es una tradición viva en Asia. En la sección de recursos, al final del libro, encontrarás dos grandes recetas que tienes que probar.

Empieza a incorporar las sopas en tu menú vital y verás cómo te ayudan a liberar tu energía. Utilizar los alimentos como medicamentos y estar bien informados son dos piezas clave a la hora de desatar tu flujo de energía.

Ejercicios para rejuvenecer

Una vez más nos toca abordar esa idea recurrente de la que ya hemos hablado: la necesidad de relajarnos. Hacemos demasiadas cosas. Incluso cuando volvemos a casa por la noche, tenemos un millón de cosas pendientes y al final acabamos dando vueltas en la cama preguntándonos por qué no nos podemos dormir. Esto no ayuda a construir Chi. El monje urbano corta por lo sano y aprende a *reunir* Chi por las tardes. Mejor aún, aprende a hacerlo durante todo el día, para que nunca se gaste o se agote. Vale, supongamos que todavía no hemos llegado a ese punto; incluyo a continuación algunas ideas que te ayudarán a recuperar esa chispa y a sentir cómo la vida vuelve a correr por tus venas.

Sales de baño con aceites esenciales. Es una forma perfecta de relajarse por las tardes. Un buen baño caliente con sales de Epsom y unas gotitas de aceites esenciales pueden aplacar nuestro sistema nervioso y relajarnos. A mí me gustan la lavanda, el incienso y la menta. Además, como ventaja añadida, las sales de Epsom harán que tu piel absorba el magnesio, apaciguando tu mente y ayudando a tus mitocondrias. Como recordarás, estas nos ayudan a producir energía y son muy sensibles a las toxinas medioambientales. Necesitan toda la ayuda posible y una buena inyección de magnesio puede resultar muy útil. ¡Es un gran ejercicio taoísta que nos permite potenciar nuestro Chi mientras nos relajamos!

Voto de silencio. Hacer un voto de silencio una vez al mes nos será de gran ayuda si queremos recuperar nuestra energía vital. Perdemos tanto Chi hablando de tonterías a lo largo del día que cortar ese flujo puede resultar extremadamente beneficioso. Una traducción de la palabra *génesis* es «al hablar, creo». Piensa en esto y pregúntate cómo de responsable eres de la vida que tienes. Puede que no sea un ejercicio divertido, pero es importante. Vivimos en una cultura que cree que hay que llenar el silencio. Sin embargo, en el silencio reside toda la energía; aprende a escucharlo y bebe del cáliz de la eternidad.

El monje urbano
bebe del cáliz de la eternidad.

Yo suelo tomarme un día al mes para no hablar. Suele ser un domingo y aviso a mi círculo de que no voy a responder a nada. Hay quienes lo encuentran raro, pero al monje urbano no le importa. Haz lo que es bueno para ti y deja que los demás vean los beneficios. Esto te ayudará a crear algo de distancia y tendrás espacio suficiente para contemplar, meditar y *disfrutar* de verdad del silencio. Hazlo desde que te levantes un día hasta la mañana siguiente. En épocas de mayor introspección, hago el voto de silencio en un retiro de cinco a diez días o una vez a la semana si estoy atrapado en la ciudad. Es un ejercicio muy eficaz. Te hará sentir incómodo, pero te permitirá crecer a la vez que te aportará una enorme cantidad de energía extra.

TRUCOS MODERNOS

Depuración

Una de las mejores cosas que puedes hacer por ti mismo para ganar más energía es purificar tu sistema. Como ya mencionábamos anteriormente en este capítulo, las sustancias químicas tóxicas, los metales pesados y las alergias alimentarias son los principales culpables. Como en cualquier otro protocolo, la regla número uno pasa por detener la hemorragia. Y esto significa dejar de comer basura procesada, dejar de utilizar sustancias químicas nocivas, convertirse en un consumidor informado y asegurarse de mantener la guardia alta. No tiene sentido *desintoxicarse* si toda tu vida consiste en *reintoxicarte*. ¡Bienvenido a Hollywood! Muchas modas *detox* solo sirven para llenar los bolsillos de los malos médicos.

Las dietas *detox* o depurativas se han convertido en una moda, otra palabra nueva para la palabra *dieta*. La frase «me estoy depurando» no significa nada si la sacamos de contexto. Estas son las preguntas que te tienes que hacer: ¿qué estás depurando?, ¿estás en la fase I y II de desintoxicación del hígado?, ¿estás utilizando quelantes para eliminar metales pesados?, ¿sabes qué es lo que te pasa?, ¿has eliminado las toxinas en el orden correcto y has restaurado tu revestimiento intestinal?, ¿y qué pasa con la reinoculación floral?

La moraleja de todo esto es que *no es sencillo* y podemos hacernos mucho daño si no lo hacemos correctamente. Puedes acabar con menos energía y hundirte todavía más. Peor aún, podrías liberar toxinas de la grasa o los huesos y hacer que se acumulen en el cerebro.

Habrá personas que necesiten trabajar con un profesional sanitario y otras que puedan apañárselas solas. Para que funcione, tienes que conocer bien la situación y utilizar el sentido común. La regla de oro es contar con datos de laboratorio que te permitan comprobar los resultados. Deberás analizar la presencia de metales pesados, la función hepática y renal, la glucosa en sangre, los triglicéridos y los niveles de colesterol. De este modo, no será como lanzar otro dardo al aire, sino que tu acción formará parte de un plan general para purificar tu sistema, reconstruir las vías de producción energética, reparar tu intestino y hacer que todo vuelva a funcionar como antes. Esto no quiere decir que tengas que hacerlo así. Millones de personas disfrutan de los beneficios de dietas *detox* autoadministradas. En general, toman hierbas y suplementos que sirven de apoyo a la función hepática, permiten reconstruir el revestimiento intestinal y favorecen mejores deposiciones. Una vez más, tu médico te puede ayudar a decidir qué opción es la mejor, pero ten mucho cuidado con los productos comercializados tan de moda que siguen inundando el mercado.

Consulta la guía *detox* en la sección de recursos.

Reinicio suprarrenal

Muchos de nosotros nos declaramos culpables de coger energía prestada del *banco* de nuestros cuerpos y no reponerla.

La sociedad hace difícil que sea de otra manera y tenemos que aprender a luchar por una nueva forma de vida que nos ayude a rejuvenecer. Así pues, ¿cómo recuperamos la energía para compensar lo que gastamos?

El reinicio de las glándulas suprarrenales resulta clave y te permitirá ir pagando poco a poco esa deuda de tan altos intereses. Algunas personas pueden tardar seis meses o más, pero es algo que tenemos que hacer si no queremos estar jodidos en el futuro. Estas son algunas de las medidas que puedes adoptar ahora mismo para empezar.

- Dormir más y estresarte menos. Es algo que llevo repitiendo durante todo el capítulo y en lo que seguiré insistiendo a lo largo de todo el libro. Basta con decir que es un principio fundamental.
- Reduce tu ingesta de cafeína, especialmente después del mediodía.
- Practica *chi kung* regularmente y medita. No me canso de repetir lo efectivo que es.
- Sosiega tu existencia. Si tus glándulas suprarrenales están agotadas, quizá demasiado ejercicio podría ser nocivo. El taichí y el *chi kung* son perfectos en estos casos. Una vez que te sientas mejor, podrás volver a practicar los deportes que te gustan, pero algunos de nosotros necesitamos bajar el ritmo antes de volvernos a meter caña. Analizaremos este punto con más detenimiento en el capítulo cinco.
- Toma sopas, mastica bien la comida, elimina los alimentos tóxicos de tu dieta y haz una depuración inteligente.
- Utiliza la luz de las velas por la noche.

✦ Toma sustancias adaptógenas y tónicas para potenciar la vitalidad y restaurar la función suprarrenal.

Es muy importante que conozcas el estado de tu salud suprarrenal y existe una forma perfecta y relativamente barata de saberlo: un sencillo test de saliva (diagnostechs.com). Tendrás que recoger muestras en cuatro momentos diferentes del día para poder analizar la fluctuación de los niveles de cortisol. Te recomiendo encarecidamente que consultes a un médico que se haya formado en medicina funcional para tratar este problema. Una vez que hayas trazado un plan, solo tendrás que ponerlo en marcha con medidas que modifiquen tu estilo de vida y determinados suplementos. Cíñete al plan marcado y obtendrás grandes resultados, aunque debes ser consciente de que pueden tardar algún tiempo en llegar. Consulta la sección de recursos en la que incluyo el enlace del contacto de un médico cualificado formado en este tipo de medicina.

Haz pesas

El tejido muscular, al igual que el tejido cardiaco, es denso en mitocondrias. Al ponerlo en forma y reforzarlo ayudaremos a conseguir una mayor densidad y tamaño de nuestras mitocondrias que, a su vez, producirán más energía para nosotros. El tejido muscular añadido permitirá aumentar nuestro índice metabólico y también será útil contra la resistencia a la insulina. También nos dará más margen para comer hidratos de carbono y enviar la energía a los sitios en los que de verdad se necesita. Como ya decíamos, la energía necesita una válvula de escape y nuestros músculos son el lugar perfecto. Está claro que gastamos mucha energía dándole vueltas a la cabeza, pero un cuerpo equilibrado, en forma y musculado es capaz de crear un canal saludable para que la energía fluya y, además, devolvernos esta energía. En el capítulo cinco hablaremos del entrenamiento funcional y analizaremos algunos métodos saludables a la hora de entrenarnos. Hacer pesas a lo loco para «estar cuadrado» no nos servirá de mucho a largo plazo y generará desequilibrios corporales que pueden provocar lesiones. Por encima de todo, el monje urbano se compromete a hacer las cosas de forma correcta para conseguir mayor longevidad gracias a su vitalidad.

EL PLAN DE ACCIÓN DE JESSICA

Jessica era un hueso duro de roer. Quería mantener a toda costa algunas de sus costumbres, así que empezamos con pequeños cambios. Un huevo cocido con 2 gramos de aceite de pescado por la mañana fue la primera concesión. En un par de semanas tenía mucha más energía y necesitaba tomar menos café antes del mediodía. Increíble.

Después de eso, seguimos con el vinito de por la noche. Sus niveles de azúcar en sangre no eran estables, así que empezó a tomar agua con gas y una rodaja de lima cuando salía con sus amigas. Esta nueva bebida no tenía calorías, lo que la convertía en un buen sustituto del vino que, como Jessica sabía, sí engordaba. En muy poco tiempo, Jessica comprobó que tenía mucha más energía por las mañanas y que necesitaba menos café. Empezó a irse a la cama un poco antes y fuimos capaces de modificar su rutina social para conseguir que ella y sus amigas quedasen en el *jacuzzi* de una de ellas dos noches a la semana en lugar de ir al restaurante. De este modo, consiguieron ahorrar dinero a la vez que se relajaban y pasaban tiempo juntas sin un ruido frenético de fondo y tipos merodeando a su alrededor.

El siguiente paso fueron las ensaladas. Jessica estaba acostumbrada a todo tipo de comida basura tradicional rociada con pesticidas y carente de cualquier valor nutritivo. Empezó a ir al mercado local de productores dos veces a la semana y a comprar productos orgánicos. Era un poquito más caro, pero el gasto se compensaba fácilmente con el dinero que se ahorraba en restaurantes, una cantidad *mucho mayor* de la que ella pensaba. ¡No me extraña que estuviese sin blanca! También empezó a comer más sopas y comida caliente que era más fácil de digerir y, por lo tanto, resultaba de más ayuda. También se dio de baja del servicio de televisión por cable, que le suponía un gasto de 80 dólares al mes, de forma que tenía dinero suficiente para comprar los mejores ingredientes para las ensaladas y, lo que es aún más importante, preparar la comida durante la semana. Ahora Jessica utiliza sabrosos ingredientes orgánicos que la alimentan de verdad y nutren sus células. Además, «ir a por algo de comida» solía costarle unos cuarenta minutos extra, así que utiliza ese tiempo a mediodía para ir al gimnasio y come cuando vuelve a la oficina.

Jessica y sus amigas identificaron a una de las chicas que siempre les traía problemas y se dieron cuenta de que provocaba la mayoría de conflictos que tenían lugar en su vida social. Empezaron a no invitarla a ciertos eventos y esto les permitió disfrutar de un mejor ambiente. De repente, había oxígeno en la habitación y todas se sentían animadas.

Por último, conseguimos que volviese a yoga. Empezó con una clase reparadora que no era demasiado fuerte y poco a poco comenzó a asistir a clases normales. Gracias a los ejercicios de respiración de *chi kung* que había aprendido, Jessica fue capaz de aprender a conservar y almacenar energía en cada momento. El yoga y los ejercicios de respiración se convirtieron en una parte más de su vida. Se alimentaba con productos de calidad, tomaba más grasas y proteínas saludables y no se gastaba el dinero a lo loco. Recuperó su brillo y, sorprendentemente, descubrió que ni siquiera necesitaba ponerse mucho del nuevo maquillaje no tóxico que le habíamos conseguido.

Jessica había vuelto y se sentía estupenda. Le iba muy bien y descubrió un nuevo camino profesional que la hacía feliz. Al poco tiempo, conoció a un hombre y la historia continuará próximamente con un bebé en camino...

CAPÍTULO 4

¿Qué le pasa a mi sueño?

James no recuerda la última vez que se sintió descansado. Incluso cuando intenta irse pronto a la cama, tiene problemas para dormirse. Los pensamientos apresurados empiezan a aparecer en cuanto apaga la luz. Ha intentado meditar, pero no consigue cogerle el punto. Ha probado la kava, la hierba de San Juan, la manzanilla, remedios herbales para dormir y cualquier otra cosa que pudiera funcionar. ¡Y nada!

El médico le recetó unas pastillas, pero se levantaba grogui por la mañana. Además, siente que al tomar esas pastillas está haciendo trampas.

James cree que tiene que haber otra forma de solucionar sus problemas de sueño, pero no tiene ni idea de cuál es. Ha probado todo: desde escuchar música relajante hasta leer cómics en la cama y, sin embargo, no consigue apaciguar su mente. Cada vez está más cansado y empieza a notársele. Se pone enfermo con más frecuencia y se recupera más lentamente. El año pasado estuvo malo de forma intermitente durante casi dos meses. Lleva ya un par de años con ojeras y la carísima crema para el contorno de ojos que utiliza no le hace nada. Él sabe que no se trata de un problema de la piel.

Se sienta en la cama y lee en el iPad hasta bien entrada la noche. Al principio se dedicaba a buscar soluciones a su problema, pero, como ninguna le ha funcionado, ahora se pasa el tiempo escuchando a videojuegos y las redes sociales.

James está en un callejón sin salida. Sus problemas para conciliar el sueño están empezando a afectar a su rendimiento en el trabajo. Desde que se divorció, ha tenido problemas para recuperarse financieramente. Ahora no puede dormir preocupado por el dinero y esto desde luego no le ayuda a solucionar su problema. Ha recurrido a una bebida energética *natural* que solía funcionarle muy bien, pero cada vez le hace menos efecto. Él lo llama «*crack* en lata» y sabe que no puede ser muy buena, pero ¿qué más puede hacer? El espectáculo debe continuar y James está totalmente estancado intentando seguir adelante a toda costa. Ya descansará cuando esté muerto, ¿no?

EL PROBLEMA

James no es el único que se pasa las noches en vela. Según los Institutos Nacionales de la Salud de Estados Unidos, aproximadamente el 30 por ciento de los ciudadanos estadounidenses padece insomnio y un 10 por ciento de ellos reconoce que este problema afecta a sus actividades diarias. El resto se engaña a sí mismo.

La falta de sueño es horrible. El sueño permite que nuestro cuerpo se desintoxique. Es el momento en el que procesamos los pensamientos y nos liberamos de los químicos que actúan como toxinas cerebrales tras el largo día que acabamos de tener. También es el momento en el que se genera nuevo tejido y restablecemos el equilibrio de nuestro sistema nervioso. Por si esto fuera poco, el sueño también nos permite regular el sistema inmunitario.

¿Qué significa todo esto? Pues que dormir poco nos hace envejecer antes, no eliminar estas toxinas, estresarnos (provocando ansiedad o depresión), ponernos enfermos más a menudo y tener una mayor probabilidad de desarrollar enfermedades crónicas como la artritis, el cáncer, la insuficiencia cardiaca, enfermedades de pulmón, la enfermedad por reflujo gastroesofágico (GERD, por sus siglas en inglés), una tiroides hiperactiva, un derrame cerebral, párkinson y alzhéimer.

No está bien, como tampoco lo estamos nosotros cuando no dormimos.

Nos volvemos unos capullos irritables mucho más propensos a ladrarle a la gente, tomar malas decisiones, comer mal (dormir mal altera las hormonas de la saciedad que nos impiden darnos atracones) y, en general, querer cargarnos a alguien.

Nuestra complexión se va a la mierda y acabamos con los niveles de energía por los suelos. En general nos sentimos como una mierda, estamos hechos una mierda y no servimos *para una mierda*. Vamos tropezando por la vida en busca de una oportunidad que nos permita frenar y tomar algo de aliento, pero todos sabemos que en el mundo moderno apenas hay tiempo para los descansos.

Pero ¿por qué el sueño es un problema tan grave en el mundo moderno?

La respuesta es sencilla:
no estamos sincronizados con la naturaleza.

Nuestro cerebro tiene una pequeña glándula fotosensible llamada glándula pineal. Es una glándula maestra que nos ayuda a controlar un gran cambio en nuestra fisiología segregando melatonina. Pero antes de que saltes y me digas eso de «yo ya he probado esa mierda», volvamos a analizarlo. No se nos da muy bien dosificar la melatonina para el insomnio; entre 1 y 3 miligramos (una dosis común) pueden multiplicar los niveles de melatonina hasta por veinte. No solo es un exceso, sino que, en muchas ocasiones, resulta ineficaz. De hecho, se ha demostrado que funciona mejor para el *jet lag* (al regular los ritmos circadianos) que para el insomnio.

Volviendo a las glándulas...

Cuando nuestros ojos perciben la luz, se activa una vía nerviosa en el ojo que llega hasta una zona del cerebro llamada hipotálamo. Ahí, un centro especial llamado núcleo supraquiasmático (a veces abreviado NSQ) envía la señal a otras partes del cerebro encargadas del control de las hormonas, la temperatura corporal y otras funciones que determinan que nos sintamos cansados o despiertos. Y ahí es donde entra en juego la glándula pineal que, activada por el NSQ, empieza a producir de forma activa melatonina que se libera en sangre. Cuando esto sucede por la noche, empezamos a adormilarnos de forma natural y finalmente nos quedamos dormidos. Forma parte del proceso natural del sistema de apagado del cuerpo y de la fisiología.

El problema al que nos enfrentamos en la actualidad es que hay luces por todos lados; nos bombardean constantemente, haciendo que nuestro cerebro piense que es de día. Esto, a su vez, acelera la maquinaria del cerebro, produciendo hormonas que nos mantienen calientes, alerta y más dispuestos a seguir trabajando.

Piénsalo así: hace diez mil años, el hombre cazaba y recolectaba durante todo el día; después, se reunía en torno a una hoguera para comer, contar historias y, por último, se iba a dormir. Cuando el sol se ponía, significaba que el ser humano también tenía que apagarse. Nuestros antepasados no tenían ninguna posibilidad de vencer a los depredadores nocturnos, así que la única opción era refugiarse y dormir. La oscuridad nos ayudaba a clausurar el día y nos preparaba para la noche, dedicada al descanso, la socialización y el relax. Las noches solían ser frías, así que se acurrucaban unos junto a otros para darse calor. Contaban historias, hacían el amor y se quedaban dormidos.

Hoy, eso parece un cuento cavernícola. Ahora vemos a una panda de idiotas por la tele y lo llamamos realidad. Jugamos con las *tablets* en la cama, dejamos todas las luces encendidas y trabajamos por la noche. No tenemos permiso para parar y, si lo hacemos, es interpretado casi como una señal de debilidad.

> *La lentitud es de idiotas. El mundo se mueve*
> *«rápido», y tenemos que mantener el ritmo*
> *a toda costa.*

Podemos hacer un análisis distinto basándonos en otro aspecto. Si nos fijamos en el patrón de la frecuencia de las ondas cerebrales correspondientes al sueño, veremos que está entre 1 y 3 hercios. Esto significa entre 1 y 3 ciclos por segundo. Incluso las frecuencias de ondas cerebrales asociadas con estados de mayor alerta, tensión y ansiedad oscilan entre los 22 y los 38 hercios. Una bombilla normal funciona a 60 hercios, es decir entre veinte y sesenta veces más rápido. Esta es la frecuencia de la que nos impregnamos cada noche, un detonante permanente de energía luminosa que lucha por acelerar nuestra fisiología. Pues bien, si te parece que eso es rápido, piensa que un teléfono inalámbrico normal tiene unos 2,4 gigahercios. Relajarnos así representa de por sí un gran reto, pero hacerlo con *tablets* brillantes, llamadas de teléfono, la tele de fondo y cables en la pared es una locura. No tenemos ni idea de cómo las altas frecuencias afectan a nuestro cerebro, pero, eso sí, no nos importa coger el teléfono y estar hablando durante horas.

Sí, noticia de última hora: todos los aparatos electrónicos que tenemos nos pueden estar jodiendo.

Cuando se genera una carga eléctrica, se crea un campo a su alrededor denominado campo electromagnético (CEM). Es un reflejo natural de la parte eléctrica (la carga en reposo) y la parte magnética (corrientes en movimiento). Las fuerzas combinadas se denominan electromagnéticas. Durante las últimas décadas, hemos visto cómo se han ido manifestando diversos problemas de salud relacionados con estos campos y, a medida que seguimos fabricando aparatos cada vez más potentes, este asunto se ha convertido en un serio problema que tendremos que analizar en profundidad.

No sabemos cómo afectan estas fluctuaciones de energía a nuestra fisiología. Aunque los primeros estudios no han encontrado pruebas concluyentes del posible daño, es probable que nuestras células sí reaccionen a estos cambios sutiles en los gradientes eléctricos. Es posible que en los próximos años descubramos que estos campos electromagnéticos eran los causantes de todo tipo de dolencias. Miles de personas se quejan de las molestias que provocan. Parece razonable dejar que la ciencia se pronuncie al respecto, pero, de momento, no sería mala idea evitar cualquier tipo de exposición innecesaria.

El *crack* mata

La mayoría de los pacientes con problemas de insomnio a los que yo he ayudado en la última década tenían unos hábitos horribles de consumo de cafeína. Dependían del café o de las bebidas energéticas al final del día para seguir adelante y permanecer alerta, sin darse cuenta de que esas sustancias seguían en su sistema hasta bien entrada la noche.

La cafeína tarda cierto tiempo en hacer efecto en nuestro sistema. Un estudio realizado hace algunos años demostró que la vida media de la cafeína en un adulto sano es de 5,7 horas. Eso significa que si tomas 200 miligramos de cafeína (la cantidad de una o dos tazas de café) a mediodía, alrededor de las seis menos cuarto seguirás teniendo 100 miligramos en el cuerpo. Añade otras cinco horas para eliminar el resto y estarás como una moto hasta casi las once de la noche.

Muchas personas necesitan cortar la cafeína después del mediodía (o a las dos de la tarde como máximo). De este modo, tienen tiempo de sobra para que el cuerpo expulse la droga (sí, la cafeína es una droga) del sistema y así poder bajar el ritmo. A los pacientes con insomnio les recomiendo que no tomen *nada de cafeína*, que vivan sin ella. El lento proceso de desaceleración que debemos superar para poder empezar a dormir de forma decente es biológico y muy sutil. Utilizar distintas sustancias químicas para pasar de un extremo al otro es algo complicado. Un vaso de vino puede parecerte una buena idea tras un largo día, pero el alcohol también es una sustancia estimulante y alterará tu ciclo de sueño.

Está claro que el café tiene grandes beneficios para la salud, pero estamos hablando de insomnio y problemas de sueño. Si te incluyes en esta categoría, debes plantearte dejar la cafeína (en la sección de recursos incluyo algunos trucos). Lo que debemos aprender de todo esto es que el sueño es algo delicado y que el uso de sustancias químicas para activarnos o adormilarnos tiene un gran impacto sobre nuestro cuerpo. Un monje urbano supera esta adicción y no necesita nada para conseguir el equilibrio, porque vive en él.

Glucemia y glándulas suprarrenales

Otro elemento clave en esta ecuación son los niveles de azúcar en sangre. Cuando existe un desequilibrio, nuestro cuerpo suele recurrir a las glándulas suprarrenales en busca de ayuda y esto repercute significativamente en nuestro sueño. Básicamente, volvemos al ejemplo del dinero en efectivo y el crédito una vez más.

La glucosa en sangre es como llevar dinero en el bolsillo. Durante el día, si hemos tenido suficiente, vamos bien. Cuando el cerebro tiene poca azúcar (energía, en realidad), nos volvemos ansiosos y padecemos niebla mental. Esta situación requiere una solución inmediata. Normalmente, el cerebro recurre a la comida para solucionar el problema. Sin embargo, si la comida se acaba, recurrimos a una hormona llamada cortisol, que se produce en las glándulas suprarrenales, para que nos ayude a colmar esa laguna. Es como una línea de crédito energético: el cortisol hace que las células liberen las reservas de glucógeno, de forma que se envía azúcar al torrente sanguíneo y podemos seguir funcionando. Cuando no prestamos atención a las necesidades de nuestro cuerpo —por ejemplo, cuando ignoramos la necesidad de una inyección de energía en forma de alimentos y nos saltamos la comida—, obligamos al cuerpo a *pedir prestada* energía de la tarjeta del cortisol. Con el tiempo, el banco de las glándulas suprarrenales se cansa de prestarnos energía a diario y deja de darnos crédito. ¡Y ahí es cuando las cosas se ponen feas!

Por la noche, puesto que no estamos despiertos para comer, el cuerpo suele depender de la línea de crédito del cortisol para suministrar energía al cerebro y tenerlo contento. Pero cuando las glándulas suprarrenales comienzan a parpadear porque sus reservas están menguando, dejan de suministrar cortisol cada vez que lo necesitamos, de modo que pasan al plan B y liberan adrenalina. Ahora, en lugar de sentir la sensación incómoda generalizada de «no me puedo dormir» que experimentamos cuando tenemos bajos niveles de cortisol, es probable que nos quedemos dormidos, pero que de repente, ¡bang!, nos despertemos con el corazón a mil y sudando entre las sábanas. Nuestras glándulas suprarrenales nos están pidiendo ayuda: «Levántate y come algo, capullo».

Esta señal nos indica claramente que nos hemos pasado de la raya. Al cuerpo le encanta dormir. Si no logramos conciliar el sueño, debemos revisar nuestra glucemia y nuestros niveles suprarrenales. Además, tomar cafeína para tirar durante el día también altera nuestros niveles de glucosa, provocando que estemos hechos una basura al anochecer. Ingerir hidratos de carbono complejos con grasas saludables y proteínas adecuadas sería la respuesta fácil. La compleja pasaría por bajar el ritmo, tomar suplementos para las suprarrenales y aprender a relajarnos.

Yo no me invento las normas. El sueño sigue siendo un enigma para muchas personas porque insistimos en analizarlo como un proceso. Sin embargo, no se puede *hacer* sueño, sino que es una forma de *estar*, y esto incomoda bastante a las mentes occidentales. Somos capaces de *arreglar* cosas, las remendamos, somos trabajadores y habilidosos, y, sin embargo, seguimos dando vueltas en la cama toda la noche.

SABIDURÍA DE MONJE URBANO

Piensa en estos malos patrones del sueño como si se tratase del eterno conflicto sexual entre hombres y mujeres. El chico quiere entrar, disfrutar durante unos minutos, pasar a otra cosa y comer algo, mientras que la chica necesita romance, sensualidad e ir entrando poco a poco en la experiencia. Nuestro mundo es fundamentalmente yang y masculino. Forzamos las cosas. Desgarramos la tierra y la perforamos en busca de recursos. Obligamos a nuestros cuerpos a seguir funcionando aunque estemos cansados e intentamos forzar un sueño rápido tras un frenético día. Nos metemos mucha caña y luego nos preguntamos por qué al dar un frenazo la máquina no se para.

El sueño es yin, es un proceso pasivo en el que nos damos permiso y nos limitamos a ser, totalmente diferente del modo *masculino* de «venga, ahora, ya» que domina nuestro mundo y nuestra locura diaria. Es lo contrario de *hacer*. Es quedarse dormido, dejarse llevar, liberarse y ceder el control de la situación; algo, sin embargo, muy difícil para muchas personas. Y es que, al fin y al cabo, toda nuestra cultura gira en torno a la consecución de los logros, a hacer más cosas y a llevar la cuenta de todo lo que logramos.

A una persona ocupada, dormir puede parecerle una pérdida de tiempo.

Según la medicina china, el sueño es el momento en el que nuestro Hun o alma etérica viaja y entra en contacto con la vida que nos rodea. Anclamos nuestra mente consciente y dejamos que el subconsciente se comunique con la mente superconsciente. Es en este punto en el que obtenemos la sabiduría, reparamos el cuerpo y trabajamos el alma. El tiempo de sueño es tan importante como el tiempo que dedicamos a caminar. Nuestra alma y las distintas dimensiones de nuestro espíritu realizan un duro trabajo durante el sueño, por eso nos sentimos tan vacíos cuando lo perdemos.

El cuerpo necesita encontrar su equilibrio y la sangre tiene que ser pura para que podamos realizar un profundo y valioso trabajo del alma. Si nos sentimos tóxicos, frenéticos, faltos de tiempo y alterados, no podremos entrar en la mente inconsciente. El aspecto consciente luchará por seguir ahí.

Nuestro ego muere un poco cuando intentamos separarnos de él.

Y ahí es cuando tenemos que trabajar de verdad y utilizar el sueño como un maravilloso potenciador espiritual en nuestras vidas. Que la mente consciente no quiera desaparecer es un claro indicador de que estamos intentando dominar nuestras vidas y no estamos *permitiendo* que un yo superior, una Divinidad, el Gran Tao o como quieras llamarlo nos guíe. El ego intenta dominar. Todas las grandes disciplinas espirituales nos enseñan a apartarnos y a dejar que el Espíritu nos guíe. De hecho, un gran engaño a nivel espiritual consiste en pensar que nuestra voluntad personal *existe*. Todas las grandes tradiciones místicas llegan a la misma conclusión: la Voluntad Universal del Bien guía nuestras vidas y el *autoengaño* de la separación es el que nos hace sufrir.

Miedo al ruido

Muchas personas tienen pánico de escuchar el ruido que normalmente no perciben. Por eso a la gente le da miedo meditar: «Joder, ¡cuantísimo ruido!».

Vivimos en una cultura en la que la aversión al dolor se ha convertido en norma general. No nos gusta sentirnos incómodos y toda nuestra cultura está diseñada para ayudarnos a huir del dolor. La medicina soluciona nuestras molestias con pastillas, las copas alivian el estrés y el sexo vacío nos ayuda a distraernos en las noches de soledad.

Por eso tanta gente tiene miedo a la oscuridad. Las desagradables corrientes subyacentes de nuestras sombras se dejan ver en las noches oscuras y silenciosas. Nuestra mente empieza a vagar y somos incapaces de enfrentarnos a lo que aparece.

Nos revolvemos, damos vueltas y nos movemos para distraernos.

Quizá se trata solo de un bache económico pasajero. Quizá se trata de la persona que duerme a tu lado. ¿Deberías pedir el divorcio? Quizá son todas las oportunidades perdidas de tu vida o quizá los problemas de tus hijos. Quizá se trata de un secreto más profundo y oscuro al que nunca te has enfrentado. ¿Qué puedes hacer? ¿Cómo lo vas a hacer? Tantas y tantas preocupaciones...

Que no te detengan, todos tenemos problemas. Están ocultos bajo la superficie, pero resuenan con fuerza en nuestra cabeza cuando todo lo demás está en silencio.

*A medida que aumenta el silencio,
nuestro ruido interior se magnifica.*

Coge todos los problemas que has tenido durante estos años, no te enfrentes a ellos y después métete en la cama e intenta dormir. Ese es el problema.

Esa es la razón por la que no podemos dormir. Los pensamientos y las emociones comienzan a manifestarse y a estimularnos cuando intentamos descansar. Podemos correr durante todo el día, pero, en la silenciosa calma de la noche, nos toca enfrentarnos a ellos.

El monje urbano se enfrenta a sus debilidades. Investiga en profundidad y mira hasta debajo de las piedras. Así es como se comporta un guerrero y, en realidad, no hay otra alternativa.

*Tenemos que reconciliar nuestras vidas
y ser honestos con nosotros mismos.*

En cierto modo, la falta de sueño es algo positivo porque pone de relieve toda la mierda que arrastramos durante el día.

Solo porque el movimiento constante, el ruido, la televisión y otras actividades ahoguen estas corrientes subyacentes durante el día, no quiere decir que no existan. La necesidad de sueño nos ayuda a verlas. El sueño nos permite ser conscientes de nuestro trabajo espiritual a nivel personal y nos ayuda a ver qué debemos reparar.

Enfréntate a tus demonios y dormirás mejor. He visto a algunas personas volver de los lugares más oscuros y ser capaces de brillar en sus vidas. He visto a algunas personas con historias desgarradoras superar sus traumas, aceptar, perdonar, curarse y seguir adelante. Desde luego, si tus demonios son especialmente duros, te recomiendo que busques la ayuda de un buen terapeuta; no pasa nada. La cantidad de poder y la liberación que encontrarás al otro lado del recorrido son inmensas y no puedo dejar de insistir en lo valioso que es este trabajo.

La pequeña muerte

Nuestra vida está marcada por ciclos importantes de inicio y parada, y existe un motivo por el que nuestros antepasados se referían al sueño como la «pequeña muerte». Nos permitimos caer y morir hasta que llega el día. Nos preparamos para renacer al día siguiente, que estará cargado de sueños, planes y aspiraciones. Apagarnos nos ayuda a cambiar de marcha, de forma que la sabiduría innata de nuestros cuerpos (y almas) toma el control. Cuanto mejor se nos dé, mejor podremos repararnos. Cuanto más aprendamos a dejarnos llevar, más profundamente dormiremos y más descansados estaremos.

Es algo que también podemos poner en práctica con miniciclos durante el día. Una siesta reparadora puede ser muy beneficiosa, pero un descanso para meditar de cinco minutos nos puede proporcionar la misma energía. El objetivo consiste en aprender a desconectar y descender a un lugar profundo y relajado durante un periodo determinado de tiempo. Quizá puedes sacar diez minutos para una pequeña siesta en el trabajo, poner la alarma y aprovechar ese tiempo. Por la noche, debes organizar todo un ritual de desconexión que te prepare para el sueño. Tomarse el sueño en serio es el primer paso para convertirlo en una prioridad. Crecemos rodeados de rituales, es algo que nuestro cerebro entiende bien, así que organiza un ritual específico para el proceso de desconexión y sueño, y conviértelo en una costumbre nocturna. Te ayudará a dirigir tu psique hasta allí y hará que tu fisiología siga su ejemplo.

No obstante, no debemos confundir este concepto con la «pequeña muerte» que experimentamos en el caso de las apneas del sueño, que se producen cuando las vías respiratorias están obstruidas por la lengua o en la garganta, impidiendo que nos llegue el oxígeno. Cuando los niveles de este descienden, el cerebro entra en estado de alerta y nos hace despertarnos para que no muramos. También existe una versión del sistema nervioso menos frecuente, pero debemos tener en cuenta que la apnea del sueño es un asunto delicado. Si tú o tu pareja roncáis como una motosierra oxidada y os quejáis del cansancio constantemente, debéis consultar al médico. Hay gente que muere de esto.

Duerme para iluminarte

Los antiguos sabios colocaron el tercer ojo en el centro de nuestra frente, justo donde se encuentra la glándula pineal, pues eran conscientes de la importancia de esta pequeña parte del cerebro. De hecho, ahí es donde mucha de la magia tiene lugar. La química de la glándula pineal resulta especialmente interesante para un monje urbano. La serotonina es el neurotransmisor que nos ayuda a estar felices y que refuerza la corteza prefrontal, la parte del cerebro que hace posible el razonamiento moral superior, el pensamiento complejo y la inhibición de impulsos. Distintos estudios de imágenes por resonancia magnética realizados en meditadores demuestran que esta es la parte del cerebro que crece. Una dieta rica en triptófano (un aminoácido que contienen diversos alimentos) nos ayudaría a mantener altos niveles de serotonina, que a su vez se convierte en melatonina en la glándula pineal. La melatonina, como ya hemos visto, nos facilita el sueño. Asimismo, funciona como un potente inmunomodulador que ayuda a nuestro cuerpo a activar las defensas naturales y a combatir las enfermedades. Esto resulta clave, ya que durante el sueño nos apagamos y nuestro cuerpo rastrea en busca de células cancerígenas, elimina las toxinas, limpia nuestro cerebro y regenera los tejidos sanos. Así pues, la melatonina nos ayuda a dormir y a repararnos.

En la glándula pineal también tiene lugar un proceso interesante: nuestra melatonina se convierte en dimetiltriptamina (DMT), un compuesto descrito como la «molécula espiritual». La DMT se libera en grandes cantidades en el caso de aquellas personas que han vivido experiencias cercanas a la muerte y es un ingrediente activo de la ayahuasca, una planta medicinal psicotrópica utilizada por los chamanes amazónicos para comunicarse con el Gran Espíritu. Rick Strassman, doctor en Medicina, ha realizado innovadoras investigaciones sobre este compuesto; te animo a que consultes su trabajo. Para nuestro propósito, debemos recordar que en la glándula pineal parece localizarse un eje sumamente importante para el crecimiento personal y que esa delicada neuroquímica se altera si no dormimos bien. Aquellas personas que no duermen bien tendrán que superar grandes obstáculos en el camino hacia su desarrollo personal y su felicidad. Es muy probable que este sea el motivo.

Más adelante, aprenderemos a cultivar esta área y a despertar nuestro «ojo espiritual». Por ahora, tienes que quedarte con un mensaje: si queremos liberarnos y tener una vida espiritual plena, necesitamos dormir. Veamos algunos trucos para conseguirlo.

PRÁCTICAS ORIENTALES

El Ritual de la Luna

El objetivo consiste en ser capaces de desconectar y prepararnos para una buena noche de sueño. Para ello, es importante desarrollar un ritual. Hemos evolucionado con los rituales, nuestro cerebro los entiende y los utiliza para cambiar de estado. Nos ayudan a *cerrar las ventanas* de las aplicaciones mentales que llevan funcionando todo el día y a limpiar el *escritorio* durante la noche. Lo sagrado es la clave hacia la transformación. Al alejarnos de esta perspectiva, nos encontramos perdidos y medio idos.

El Ritual de la Luna (que nos enseñó el gran maestro Swami Kriyananda) es una eficaz forma de *cerrar esas ventanas* y prepararnos para el sueño. Debes tener un cuaderno junto a la mesita de noche y utilizarlo para verter tu exceso de pensamientos. El objetivo es deshacerte de todos los «tengo que» o «no me puedo olvidar de que» y volcarlos en el papel, donde podrás organizarte de cara al día siguiente. Lo más valioso de este ejercicio es que nos ayuda a crear un *plan* para el próximo día que podemos *ejecutar* antes de la siguiente noche. Esto hace que seas sincero contigo mismo en varios sentidos. En primer lugar, te obliga a hacer lo que dices y a cumplir con tu palabra. Es algo que nos resulta especialmente difícil, y buena prueba de ello son los propósitos de Año Nuevo que nunca cumplimos. Y por este motivo la segunda razón resulta fundamental. El Ritual de la Luna nos obliga a reconsiderar cuántas tareas queremos afrontar cada día. ¿Nos estamos fijando unas expectativas irracionales? ¿Nos obligamos cada día a construir una torre Eiffel y al final del día nos castigamos por no conseguirlo? *¿Así es como* funcionamos?

También puede darse el caso contrario. Quizá se te da mal organizarte y hacer las cosas de forma eficaz. Ya sea porque pasas demasiado tiempo en la máquina de café, leyendo correos en lugar de sacar adelante trabajo, hablando por teléfono o porque la niebla mental no te deja concentrarte, quizá eres una persona ineficiente y necesitas ayuda. ¡No estás solo!

Al final del libro compartiré contigo un potente ejercicio de Gong que te ayudará a concentrarte mejor, a cimentar tu fuerza de voluntad y a priorizar mejor tu tiempo y tus objetivos. De hecho, es un trabajo que realizamos poco a poco con cada capítulo al diseccionar todas las áreas en las que tenemos problemas.

Por ahora, empieza a practicar el Ritual de la Luna. Toma buena nota de todo aquello que queda pendiente al acabar al día y sabrás qué es lo que bloquea tu mente cada noche. Comprométete a acabar las tareas que te asignas cada día y, si no es posible, reduce el número de compromisos hasta que encuentres el nivel adecuado. Demuéstrate a ti mismo que eres capaz de trazar un plan y de cumplirlo. Ponte algunas medallas. De este modo, crearás una nueva cultura de éxito y planificación que te ayudará a controlar tu vida. Reconciliarte cada día contigo mismo y asegurarte de que estás en el buen camino son pasos de gigante en esa dirección.

Haz un descanso

Introducir gradualmente periodos de descanso basados en nuestros ritmos circadianos es una forma excelente de manejar nuestro día a día. En general, lo ideal es que la producción de energía sea mayor por la mañana e ir bajando el ritmo a medida que se hace de noche. A esa hora, lo ideal es descansar y relajarnos. Este es el ciclo básico de la vida y el que le funciona bien a la mayoría de personas.

Sin embargo, durante el día, tenemos la oportunidad única de hacer algunos minidescansos. El sistema médico chino rastrea la expresión máxima de la energía de un órgano durante el día. Con esa información, podemos trabajar en la reparación de un órgano cuando está totalmente activado y esta ventaja nos permite recuperarnos antes. Incluyo a continuación una imagen con los momentos en los que cada órgano se encuentra en su máximo nivel de energía.

La mayoría de sistemas ancestrales se articulan en torno al conocimiento profundo de estos ritmos. Veamos, así pues, algunos trucos vitales que podemos adoptar basándonos en este cuadro.

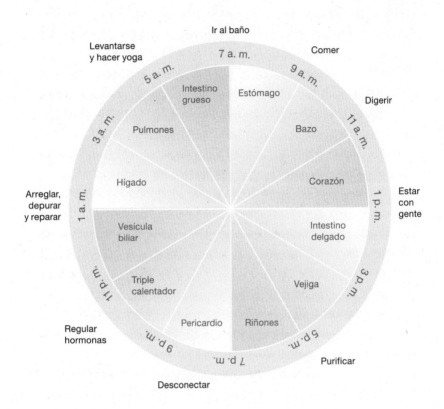

El intestino grueso se encuentra en su máxima expresión entre las cinco y las siete de la mañana, así que ese es el momento ideal para evacuar. A partir de entonces, el estómago y el bazo (que incluye la función del páncreas) cogen mayor fuerza, por lo que es el mejor momento para comer y coger energía. Los riñones se encuentran en su nivel más alto entre las cinco y las siete de la tarde, así que ese es el momento idóneo para regenerar las suprarrenales, y el hígado se depura mejor entre la una y las tres de la madrugada, por lo que es fundamental estar dormido para que el cuerpo pueda realizar esta función.

La información del cuadro también permite realizar un diagnóstico. Cuando un paciente me dice que se levanta todas las noches a las dos, analizo sus niveles de glucemia y suprarrenales, pero la toxicidad suele ser la principal sospechosa.

Sin embargo, no hace falta que te tomes al pie de la letra lo que decían los doctores chinos. ¿Qué te dice tu cuerpo? ¿Cuándo es el mejor momento para echarte una siesta? ¿Cuándo te encuentras con más energía? ¿Cuándo empiezas a debilitarte? Estudia en profundidad tus ritmos personales y organiza tu vida y actividades en función de estos. Una vez que lo hayas hecho, podremos estudiar cómo mejorar aún más tu salud y vitalidad, pero en primer lugar debemos trabajar con lo que ya tenemos.

Hazlo a la antigua usanza

Los cavernícolas tenían muchas cosas buenas. Por supuesto, las duchas de agua caliente están de lujo, pero una vida marcada por la sencillez y la conexión con la naturaleza también tiene su lado bueno. Podemos recurrir a diversas técnicas que nos ayudarán a recuperar nuestros ritmos ancestrales más básicos. Empieza por deshacerte de aparatos tecnológicos por la noche: a partir de las siete u ocho de la tarde, nada de televisión u ordenador. Sé que es duro, pero, si no duermes bien, la vida será mucho más dura. La tecnología altera nuestra delicada biología y hace que estemos un poco más nerviosos. Piensa en un ciervo deslumbrado por las luces del coche: su sistema nervioso no tiene un marco de referencia para una luz tan brillante, por lo que se queda pasmado por el estupor. Nuestro cerebro siente lo mismo cuando está rodeado de luces artificiales por la noche. Inténtalo durante un mes y verás lo que pasa. Creo que el resultado te sorprenderá gratamente. Es un truco sencillo, por lo que parece ineficiente, ya que somos *seres complicados* y pensamos que necesitamos soluciones complejas a nuestras enrevesadas vidas. Pues no. ¡Relájate de una vez y tendrás muchas más posibilidades de dormir mejor en solo unas semanas!

Una vez que te hayas deshecho de los aparatos tecnológicos, puedes plantearte sustituir tu proceso de desconexión nocturna por algo un poco más antiguo y natural. Estar a la luz de las velas por la noche es un ejercicio perfecto. La gente nota la diferencia casi de inmediato: nos relajamos, tenemos un tono de voz distinto, nos sentimos a gusto en nuestro cuerpo y nos volvemos un poco menos locos.

Me gusta que los insomnes utilicen la luz de las velas y se estiren de forma pasiva durante un rato en el suelo. Relájate en tu cuerpo, relájate en tu tiempo de descanso. Será raro al principio: se trata de tu descontrolado diálogo interno. Deja que la conversación se calme y empieza a disfrutar de un momento de tranquilidad contigo mismo y con tus seres queridos.

Otro elemento clave en la mítica vida de los cavernícolas (y no, la mayoría de nuestros antepasados no vivían en cavernas porque sencillamente no había suficientes para todos) es la idea de vivir en una cueva. La piedra nos protege de las energías electromagnéticas. Aunque nuestros ancestros no tenían mucho por lo que preocuparse, a nosotros nos sobran motivos. Acordarnos de desconectar todos los aparatos electrónicos que no necesitamos en el dormitorio puede ser de gran ayuda. Convierte esta habitación en una zona libre de tecnología y analiza cómo te sientes. Asimismo, también nos hace falta sentirnos

VIAJES PERSONALES

Una vez me contaron la historia de un maestro taoísta moderno que decidió tomarse un periodo sabático en el bosque, y decidí seguir su ejemplo. El monje se había comprometido consigo mismo a hacer con su tiempo solo aquello que le parecía natural. En su vida pasada había sido un occidental ocupado; descubrió que estaba cansado todo el tiempo y que lo único que quería era dormitar. Se aferró a su compromiso y cumplió con su palabra. Tres semanas más tarde, se despertó después de otra maravillosa siesta y descubrió que por fin se había recuperado del todo. Me inspiró tanto su historia que dediqué mis vacaciones de invierno (todavía estaba en la universidad) a hacer lo mismo. Dormí muchísimo y me sentí muy culpable. Sin embargo, lo seguí haciendo hasta que un día, igual que el monje, me desperté y descubrí que tenía las pilas completamente cargadas.

Ahora, todos los inviernos me pongo como objetivo esta hibernación. Me doy permiso para dormir más y echarme la siesta cuando estoy cansado. Como el trabajo, la familia y los *emails* no cesan, intento instaurar una cultura de hibernación en mis proyectos, en casa y con respuestas automáticas al correo. Como resultado, consigo mucha más energía, creatividad y entusiasmo durante todo el año.

seguros y protegidos para dejarnos llevar y dormir plácidamente. Cerrar bien las puertas y ventanas en las zonas urbanas nos hace sentir esa seguridad que tanto necesitamos en muchos sentidos. Asumámoslo: muchos de nosotros vivimos en zonas en las que se producen robos y que pueden no ser seguras, ya lo sé. Cierra con llave y deja que tu mente se acomode tranquilamente en la *seguridad* para dormir. Si has tenido una mala experiencia en el pasado, asegúrate de cerrar bien los accesos pero también trabaja para combatir una respuesta agudizada a ese miedo en concreto, ¡ya basta! En la sección de recursos incluyo algo de información sobre este tipo de protección.

Bajo la luz de las estrellas

Otro truco muy eficaz consiste en pasar tiempo bajo las estrellas. Esta práctica también solía ser algo común antiguamente, pero ahora estamos siempre dentro de algún lugar. Mirar las estrellas es como observar las entrañas de nuestro yo interior. Hay tanta distancia entre los electrones de nuestras células (a escala) como la que existe entre las estrellas del cielo. Contemplar la magnitud del universo en el que vivimos nos ayuda a entender quiénes somos. Estar tendidos bajo el cielo y hacernos las grandes preguntas nos mantiene cuerdos y centrados. ¿Qué pintamos en medio de todo esto? ¿Cómo hemos llegado hasta aquí? ¿Cómo se produjo el *Big Bang*? Nuestros antepasados ya se planteaban todas estas preguntas y, de hecho, así es como surgieron el arte, la cultura, la religión y la filosofía. Nos hacíamos preguntas y reflexionábamos. Examinábamos la realidad y la contemplábamos, en lugar de aceptar una versión idiota del mundo proyectada en la tele a la que llamamos forma de entretenimiento. Observar las estrellas debe convertirse en un ritual nocturno y, si el tiempo lo permite, intenta también dormir a cielo abierto un par de veces al año.

Meditación relajante

Aprender a reducir la velocidad del día y relajarnos por la noche puede llevarnos algo de tiempo, ya que somos criaturas de costumbres que no pueden cambiar de la noche a la mañana. Una forma muy eficaz de favorecer esas transiciones pasa por aprender a meditar. Utilizar la respiración para desacelerar nuestro metabolismo puede ayudarnos de forma sana y natural; de hecho, se trata de una antigua práctica que ha demostrado ser muy eficaz para millones de personas.

En la sección de recursos encontrarás una pista extra de meditación que he diseñado para que puedas utilizarla por las noches. Al disminuir el ritmo de la respiración y aclarar tus pensamientos, conseguirás apaciguar la mente y prepararte para una buena noche de sueño.

El arte de hacer el amor

El olvidado pasatiempo nocturno de hacer el amor también puede ser una excelente forma de armonizar tu sueño. ¿Cómo? Pues convirtiéndolo en todo un acontecimiento. Haz el amor y tómate tu tiempo. Obviamente, esto implica irse antes a la cama para disfrutar de la compañía del otro. Acaricia y sé tierno. Haz el amor y conecta. Cuando lo hayas hecho, verás cómo tu mente se apacigua y te sumerges lentamente en una pacífica noche de sueño. Al fin y al cabo, segregarás serotonina, la hormona que nos hace felices y que (como aprendimos hace poco) también se transforma en melatonina.

En lugar de pensar en hacer el amor como una tarea más o un desfogue rápido, piensa en el arte de hacer el amor como una forma mucho mejor de pasar la noche con tu pareja que estar viendo cualquier tontería en la tele. Conectaréis mejor, favoreceréis la producción de hormonas saludables y, cuando acabéis, entraréis en un profundo sueño. Si no sabes cómo complacer a tu pareja, ¡ponte manos a la obra y pregunta! Si de verdad quieres ser de ayuda, no suele ser tan difícil. Los actos de generosidad pueden ser muy útiles y el resultado puede traducirse en una liberación mágica de energía estancada en tu vida y en tu relación.

Hierbas y minerales que nos ayudan a dormir

Si tienes problemas de azúcar o cafeína en tu sistema, estos remedios no serán tan efectivos. ¡Tienes que acabar con tu adicción a todas aquellas sustancias que alteran tus ritmos internos! No pienses que unas cuantas tazas de té o un par de suplementos serán un remedio instantáneo al daño que le has causado a los ciclos de tu cuerpo. No puedes pensar en las hierbas como si fueran la panacea; forman parte de una amplia estrategia para dormir mejor y, en ese sentido, pueden ser un complemento muy eficaz a la hora de cambiar tu estilo de vida.

Manzanilla. Esta hierba te ayuda a relajarte. Una buena taza de manzanilla te calmará.

Kava. Esta hierba se utiliza desde hace miles de años en Polinesia durante las ceremonias y para alcanzar estados de alteración placenteros. Beber té de kava puede ayudarte a cerrar algunas *ventanas* de tu escritorio mental.

Magnesio. Darse un baño con sales de Epsom es un remedio muy eficaz. Además, el magnesio desempeña una doble función: por un lado activa las mitocondrias (que alimentan nuestras células) y por otro apacigua el sistema nervioso y los músculos. Resulta muy relajante y puede formar parte de una estrategia para introducir en nuestra mente patrones más sosegados por la noche. Un baño de sales a la luz de las velas y algunos ejercicios de respiración profunda son el remedio perfecto cuando tengo muchos frentes abiertos y mi vida se vuelve una locura.

5-HTP (5-hidroxitriptófano). Este compuesto, precursor de serotonina, le funciona a las mil maravillas a muchas personas. Si estás tomando medicamentos ISRS (inhibidores selectivos de la recaptación de serotonina), consulta con tu médico.

Suan Zao Ren Wan. Esta tradicional mezcla china, que ayuda a calmar la mente y nutre la sangre, ha permitido que miles de mis pacientes duerman mejor. Se suele presentar en forma de pastillas y hay que tomarla una hora antes de irse a la cama con un vaso de agua. Si la incluyes en el proceso de transformación de tu estilo de vida, puede ayudarte a dormir con más facilidad y a descansar durante toda la noche.

Consulta el resto de recursos en la siguiente dirección: theurbanmonk.com/resources/ch4

TRUCOS MODERNOS

Los pasos clave para lograr una buena higiene del sueño deberían enseñarse en todas las escuelas primarias. A continuación incluyo la información que suelo proporcionarle a los pacientes que acuden a mi clínica y que, en general, ayuda a resolver la mayoría de sus problemas. Allá vamos:

- ✦ Nada de tele por la noche (esto ya debería estar hecho).
- ✦ Nada de cafeína después de mediodía (o, como mucho, después de las dos de la tarde).
- ✦ No revises facturas ni realices ninguna actividad estresante en el dormitorio.
- ✦ El dormitorio es para dormir y hacer el amor; todo lo demás se queda fuera.
- ✦ Mantén la habitación fresca y a oscuras.
- ✦ Mantente hidratado, pero sin pasarte para no tener que andar levantándote toda la noche a hacer pis.
- ✦ Si tu nivel de azúcar en sangre no es estable, toma algo de proteínas y grasas saludables una hora antes de irte a la cama. Yo suelo tomar entre 100 y 175 gramos de pechuga de pollo con aceite de oliva o de coco, o pechuga de pavo con algo de *hummus*.

Cuerpo caliente, mente fría

En el pasado, nuestra manera de dormir y de levantarnos estaba íntimamente ligada a nuestro entorno (en aquel entonces no había calefacción ni aire acondicionado, por ejemplo). Nuestros ancestros encendían una hoguera, se acurrucaban a su alrededor y solían levantarse muy temprano helados de frío. ¡Acuérdate de tu última acampada!

La mayoría de los estudios al respecto indica que la temperatura ideal en el dormitorio para poder dormir bien está en torno a los 20 °C. Esta temperatura nos ayuda a relajarnos. Mantener la cabeza algo fría (fuera de las sábanas) también nos ayuda a caer en las ondas delta.

Este es el resultado de miles de años de adaptación al sueño, así que en vez de intentar reinventar la rueda, quizá deberíamos dormir un poco y seguir adelante con nuestros sueños y aspiraciones. ¿Por qué luchar contra la naturaleza?

Control de la glucemia

Mantener estables los niveles de azúcar en sangre es una pieza clave del rompecabezas, como ya hemos comentado. Tomar algunos alimentos de absorción lenta (como grasas y proteínas) una hora antes de irte a la cama puede proporcionarle a tu cerebro energía de forma lenta y constante y evitar que sufra un ataque de pánico en medio de la noche cuando se desplomen los niveles de glucosa. Se trata, claro está, de una solución temporal mientras trabajas para restablecer tu salud suprarrenal y equilibrar tu dieta, pero es un paso clave que te ayudará a salir del atolladero y te permitirá recuperar algo de sueño mientras solucionas el problema.

Cafeína: guía de desintoxicación

Allá vamos otra vez, aprovechando esa taza a la que con tanta fuerza te agarras.

Si tienes problemas para dormir, es hora de que controles tu ingesta de cafeína y de que dejes de vivir con energía prestada. Equilibrar los niveles de azúcar hará que te sientas con más energía y, de este modo, necesitarás cada vez menos cafeína. Al trabajar para reducir tu dependencia a la cafeína harás que tus suprarrenales vuelvan a estar sanas y optimizarás tu metabolismo.

Descubrirás que no se trata tanto de esa falta de energía que sentimos de vez en cuando, sino de un flujo caótico de energía. A veces, confundimos la niebla mental con cansancio y la causa no suele ser un déficit de trifosfato de adenosina (ATP) ni la producción de energía, sino un gasto innecesario de esta última por parte del intestino o del sistema inmunitario. Si solucionamos todos estos problemas, necesitaremos menos cafeína y, al tomar menos cafeína, nada nos quitará el sueño. Dormir más nos ayudará a reparar nuestro sistema y a estar de mejor humor, además de aportarnos más energía al día siguiente.

Sé parte de la solución y no del problema. Si no puedes dormir, deja de tomar cafeína. Saldar esta deuda no es tarea fácil. Algunas personas lo hacen de golpe y padecen dolores de cabeza y síndromes de abstinencia (no hay nada más evidente que eso para saber que hablamos de una droga). Puedes hacer una terapia de choque, pero yo te recomiendo una reducción progresiva con un buen control de la glucemia y del estrés. Después, pásate al descafeinado y empieza a desengancharte. Tendrás varios altibajos, pero, una vez superados, estarás en el buen camino hacia la independencia. Los tés y cafés descafeinados, así como los tés herbales, pueden ser de ayuda. A mí me gusta mucho una hierba china llamada gynostemma, una fuente de energía totalmente natural sin cafeína. Prepárala en forma de infusión y ve bebiéndola a sorbos durante el día para seguir adelante. ¡Te alegrarás de haberla probado!

Música para las ondas cerebrales

En los últimos años he trabajado en diversos proyectos con empresas que intentan ampliar los límites de la ciencia cerebral. Circulan muchas ideas falsas al respecto, aunque también hay algunos métodos que funcionan de verdad. Existe una tecnología especialmente diseñada para ayudar a entrenar la actividad de las ondas delta. El objetivo es básicamente entrenar a nuestro cerebro para que baje el ritmo y, si se utiliza correctamente, esta tecnología puede ayudarnos a modificar nuestros patrones de sueño. Muchos meditadores expertos dicen haber experimentado resultados increíbles y, en algunos casos, puede ayudar a acelerar la curva de aprendizaje de aquellas personas que quieren aprender a meditar. Imagínatelo como una sintonía resonante. Una vez que hayas experimentado un estado mental, podrás ser capaz de volver a él de forma natural con tu propio yo consciente.

Por supuesto, no seas inocente y pienses que puedes seguir tomando café, viendo la tele, comprobando facturas en la cama y después engañando a tu cuerpo para dormir gracias a esta técnica. Todo esto forma parte de una estrategia global para combatir el insomnio. ¡Es muy interesante!

Incluyo algunas de mis pistas favoritas en la sección de recursos del capítulo dos.

Gestión del tiempo

Aprender a dividir la jornada en bloques de actividades que te permitan cubrir tus necesidades y, sobre todo, conseguir tus objetivos es la clave del éxito. Si planeas las cosas por la noche, te sentirás presionado a la hora de dormir. Si estás pensando que «sí, pero así es mi vida», analicemos cómo puedes ser más eficiente durante el día para así dejar más cosas hechas y no tener que trabajar en el tiempo de descanso o con la familia. Así se organiza un monje urbano.

El nuevo modelo económico se caracterizará por una serie de prácticas empresariales éticas que tendrán en cuenta la conciliación de la vida laboral y familiar. ¡No dejes que tu jefe me lleve la contraria! Sé bueno en lo que haces y consigue mejores resultados *mientras estés allí*; después, vete a casa. El modelo del que nos estamos deshaciendo es una rémora de los años cincuenta, cuando se intentaba proyectar una visión de la sociedad paternalista y totalmente distorsionada. ¡No te lo tragues!

El principio de Pareto establece que el 80 por ciento de nuestros resultados positivos proviene del 20 por ciento de nuestro tiempo y esfuerzo, mientras que el 80 por ciento de nuestro tiempo se va a la mierda. ¡Descubre qué se te da bien y potencia tus virtudes! Trabaja para reforzar tu superpoder y delega o cancela todo lo demás. Ser eficiente significa obtener resultados. El tiempo que empleamos y la calidad del trabajo que realizamos no siempre son equivalentes.

No vuelvas a cambiar tu tiempo por vida.

Crea cosas maravillosas (hagas lo que hagas) y sé el mejor en tu área. Mejora y toma las decisiones en el trabajo. Mejora y libérate de toda esta locura.

Incluyo a continuación un esquema para gestionar tu tiempo y tus actividades que te ayudará a ver la vida desde una óptica diferente.

Días laborables. Haz pausas de cinco minutos para descansar y ejercitarte cada media hora. Estírate, haz sentadillas, cierra los ojos y muévete para mantener la mente fresca y el cuerpo activado.

Dedica como mínimo media hora cada mañana a cultivar tu desarrollo personal y otros treinta minutos por la noche, cuando las cosas se hayan calmado y la casa esté en silencio. Lee por placer en la cama y recupera el tiempo que te roba la tele.

Fines de semana. Intenta evitar todos aquellos planes que no te ayudan. Está claro que tenemos que asistir a ciertos compromisos o actividades en las que se requiere nuestra participación, pero el monje urbano adquiere el hábito de dejar que su tiempo libre le sirva a él. Asegúrate de beber de la fuente eterna los fines de semana y de conseguir algo más de vitalidad.

Duerme cuando estés cansado y sal a tomar el aire cuando el tiempo te lo permita. Lo ideal es trabajar duro durante la semana para utilizar el fin de semana como tiempo de descanso. Las excursiones al aire libre también son una magnífica opción ahora que, incluso en los días de lluvia, podemos llevar una chaqueta ligera que sea calentita e impermeable y hacer cualquier cosa sin acabar empapados. La vida es mucho mejor cuando nos damos tiempo para jugar. También durante el fin de semana dedica al menos una hora al día a realizar tus ejercicios personales y a meditar durante al menos treinta minutos de forma ininterrumpida.

No te quedes despierto hasta tarde los domingos por la noche. Es una locura.

Dedica algo de tiempo a pensar en qué áreas eres más eficiente y en cuáles necesitas mejorar. Trabajar por la noche genera un desequilibrio básico en nuestra vida y no es un hábito sostenible. Si es el motivo por el que estás perdiendo horas de sueño, despiértate y plántale cara a ese trabajo de mierda que tienes.

Transforma tu entorno

Está claro que ya no vivimos en cuevas y esto lleva aparejadas ciertas ventajas y desventajas. Nuestras paredes están repletas de electricidad y puede que el wifi nos esté achicharrando el cerebro, pero por lo menos no tenemos que salir a buscar leña en medio de la noche (bueno, al menos la mayoría de nosotros).

Si tienes en casa un termostato relativamente moderno, puedes ajustar la temperatura durante la noche a 20 °C. Puedes utilizar una manta más gruesa si tienes frío y una sábana encimera (o incluso bajar el termostato) si tienes calor. El control de la temperatura te permite decirle a tu cuerpo que tiene que bajar el ritmo y conservar el calor. Te ayudará a frenar.

Las persianas opacas son maravillosas, en Las Vegas lo saben bien. Evita la luz y dormirás mucho mejor. Si tienes luces parpadeantes de relojes u otros aparatos electrónicos en el dormitorio, deshazte de ellas. Aprende a disfrutar de la oscuridad y deja que tu pobre glándula pineal funcione correctamente. Una vez que hayas despejado la habitación, asegúrate de que las cortinas no dejan entrar la luz exterior (sobre todo, si tienes farolas enfrente de la ventana). Cuanto más oscuro, mejor.

Si crees que padeces hipersensibilidad electromagnética en tu casa, consulta la sección de recursos en la que encontrarás información sobre el tema.

El sonido también puede ser un problema en muchos sentidos, pero afortunadamente existen formas sencillas y baratas de aislar una habitación. Las mantas para mudanzas funcionan bien, pero son feas. Las espumas de aislamiento acústico son geniales; puedes comprarte unas negras y darle un toque artístico a tu habitación. Sin embargo, estas superficies funcionan mejor para aislar el ruido de dentro. Si tienes vecinos escandalosos o escuchas el ruido de los coches, una ventana de doble cristal te puede cambiar la vida. Los techos acústicos también son una buena opción.

¿El resumen? Haz todo lo que sea necesario para que tu dormitorio se mantenga fresco, a oscuras, en silencio y, por Dios, saca ya la puñetera tele de ahí.

EL PLAN DE ACCIÓN DE JAMES

James era un desastre, pero la solución a su problema estaba muy clara. Se organizaba el día a lo loco, dejando las actividades más intensas para el final. Tras reflexionar un poco, se dio cuenta de que su comportamiento arrastraba todavía las costumbres del típico adolescente que se pasa la noche en vela para terminar un trabajo. Nunca llegó a perder esa energía. Cuando tenía que hacer algo importante, lo dejaba para el último momento y lo hacía por la noche. Era algo que llevaba haciendo años y, cuando se divorció, le resultaba muy fácil mantenerse ocupado por las noches gracias al trabajo. ¿Quién está solo? Yo estoy ocupado...

Nunca terminaba el trabajo y lo dejaba a medias cuando el cerebro se le nublaba demasiado. Entonces solía ver la tele una hora o así para relajarse antes de irse a la cama y casi siempre cenaba un tazón de cereales sentado en el sofá.

Nos deshicimos de esta costumbre de inmediato. Le quitamos el azúcar y lo sustituimos por una cena rica en hidratos de carbono de lenta absorción, como el brócoli, la calabaza o el calabacín, y algo de proteínas. Dejó de tomar cafeína después de mediodía y empezó a comer de forma regular durante todo el día. Sus suprarrenales no aguantaban más, así que elaboramos un programa para protegerlo de sí mismo.

Tardó un mes más o menos en acostumbrarse a hacer el trabajo importante por la mañana. Se le hacía muy raro al principio, pero cuando empezó a acostumbrarse, se le encendió la bombilla y se dio cuenta de lo frenética que era su antigua rutina. Lo animé a leer más libros y a estirar por la noche. Al solucionar sus problemas de eficiencia a la hora de trabajar, consiguió por fin algo de tiempo libre por las noches. Al principio le resultaba extraño e incómodo: demasiado silencio y soledad. Lo animamos a salir de casa y a quedar con gente, y así es como conoció a una hermosa mujer que tenía un par de hijos de un matrimonio anterior. Ella respetaba al dedillo los horarios de sueño y esto fue mano de santo para nuestro amigo James. De hecho, le pedí que imitase los horarios de sueño de los niños durante algunos meses. Su vida cambió por completo.

¿Cómo es posible que les pidamos a nuestros hijos que se metan pronto en la cama y que sigan todo tipo de buenos consejos, pero que luego nosotros no seamos capaces de aplicárnoslos? James empezó a resucitar. Empezó a dormir más y mejor, y recuperó la energía. Le costó algo de tiempo poner todo en orden, pero la espera valió la pena. Una vez que consiguió deshacerse de esa mentalidad acelerada y recuperó un estilo de vida sana y a la antigua usanza, ya no hubo vuelta atrás.

A James le encanta dormir y se siente muy afortunado de poder hacerlo. No deja que nada se interponga entre él y su sueño. *Hacer hueco* para el sueño cambió su vida por completo.

CAPÍTULO 5

Estilo de vida sedentario

Stacy lleva luchando con su peso desde que tiene uso de razón. Ha probado cientos de dietas, ha practicado distintos deportes, ha ayunado, se ha depurado y ha pasado mucha hambre. Tiene la impresión de que ha perdido y ha vuelto a ganar decenas de kilos. Además, siempre parece que vuelve a un peso mayor del que le gustaría tener y, pese a sus buenas intenciones, no puede evitar que el círculo vicioso se repita.

Stacy lleva una vida monótona. Trabaja en el Departamento de Recursos Humanos de una mediana empresa. Sus mañanas consisten en darse una ducha caliente, secarse el pelo, maquillarse y ponerse su armadura corporativa. Lleva sus trajes a la tintorería todas las semanas y tiene más zapatos incómodos de los que puede contar.

Tarda una hora en coche al trabajo, así que aprovecha el viaje para tomar avena y una taza de café. Los días que llega tarde termina de maquillarse de camino. El viaje en coche suele ser largo y estresante. Intenta ponerse la radio, pero las noticias son deprimentes. Los audiolibros han sido un buen sustituto y la música clásica le ayuda a mantener la calma, pero no evita que se sienta irritada y tensa cuando llega al trabajo.

Tiene una mesa cómoda, pero pasa demasiado tiempo sentada. Responder correos y asistir a reuniones durante todo el día hacen que esté atrapada en un surtido de sillas. Ella y sus compañeros suelen encargar comida, para así poder tener más reuniones y hablar de las que ya han tenido. Toda su vida es un encadenamiento de reuniones constantes y apenas ve la luz del sol.

El viaje de vuelta suele ser aún más largo, así que aprovecha el tiempo para llamar a sus amigos y familia. Esto le sirve para desahogarse y sentir que tiene algo parecido a una vida. Cuando llega a casa, se calienta algo en el microondas, ve un par de programas y se va a la cama.

Así es su vida cinco días a la semana y no ve la forma de hacer hueco para el gimnasio en su agenda. El fin de semana intenta salir si no hace muy mal tiempo. Se da un paseo con una amiga o sale con un chico con el que queda, pero siempre hay una pila de ropa sucia, un viaje a la lavandería, una compra, facturas u otros recados pendientes que se apilan durante varios fines de semana.

En general, Stacy apenas se mueve durante la semana y tiene una actividad muy limitada los fines de semana. Solo hace algo de deporte por temporadas, ya que levantarse a las cuatro de la mañana le resulta inviable y, después del trabajo, está demasiado cansada y hambrienta como para hacer nada. Stacy está estancada.

EL PROBLEMA

Durante miles de años, la vida giraba en torno al movimiento. Nuestros antepasados cazaban y recolectaban durante horas bajo el sol. Nos enfrentábamos al frío y descansábamos con el calor asfixiante; era la única opción. Luchábamos por nuestra vida y a veces corríamos como el demonio para salvarla. Teníamos una rutina ocupada y activa. Las espinas eran afiladas y un hueso roto podía costarnos la vida. Había mucho en juego y el ser humano no siempre ha estado en la cúspide de la cadena alimentaria.

Nuestra actividad era multidireccional y pasábamos mucho tiempo en el suelo sentados y erguidos sin necesidad de un respaldo que nos sirviese de apoyo. Nuestro centro estaba activado y nuestro cuerpo era más flexible, estaba en forma y preparado para vibrar con descargas de energía cuando fuese necesario. El *footing* no existía porque trabajábamos durante todo el día y no lo necesitábamos. Cuando corríamos, solía ser por una muy buena razón. La comida y la supervivencia de nuestra familia dependían de que consiguiésemos alimento. Convertirse en comida significaba lo evidente...

Teníamos una visión aguda y un fino sentido del olfato. Al fin y al cabo, nuestra supervivencia dependía de ellos. El canto de los pájaros nos permitía saber si acechaba algún depredador y nuestra conciencia *espacial* estaba íntimamente ligada a nuestro instinto de supervivencia. La muerte podía esconderse en cada esquina y teníamos que estar preparados para enfrentarnos a ella. Si no detectábamos el olor de un depredador, era probable que acabásemos siendo su comida. Los depredadores podían ver y oler mejor que nosotros, así que debíamos tener el doble de cuidado y estar el doble de atentos.

Tras la llegada de la agricultura, seguimos moviéndonos y arrastrando cosas todo el día. Cortábamos madera, íbamos a buscar agua, llevábamos encima a nuestros hijos e íbamos andando a la mayoría de sitios. Había mucho trabajo y la vida estaba llena de batallas. Al fin y al cabo, si no llovía, nos quedábamos sin comida. Hablamos de problemas reales.

Todo eso ha cambiado. Nos pasamos la vida atrapados en una oficina con luces artificiales, aire de circulación, alfombras y productos de limpieza tóxicos, posturas artificiales, campos electromagnéticos, personas dañinas y ciclos de descanso y recuperación antinaturales. Vivimos como Stacy: pasamos de una postura sentada en el coche a la mesa del trabajo y viceversa. Nos tumbamos en la cama, nos movemos y damos vueltas, y después nos levantamos y nos volvemos a sentar durante todo el día.

Un ciudadano estadounidense medio pasa poco menos de una hora al día para ir al trabajo y se suele sentar en el sofá a ver la televisión una media de 19,6 horas a la semana. Suele hacerlo tras una jornada media de ocho horas al día (o cuarenta horas a la semana) sentado en la oficina. ¿Y todavía nos preguntamos por qué ganamos peso y nos estancamos?

Somos una sombra de lo que solíamos ser y realizamos una actividad tan pobre que tenemos un 48 por ciento más de riesgo de desarrollar una enfermedad o morir de forma prematura. Stacy no solo tiene un problema con el peso. Su inactividad tiene efectos negativos en su corazón, sus hormonas, su estado de ánimo y su zona lumbar. Se está aplastando los flexores de la cadera, comprimiendo los discos lumbares, atrofiando los músculos de la espalda y destrozando las rodillas con esos tacones que lleva.

El director general de Sanidad de Estados Unidos recomienda un *mínimo* de una hora de ejercicios cardiovasculares al día, pero menos del 5 por ciento de los estadounidenses practican treinta minutos de actividad física al día. Stacy puede hacer deporte un par de horas a la semana, y eso contando con que su agenda se lo permita. A todas luces tiene un problema y, en el fondo, ella lo sabe. Ha perdido su chispa. Se pasa la semana esperando a que llegue el fin de semana y después se siente decepcionada cuando pasa. Se dedica a leer sobre la vida de otras personas que sí son interesantes y que están llenas de aventura, porque su vida da pena ahora mismo.

Stacy es víctima del principio rector de la patología en los sistemas naturales: el agua estancada se convierte en veneno.

SABIDURÍA DE MONJE URBANO

La traducción literal de *kungfú* sería «trabajo duro». La vida es trabajo duro y, si eres capaz de dominarlo, *te irá bien*. Como ya mencionamos antes, ir a buscar agua y cortar madera eran tareas que formaban parte de la rutina diaria de la vida monástica. Este es el gran secreto del antiguo Oriente que nuestras modernas traducciones no han sabido transmitir. Todos huimos del mundo pensando que el elevado reino *espiritual* nos permitirá vivir libres del dolor, el estrés y la realidad.

La verdad es diametralmente opuesta. *Dominamos* nuestra comprensión de la realidad para que lo profano se convierta en sagrado. Sentimos los altibajos de la vida sin apego y desarrollamos nuestra *resiliencia*. Recurrimos así a los genes de supervivencia, conseguimos ganar masa muscular magra, mantenemos el cerebro activo y alerta, y reforzamos el sistema inmunitario. Asimismo, esto nos ayuda a regular nuestra respuesta al estrés de modo que solo una emergencia de verdad constituya una crisis, y que los dimes y diretes no nos afecten lo más mínimo.

Entre las labores, la agricultura, el forrajeo, la caza y las artes marciales, la vida de los monjes estaba llena de trabajo y actividades. Así, mantenían la mente activa y los sentidos aguzados. Esta rutina les ayudaba a liberar las vías de desintoxicación y les obligaba a pasar tiempo bajo el sol. El aire fresco, la lluvia fría, los días cálidos y las montañas escarpadas mantenían su cuerpo fuerte y limpio. Una vez más, desarrollaban su resiliencia y determinación. La vida era dura, pero los monjes también lo eran. Cuando te sumerges en tu cuerpo y dominas los rituales diarios, el resto de dramas sociales tienen poca importancia.

No había sillas de oficina; si te querías sentar, tenías que hacerlo en el suelo o en una roca. Solo existían como respaldo los cojines, pero eran un lujo. La postura antinatural que hemos adoptado al sentarnos en las sillas y los coches es relativamente nueva para nuestro cuerpo. Los codos en la mesa o las manos al volante nos ayudan a apoyarnos y a desconectar los principales músculos centrales. Esto hace que seamos más vagos y más débiles.

Sentarnos en el suelo hace que desarrollemos nuestra fuerza postural.

Fíjate en cómo empiezan a andar los bebés. Pasan de rodar por el suelo a arrastrarse, después empiezan a gatear, se levantan, se ponen de pie, se caen (mucho) y al final echan a andar.

Mucha de nuestra coordinación total del cerebro proviene de la información postural y posicional, y nuestra destreza y equilibrio trabajan con esto. Al permanecer activos en tres dimensiones trabajamos esta parte del cerebro, y este equilibrio cuerpo-mente nos ayuda a mejorar y a ser fuertes. Actualmente, se están llevando a cabo interesantes estudios de investigación que muestran cómo los niños que se saltan la fase del gateo y se ponen de pie demasiado pronto o, peor aún, se mantienen de pie con un andador son más propensos a padecer problemas de desarrollo y de aprendizaje. Tenemos que activar todas las partes primitivas del cerebro para poder desarrollarnos como los fantásticos seres que somos. Para conseguirlo, tenemos que pasar tiempo en el suelo reptando como lagartos y aprender a pasar de estar sentados a estar de pie sin necesidad de ayuda.

Los antiguos monjes conocían este principio y su fuerza provenía de las profundidades de la tierra. La posición básica de kungfú llamada «posición del caballo cuadrado» consiste precisamente en echar raíces con nuestros pies en el suelo y *agarrar* la tierra con ellos. Utilizamos esta conexión con la tierra para obtener energía y accionar la fuerza. Esta idea proviene de la *conexión* esencial y profunda con la tierra que cultivamos al *sentarnos* en ella durante tanto tiempo y es justo ahí donde muchos alumnos occidentales de artes marciales se atascan: no tienen un vínculo con la tierra y están desarraigados.

Pero ¿qué pasa con Stacy? Bueno, ella está muy lejos de lograr todo esto. Imagínate un arroyo estancado al final de la temporada cuando ha dejado de llover. El agua deja de fluir y empiezan a crearse pequeños estanques en las riberas en los que aparecen musgos, insectos, mugre y el agua es insalubre. Eso es lo que le pasa a nuestro cuerpo; eso es lo que le está pasando a la vida de Stacy.

Permanecer activos y en forma *a lo largo* del día es básico. Podemos adaptar nuestro entorno para estar aún más vivos durante el día, gracias a escritorios para trabajar de pie, estaciones de trabajo, estiramientos, ejercicios durante los descansos y una rutina de entrenamiento básica que nos permita activar nuestra conexión cuerpo-mente. Analizaremos todo esto en profundidad, pero, para escapar de un estilo de vida sedentario, resulta fundamental entender que dedicamos muy poco tiempo a nuestro bienestar en comparación con todas las horas que pasamos trabajando al día. Esto implica aprender a adaptar nuestro entorno para permanecer activos y movernos durante nuestras ocupadas y caóticas vidas. Era algo que los monjes tenían y que nosotros hemos perdido. El monje urbano se encarga de recuperarlo.

La tierra es redonda, ¿acaso es ahora plana?

Al asfaltar la tierra, hemos eliminado la *dimensionalidad* que existía a nuestros pies. El contorno de la tierra bajo nuestros pies nos ofrece información y permite que nuestro cerebro funcione correctamente. Sin embargo, en tan solo unas generaciones, hemos conseguido *aplanar* la tierra, así como nuestras carreteras y hogares, para simplificar el transporte. Piensa en la última carretera llena de baches por la que condujiste, ¡qué horror! Tuviste que ir más despacio y conducir de otra forma. La modernización ha creado la necesidad de vías de transporte rápidas y eficientes, que se han convertido en la norma común de todas las calles y aceras de la ciudad. ¡Adiós a los adoquines! Lo cubrimos todo de hormigón y ya está. Así no hay baches, no vaya a ser que alguien tropiece y nos denuncie...

El contorno de la tierra bajo nuestros pies envía constantemente valiosa información para que el cerebro la procese. Los sutiles matices del terreno envían millones de señales posturales a nuestro cerebro, que está perfectamente equipado para calcular y adaptarse al mundo en el que hemos evolucionado. Vivimos en tres dimensiones y por eso nuestro cerebro necesita este flujo constante de información postural desde la periferia que nos permite mantener el cuello erguido y conservar el equilibrio. La información que recibe nuestro cerebro así como el posterior procesamiento en la franja sensorial y motora de la corteza hacen que el cerebro se mantenga activo y vivo. Al fin y al cabo, así es como hemos funcionado durante miles de años y es a lo que estamos acostumbrados. Nuestro cerebro se construyó sobre la base de este procesamiento multidimensional y, desde ahí, alcanzó una mayor capacidad de raciocinio. Ahora, elimina una dimensión entera de esta ecuación y verás hasta qué punto nos lo estamos cargando. ¡Estamos tirando piedras contra nuestro propio tejado! Como ahora la tierra que pisamos es casi siempre plana, todo ese complejo flujo de información postural es limitado y la parte del cerebro que lo procesa se vuelve inactiva. Con el aumento de los problemas de ansiedad, depresión, trastornos de aprendizaje y del comportamiento, y la demencia, entre muchos otros, cada vez más científicos se dedican a estudiar estas correlaciones. El movimiento enciende una saludable llama que nuestro cerebro debe procesar y la ausencia de esta llama está provocando diversos problemas.

La tierra tiene Chi

La tierra es el mayor donante de electrones que tenemos, capaz de producir un suministro aparentemente infinito que fluye por nuestro cuerpo y nos ayuda a combatir el estrés oxidativo. Cuando alguno de nuestros tejidos está dañado o inflamado, posee una carga positiva y actúa como un radical libre en nuestro cuerpo. Esto puede dañar otros tejidos y desencadenar una reacción en cadena que, a su vez, provoque una mayor inflamación o una enfermedad. Clint Ober, el doctor en Medicina Stephen Sinatra y Martin Zucker ponen de relieve este fenómeno en su libro *Earthing. Con los pies descalzos*. En su opinión, nuestros antepasados solían aprovechar los electrones de la tierra y este flujo de iones negativos permitía neutralizar la carga positiva del tejido inflamado, ayudando a repararnos.

Este fenómeno era posible gracias a la conexión que establecíamos con la tierra, a través de nuestros pies y nuestra columna, al sentarnos. Sin embargo, ahora casi nunca nos sentamos en el suelo y vamos por la calle con suelas de goma que actúan como un perfecto aislante de los electrones. Esto interrumpe el flujo vital y nos hace seguir dando vueltas fuera de control. Nuestros antepasados iban descalzos o caminaban con suelas de cuero que conducían esta carga. Hoy en día…, bueno, solo tienes que mirar a tu alrededor: hemos perdido esa conexión.

Así que, si adoptamos un estilo de vida extremadamente sedentario, cortamos nuestra conexión con la tierra, nos apoyamos siempre en muebles y trabajamos con luz artificial envueltos en aire estancado durante el día entero, ¿todavía hay alguna duda de por qué no avanzamos? El monje urbano desata todo su poder al liberar el movimiento. Utiliza su cuerpo todos los días de distinta manera y conecta con la tierra cuando se estira, se sienta en el suelo o camina descalzo. No pasa

VIAJES PERSONALES

Una de mis aficiones favoritas siempre ha sido el *búlder*, un tipo de escalada lateral, en cauces o arroyos. Las rutas casi siempre son distintas en función de la época del año y la corriente del agua. Me obliga a utilizar las cuatro extremidades, a poner a prueba mi equilibrio, a saltar distancias para luego aterrizar suavemente y a utilizar mi fuerza para levantar el peso del cuerpo. No solo es un fantástico ejercicio al aire libre, sino que tiene un increíble efecto a la hora de apaciguar mi mente y hacerme feliz. Cuando lo practico, siento que me recompongo y conecto las partes separadas de mi yo fragmentado en un todo cohesivo que se siente totalmente vivo.

Yo antes tenía un campamento para niños y he liderado cientos de expediciones en arroyos con ellos. Esto les servía para ganar confianza, poner a prueba su valor, enfrentarse al miedo y activar su circuito mente-cuerpo. Era algo que solía dar por hecho porque yo lo había vivido y mamado. Cuando entré en el mundo de la medicina, me acostumbré a ver resultados mediocres en los pacientes. Llegó un momento en el que me aburría enormemente y, de repente, me desperté... ¡Se acabó! Las personas tienen que ir a aquellos lugares que les permiten resucitar y hacer que vuelvan a sentir cómo la vida corre por sus venas. ¡Esa es la medicina de verdad!

de cero a cien durante el fin de semana y tampoco juega un partido de tenis intenso después de no haber hecho nada durante toda la semana porque entiende que puede lesionarse.

Aprender a movernos de forma funcional es clave y es algo que solo podremos lograr si realizamos movimientos con todo el cuerpo y hacemos un uso inteligente de los músculos centrales. Un monje urbano debe recuperar los principios básicos del movimiento en su día a día y reconstruir una sólida base de fuerza, flexibilidad, estabilidad y *flujo*. La vida debe fluir o, si no, se estanca. La vida fluye y nosotros también debemos hacerlo.

Muévelo o piérdelo

El kungfú es famoso por sus cinco estilos de animales, que provienen de una observación atenta del comportamiento de los distintos animales en la naturaleza y de la imitación de sus movimientos primigenios. En el contexto de una batalla, nos ofrece un profundo conocimiento de los mecanismos corporales y las tácticas de combate. En materia de salud, estos ejercicios permiten abrir las articulaciones, hacer que la sangre fluya y también que nos movamos de forma multidireccional. Nos pueden atacar desde cualquier dirección y por eso nuestro cuerpo evolucionó para permanecer vigilante, relajado y, aun así, alerta. Utilizar los músculos rápidos en artes marciales nos permite dinamizar este circuito y nos hace ser más conscientes.

Los entrenadores que trabajan un único vector de fuerza son los mismos que inspiraron muchas de las tendencias deportivas que durante las últimas décadas han demostrado, en muy poco tiempo, ser nocivas para la salud. Un buen ejemplo sería el *bench press* o levantamiento de pesas en banco. Este ejercicio está recomendado para los defensas que tienen que empujar a sus oponentes en el fútbol americano o para aquellos que quieren lucir palmito en la playa, pero, aparte de estos dos beneficios, este ejercicio tiene un uso funcional muy limitado para el cuerpo. De hecho, muchos de los culturistas que lo practican han hiperdesarrollado los músculos de la parte frontal y lateral, y poseen una cadena muscular posterior débil (el conjunto de los músculos de la espalda que nos ayudan a mantenernos erguidos, tener una buena postura y equilibrar nuestra psique). Los músculos del cuerpo están diseñados para complementarse y apoyarse entre sí. Encuentran un equilibrio dinámico y, si los trabajamos correctamente, nos mantienen ágiles y fuertes. El trabajo excesivo de ciertos grupos musculares a costa de otros acarrea lesiones. Los ejercicios de Foundation Training, del doctor en Quiropráctica Eric Goodman, constituyen una eficaz herramienta que nos permite trabajar la cadena posterior de forma específica y nos ayuda a mantener todo el cuerpo activo. Yo he sido testigo de cómo este entrenamiento ayudaba a solucionar serios problemas ortopédicos de los pacientes durante años y no tengo palabras para describirlo. Una cadena posterior débil en la parte superior del cuerpo provoca lesiones de espalda y, cuando nuestro centro es frágil en tres dimensiones, la zona lumbar y las rodillas no tienen nada que hacer. (Si deseas más información sobre Foundation Training, consulta la sección de recursos en la que encontrarás un enlace).

He aquí un concepto clave: tu centro no son solo tus abdominales. Va desde la punta del esternón hasta el hueso púbico y envuelve todo tu cuerpo en tres dimensiones. Si empezamos a verlo así, también comenzaremos a entrenar de otra manera. Comprenderemos que la rotación es una parte esencial del movimiento funcional y por qué es normal que se produzcan ciertas lesiones si nos pasamos el día sentados. Al principio, tendremos que aprender a mantenernos de pie en superficies inestables, saltar, ponernos en plancha y, en general, construir nuestra fuerza de abajo arriba utilizando el propio peso de nuestro cuerpo.

Los ejercicios rotacionales multiplanares del kungfú, la danza, el yoga o Foundation Training son poderosas herramientas para mantenernos funcionalmente en forma. Cuando contemos con una buena salud funcional basal, podremos empezar a jugar al baloncesto, hacer surf, esquiar y practicar el resto de deportes a los que estamos acostumbrados con un menor riesgo de desarrollar lesiones que nos dejen fuera de juego. Un buen amigo, el doctor Tim Brown, siempre le dice lo siguiente a sus atletas de élite: «Te entrenas para jugar, no juegas para entrenar». Lo que quiere decir es que, antes de practicar cualquier deporte, debemos estar funcionalmente sanos. Es un concepto diferente por completo del que tienen muchas personas ocupadas, que se pasan el día sentadas y una vez a la semana se ponen las deportivas para una pachanga con amigos, les da un tirón y se preguntan por qué tienen tan mala suerte.

Otro aspecto del movimiento funcional tiene que ver con la activación del cerebro. Utilizar ambas manos, controlar el equilibrio, coordinar los ojos con el movimiento de las manos, realizar desplazamientos laterales, rotar y cualquier otra cosa que hagas en 3D, te ayudará a activar el cerebro y equilibrarlo. Al fin y al cabo, todos hemos evolucionado haciendo estas cosas y de repente hemos dejado de hacerlo. Volver a utilizar todo el cuerpo es un cambio favorable para el cerebro.

La vida no es un deporte para espectadores

¿Cuándo narices decidimos quedarnos al margen de las aventuras de la vida? ¿En qué momento chutar un par de tiros a puerta con los amigos quedó reducido a ver el partidazo en el sofá con patatas fritas y cerveza? ¿Por qué dejamos de saltar a la cuerda y de trepar a los árboles?

Fue culpa de nuestra sociedad. Si coges a criaturas activas y las sometes a posturas antinaturales, recluyéndolas en sus mesas de trabajo durante todo el día, la función biomecánica del cuerpo comienza a tambalearse. Uno tras otro, nos vamos lesionando o cogemos demasiado peso como para ser capaces de echar una carrera. Cualquier lesión nos deja fuera de juego durante varias semanas, así que engordamos y, al volver a entrenar demasiado pronto sin un proceso de rehabilitación adecuado o un entrenamiento funcional, nos preparamos para la próxima lesión. Tanto si nos volvemos a torcer el mismo tobillo como si esa lesión hace que otra articulación se dañe, seguimos aguantando los golpes hasta que ver deporte por la tele o los partidos de nuestros hijos es todo lo que nos queda.

Quedarse fuera no mola. Es como si se nos pincha una rueda en el viaje de nuestra vida. Nos sentimos frustrados porque no podemos conducir y tristes por estar marginados a un lado de la carretera. El problema es que hay tanta gente que se enfrenta al mismo dilema que el arcén de la carretera acaba pareciendo un parking. Mucha gente acaba sentada ahí viendo cómo los coches pasan a toda velocidad. Bebemos cerveza y gritamos, sin ser conscientes de que podríamos regresar al terreno de juego y volver a saborear la vida. Déjame que te enseñe cómo.

PRÁCTICAS ORIENTALES

Ponte de pie para vivir más

Llevo años asesorando a grandes empresas y enseñándoles cómo pueden reducir un gasto desmedido en cobertura sanitaria. Una de las claves consiste en liberar a los empleados de sus sillas. Los escritorios y las mesas para trabajar de pie son el futuro. Nos permiten quemar calorías, movilizar más sangre, permanecer alerta, nos evitan fastidiarnos la espalda y nos ayudan a utilizar los músculos posturales durante todo el día.

De hecho, la primera vez que yo mismo trabajé en una mesa de pie me sorprendió descubrir lo mucho que me dolían los músculos centrales durante un par de días. No me había imaginado el trabajo que realizaba esta parte de mi cuerpo para mantenerme de pie.

A largo plazo, trabajar de pie te ayudará a potenciar tu energía y mejorará tu humor y tu rendimiento. Es un consejo que doy tanto a pacientes individuales como a grandes empresas, que ahora empiezan a ver los resultados de esta inversión. Estar sentado mata. Según un estudio realizado en 2010 por la American Cancer Society, las mujeres que permanecían sentadas más de seis horas al día tenían un 94 por ciento más de posibilidades de morir de forma prematura que aquellas que permanecían físicamente activas y se sentaban durante menos de tres horas. ¡No es broma! En el caso de los hombres, el porcentaje era del 48 por ciento. Estar sentado ralentiza la quema de calorías y aumenta el riesgo de padecer diabetes. Tras estar sentado dos horas, el colesterol bueno se reduce en un 20 por ciento.

Un truco muy eficaz que me gusta poner en práctica cuando trabajo en mi escritorio consiste en hacer posturas de kungfú para desarrollar los músculos de las piernas, que a su vez nos aportan mayor equilibrio y tienen una alta concentración en mitocondrias. De este modo, podrás producir más energía para tu día a día. Yo practico las posturas de kungfú durante el día y descanso cuando estoy cansado. Al cabo de un par de horas, siento que he realizado un buen entrenamiento y, además, he conseguido terminar el trabajo pendiente.

En la siguiente dirección encontrarás un vídeo en inglés con posturas de kungfú que puedes empezar a incorporar en tu día a día:

theurbanmonk.com/resources/ch5

Pausas de *chi kung*

El *chi kung* consiste en movilizar la energía estancada mediante el trabajo de nuestra respiración. Avanzar al compás de tu respiración te permitirá seguir adelante, mientras que, si te adelantas, acabarás jadeando a un lado de la carretera. Da un sorbo y respira de forma regular. Es lo mejor que puedes hacer durante un descanso. Parar entre cinco y diez minutos cada hora y realizar algunos ejercicios de respiración vital en tus extremidades te ayudará a conseguir más energía durante el día y en tu vida. Al fin y al cabo, el estancamiento de energía y de sangre es el problema de la vida moderna. En la medicina china decimos que la sangre es la madre del Chi y que el Chi es el comandante de la sangre. Esto significa que si el Chi fluye, la sangre también lo hace.

Movilizar el Chi es fácil. Implica coordinar la vista, la mente, el cuerpo y la respiración. Es la fórmula mágica del éxito.

Permite conectar tu yo consciente con la actividad que realizas y anclarlo mediante una respiración profunda. Activa la franja sensoriomotora de nuestro cerebro y nos ayuda a equilibrarnos. Tan solo unos minutos de *chi kung* al día te permitirán potenciar tu energía y mejorar tu humor. No esperes al final del día para lidiar con las consecuencias y recuperarte. Toma pequeños sorbos de vitalidad durante el día y evita cansarte.

En la sección de recursos he incluido un par de ejercicios muy eficaces (y rápidos) que podrás practicar mientras estás en el trabajo para potenciar tu Chi y sentirte lleno de vida.

Descálzate

Cortar el flujo de Chi vital de tu cuerpo es una mala idea y es precisamente lo que sucede cuando perdemos contacto con el mundo natural. Es algo que todos hacemos a veces, pero si lo hacemos con demasiada frecuencia, nos volveremos débiles y enfermizos. Dedicar algo de tiempo a reconectar con el planeta y su libre flujo de electrones ilimitados resulta clave. Quítate los zapatos y siente la superficie. Lo mejor es hacerlo directamente en la tierra: la hierba, la grava, la arena y el agua del mar son poderosas formas de conectar con el «caldo primigenio» que te permitirán sanar tu cuerpo mediante este intercambio vital de energía con la tierra tan necesario (y que tanto echamos de menos). En este caso, cuanto más, mejor. Algunas personas lo llevan al extremo y van a todos lados descalzas; yo no lo recomiendo porque, al pasear por la ciudad, nos exponemos a un bombardeo de productos petroquímicos y agentes nocivos que *no* son naturales y que tienen un impacto negativo sobre nuestra salud. Absorbemos cosas por la piel y arrastramos otras muchas hasta casa en los pies. Por eso, en las culturas tradicionales asiáticas, los zapatos se quedan en la puerta, y la casa permanece pura y limpia. Yo te aconsejo que utilices zapatos (con suelas de cuero, si es posible) cuando pasees por la calle y vayas descalzo cuando estés en el campo, en tu patio y todo el tiempo en tu casa.

Vista, mente, cuerpo y respiración

Ya hemos hablado del ingrediente secreto del *chi kung*, pero me gustaría dedicar un minuto a desarrollar esta idea. Una respiración profunda es el sello distintivo de la mayoría de ejercicios de yoga. Los movimientos lentos, metódicos e intencionados del *chi kung* y el taichí están íntimamente relacionados con esta respiración profunda que activa el cerebro. La parte final es la vista, que normalmente registra el yang, o la parte activa, en el *chi kung*. El resultado de la conexión de todos estos elementos es un efecto profundamente relajante sobre el cuerpo y la mente. Si lo probamos, nos sentiremos conectados y más coordinados.

El sello distintivo de nuestra cultura es la fragmentación y el desconcierto. Hemos desarticulado todas las conexiones igual que Adán y Eva empezaron a ponerle nombre a las cosas en el Paraíso antes de que los expulsaran y dejaran de ser un todo. Aprender a integrar nuestra visión en nuestros movimientos y respiración es una forma de volver atrás. Aplicar esta fórmula mágica consistente en coordinar la vista, la mente, el cuerpo y la respiración en tus ejercicios es una poderosa forma de volver a conectar la mente, el cuerpo y el espíritu. Haz cuanto hagas a conciencia y observa el mundo que te rodea lleno de vida y energía.

Meditar caminando lentamente

Un agradable ejercicio que te ayudará a reconectar y calmará tu mente cuando te sientas estancado es la meditación en movimiento. Este ejercicio comienza con la postura de Wu Chi, con los pies separados a la anchura de los hombros. Debes inhalar mientras levantas la rodilla (que marca el movimiento) de una pierna hasta arriba del todo y exhalar lentamente mientras das un paso adelante y deslizas el pie desde el talón hasta la punta. A continuación, tendrás que repetir el movimiento con el otro lado y seguir caminando hasta que lo creas necesario. Este ejercicio te obligará a ir despacio y a encontrar el equilibrio. Aguanta treinta segundos con cada paso y después, cuando hayas conseguido el suficiente equilibrio, intenta ralentizarlo aún más. Estos pasos lentos y metódicos pueden servirte para relajar la mente y reactivar los músculos posturales, encargados de encender el cerebro. Con el tiempo, conseguirás un mayor equilibrio y te sentirás más vivo.

Es una actividad que puedes realizar en cualquier lado y, sí, puede parecer un poco rara, igual que lo son tus compañeros de trabajo. Deja de preocuparte por lo que la gente pueda pensar de ti y ponte manos a la obra haciendo cosas que te ayuden de verdad.

TRUCOS MODERNOS

Levántate, ponte de pie... o al suelo

Ya hemos hablado de cómo las mesas para trabajar de pie están revolucionando los entornos de trabajo. Ponerte de pie cambiará tu vida, como también lo hará sentarte... muy

ESTILO DE VIDA SEDENTARIO

abajo. Otro concepto en el que he estado trabajando últimamente y que ha resultado divertido y estimulante para aquellas personas que quieren deshacerse de la mesa de oficina consiste en dedicar una superficie del suelo a la productividad. Se trata de una zona en la que tenemos que quitarnos los zapatos y la gente puede trabajar sentada en el suelo. Los *millennials* son especialmente buenos adoptando este sistema, aunque los compañeros de mayor edad tienen más problemas al principio. ¿Por qué? Pues porque llevan sentados en esas puñeteras sillas demasiado tiempo...

La clave consiste en utilizar los músculos para sostener el peso del cuerpo y en aprender a sentirte cómodo en el suelo. Para los programas de salud corporativa he utilizado mesas japonesas, que son bastante bajas y funcionan muy bien. Las almohadas y los cojines ayudan a mitigar el impacto, y los cojines de meditación también resultan útiles.

El objetivo pasa por permanecer activos, cambiar de postura y hacer que el cuerpo funcione durante todo el día. Este concepto representa una postura filosófica y se puede aplicar a todas las facetas de nuestro día a día. Así que puedes trabajar mientras estás de pie o ganar flexibilidad y fuerza interior sentándote en el suelo. Hagas lo que hagas, no te desplomes en esa maldita silla de oficina bajo ningún concepto.

Aparatos para entrenar

Una forma de entrenar durante el día es tener aparatos específicos para ese fin en tu lugar de trabajo. Yo creo pequeñas zonas de entrenamiento en las oficinas con una colchoneta, un par de pesas rusas y quizá una cuerda para saltar. Las barras fijas y las pelotas de ejercicio son geniales.

La *levedad* es lo contrario a la gravedad. Al entrenar y mantenernos activos durante todo el día potenciamos nuestra levedad. En mi oficina tenemos una norma: hay que parar en cada zona de entrenamiento cada vez que pasas por ella y hacer diez repeticiones de *algo*. Combina los distintos ejercicios, pero no dejes de hacer cosas. No dejes que el peso del día te aplaste. Al tener diferentes aparatos a tu alcance en la oficina o por toda tu casa, conseguirás *transformar* tu entorno y te acordarás de utilizar estas herramientas. También sucede al revés: las máquinas de refrescos nos envían una señal que no queremos recibir.

¿Qué prefieres: pizza de queso o una mesa de pie con cinta andadora? ¿Prefieres rodearte de veneno o de medicina vital?

Mi buen amigo Abel James es experto en diseño ambiental y tiene muy buenos consejos para adaptar el mundo a los objetivos que nos hemos marcado. Si transformamos nuestro entorno para que incluya solo aquellas cosas que queremos adoptar en nuestra vida, todo será más fácil. Un sencillo primer paso lo podemos dar en la tienda. Si compras guarrerías, las tendrás a tu alcance y acabarás comiéndotelas. Lo mismo sucede con los limpiadores del hogar y venenos químicos; si los tenemos en casa, acabaremos usándolos, así que deshazte de ellos. Pero también podemos rodearnos de cosas buenas: podemos tener pesas por toda la casa y encender incienso. Así que podemos cerrar la puerta para que no entren amigos ni familiares no deseados o adoptar una política de puertas abiertas para dejar entrar en nuestra vida aquello que nos beneficia. La pregunta es la siguiente: ¿qué es lo que quieres? Programa el mundo para conseguir tu sueño y lo conseguirás.

Zapatillas minimalistas

Una pieza clave para mantener el equilibrio general es la postura y, como sucede con cualquier rascacielos, los pilares son lo más importante. Toda nuestra atención debe centrarse en los pies: ahí es donde se gesta este delicado equilibrio y los cálculos que hacen que la información llegue hasta el cerebro y el sistema nervioso.

El pie humano tiene 206 huesos, 33 articulaciones, 107 ligamentos y 19 músculos y tendones. Los 52 huesos de los pies representan el 25 por ciento de todos los huesos del cuerpo. Biológicamente, este hecho pone de relieve la importancia general de nuestros pies y lo fundamental que resulta cuidarlos de forma adecuada.

Con el aplanamiento del mundo, las reglas han cambiado. Como ya hemos visto, hemos pasado de andar con los pies descalzos o con delicados mocasines que nos dejaban sentir la tierra (y conducían electrones) a llevar gruesas suelas de goma sobre carreteras planas de cemento. Este hecho ha eliminado la necesidad de contar con un sofisticado sistema biomecánico como el de nuestros pies y, básicamente, nos ha aplanado también a nosotros.

Nuestros arcos se desploman, así que vamos al podólogo y nos recetan aparatos ortopédicos, que resultan igual de eficaces que ponerse un corsé apretado para simular unos abdominales fuertes. ¡Son como una muleta!

Andar descalzo es un reto teniendo en cuenta toda la basura que podemos encontrar por la calle (vidrios, gasolina y agentes contaminantes cancerígenos), así que ir sin nada en los pies no resulta muy recomendable si vives en una ciudad. Sin embargo, ya existen distintas zapatillas minimalistas para ir *descalzos* que son alucinantes. Es mejor llevar este tipo de calzado en terreno blando y no recorrer largas distancias. De hecho, yo ya he recibido en mi consulta a varios pacientes que se habían comprado un par nuevo, habían corrido unos 16 kilómetros y se habían destrozado los pies. Como con todo, tenemos que ir acostumbrándonos poco a poco. Lo más probable es que tras varias décadas llevando zapatos normales, tus pies y tus arcos se hayan vuelto perezosos. Intenta recuperar poco a poco la fuerza en los pies y descubrirás lo lejos que pueden llevarte.

Hay una segunda ventaja añadida nada despreciable. Los pies constituyen los pilares de todo el cuerpo, por lo que, al fortalecerlos, estaremos transformando toda la cadena cinética (que se encuentra en la parte superior del cuerpo). He tratado a pacientes con problemas crónicos de rodilla, cadera, hombro o incluso de cuello que han experimentado una impresionante recuperación una vez que han solucionado los problemas que tenían en los pies. Tiene todo el sentido del mundo, pero la recuperación tarda algo de tiempo, así que debes ser paciente y empezar a trabajar para volver a tu maravilloso estado primitivo.

Si cada vez que intentas moverte te lesionas, te resultará imposible ponerte en marcha y acabar con el estancamiento. Empieza con buen pie y estarás en el camino correcto para volver a fluir.

Entrenamiento de movimiento funcional

Es increíble la cantidad de vectores de fuerza aleatorios que influyen en nuestro equilibrio y cuánto ruido soporta nuestro sistema nervioso tan solo en el trayecto de nuestra casa al coche. ¡No me extraña que estemos tan casados! El cerebelo es la parte en la que se encuentran más del 50 por ciento de las neuronas de nuestro cerebro y donde se localizan la función motora y el equilibrio. Si esta parte está desequilibrada, estaremos gastando una enorme cantidad de energía intentando mantener la cabeza en su sitio y nos preguntaremos por qué nos seguimos olvidando de dónde hemos puesto las llaves. ¡Es hora de recuperar esa energía!

A veces, nos tocará regresar al suelo y arrastrarnos como lagartos, para después volvernos a poner a cuatro patas... Lo que sea necesario para activar el sistema nervioso y que este permita que tu cuerpo vuelva a funcionar correctamente. Cuando lo hayas conseguido, tu vida cambiará para siempre, podrás moverte con libertad y te sentirás joven de nuevo. He visto casos sorprendentes, así que te animo a que empieces a barajar esta posibilidad de inmediato.

Actualmente, existe un potente movimiento, dirigido por algunos de los principales cirujanos ortopédicos, así como por buenos fisioterapeutas y entrenadores físicos, que ayuda a la gente a ponerse en forma de manera funcional y a prepararse para la práctica del deporte. Este movimiento empieza trabajando el equilibrio, la flexibilidad y la postura. Tenemos que calentar ciertos grupos musculares de manera adecuada y activar determinadas cadenas musculares. Si lo hacemos, nuestro cuerpo será menos propenso a lesionarse y podremos volver a disfrutar del deporte. Muchos de estos ejercicios se inspiran en los movimientos que los niños pequeños realizan antes de que les torturemos con las sillas en el colegio. Fíjate en cómo ellos pasan de estar en cuclillas a ponerse de pie con gran facilidad, observa cómo se mueven y descubre de dónde venimos.

Un muy buen ejercicio consiste en mantenerse en un balón BOSU (una base semiesférica con una plataforma plana para apoyarse) con los pies separados a la anchura de los hombros. Coloca los brazos a los lados y cierra los ojos. ¡Ten cuidado! Mucha gente pierde el equilibrio y se cae al principio. Inténtalo hasta que tu cerebro lo asimile y puedas mantener el equilibrio; a continuación, inténtalo con las manos hacia delante, por encima, por detrás y, por último, con una rotación del tronco. Hazlo con los ojos abiertos y después, lentamente, ciérralos e intenta encontrar el equilibrio.

Ponte alarmas en el móvil

Que estemos ocupados no es excusa para no cuidarnos. El monje urbano utiliza la tecnología para transformar su vida y mejorarla. Pon alarmas cada veinticinco minutos que te recuerden que debes levantarte y estirar. Puedes hacer diez sentadillas o flexiones, lo que mejor se adapte a tu desarrollo personal. Inclúyelo en tu agenda y respétalo. Si no está en el calendario, no es lo suficientemente importante. Decide cuáles serán los movimientos que quieres realizar durante el día y organízate para hacerlos a diario. Hacer diez repeticiones de un ejercicio cualquiera te llevará unos treinta segundos y te sentirás mejor, pensarás mejor, tendrás mejor aspecto y rendirás mucho más. Es muy sencillo. Yo, por ejemplo, suelo hacer series de cinco ejercicios con diez repeticiones de cada uno en los descansos.

Otro truco que funciona muy bien con mis clientes de empresas es poner alarmas (en los móviles de los empleados o en los escritorios) para beber un sorbo de agua cada diez o quince minutos. Este acto tiene un doble efecto, ya que nos mantiene hidratados y también activa un antiguo ciclo de bio-rretroalimentación de lo más efectivo: al llenar nuestra vejiga, nos obligamos a analizar el estado de nuestro cuerpo y quizá nos damos cuenta de que tenemos que hacer pis. Entonces nos levantamos, vamos al baño, hacemos nuestras necesidades, volvemos, llenamos la botella de agua, hacemos diez repeticiones de un ejercicio cualquiera, estiramos durante un minuto (o más) y volvemos a trabajar, manteniéndonos así hidratados, en movimiento y ágiles durante todo el día.

No te vas a acordar de hacerlo, así que utiliza el móvil o la alarma del escritorio para recordarlo hasta que se convierta en un hábito.

Teletrabajo

Quizá la economía del futuro se caracterizará por un nuevo sistema de trabajo: la gente trabajará más desde casa y conducirá menos. Piénsalo: si pudieras trabajar desde casa, no tendrías que pasarte dos horas en la carretera para llegar y volver del trabajo. Ahorrarías en gasolina y quizá podrías compartir el coche con tu mujer. Tampoco te fastidiarías la espalda sentado todo ese tiempo mientras conduces, habría menos coches en las carreteras y contaminarías menos. Quizá el futuro de aquellas personas que no trabajan en fábricas pase por una versión más saludable de la conciliación de la vida familiar y profesional, y los únicos vehículos en la carretera sean los camiones de reparto y la gente que va al parque o a visitar a la abuela.

Muchas empresas tecnológicas de éxito ya permiten que sus empleados trabajen desde casa y solo se limitan a supervisar el cumplimiento de sus tareas. Si nos comportamos como adultos y hacemos lo que decimos que estamos haciendo, no habrá problema. Si eres muy bueno en tu trabajo, a nadie le importará desde dónde lo haces. Si les importa, demuéstrales que puedes ser aún mejor. Te pagan para que hagas tu trabajo, no para ver que estás sentado y pareces agobiado. Este modelo de los años cincuenta está totalmente obsoleto, es una patraña y las empresas más innovadoras lo están transformando para que los trabajadores puedan tener una vida más feliz y saludable. Antiguamente, teníamos que estar cerca del teléfono de la oficina; ahora ya usamos móviles. El trabajo no debería ser un problema. Demuéstrales que pueden fiarse de ti y que puedes llegar a ser aún más valioso como empleado si puedes trabajar desde donde quieras.

El monje urbano toma las riendas de su vida y consigue resultados con excelencia y claridad. Deshazte del trayecto al trabajo y conseguirás ese tiempo que tanto deseas para hacer deporte, estar con tus hijos o con tus perros. Libérate del estancamiento y consigue más energía para terminar el trabajo y disfrutar de la vida durante la semana. La libertad está en tus manos, ¡lucha por ella!

Transporte alternativo

Ir andando al trabajo es un sueño hecho realidad e ir en bici es una gozada, pero si tu trabajo está demasiado lejos, quizá puedes ir en tren, compartir un coche o utilizar cualquier otro medio que no implique conducir. En el tren puedes echarte una siesta y leer; en el coche no. Desde luego, si consigues convertir el tiempo de desplazamiento en tiempo de ocio o de ejercicio, ¡habrás ganado!

Si no tienes más remedio que conducir para ir a trabajar, hay un truco que, literalmente, te salvará la vida. Muchas personas conducen coches automáticos; esto implica que el pie derecho es el que trabaja todo el tiempo, mientras que el izquierdo no hace nada. Esto provoca que la cadera derecha se desplace lentamente hacia una inclinación anterior, haciendo que con el tiempo gire hacia delante, ya que esa pierna es la única que trabaja. Si tienes que conducir una hora al día, cinco días a la semana, cincuenta semanas al año, durante varios años..., bueno, creo que te habrás dado cuenta de por qué puede suponer un problema. Yo he tratado a miles de pacientes en esa situación que sufren dolor de espalda, problemas de rodilla, posturales y, por supuesto, de cadera. La única forma de corregirlo, si no te queda otra que conducir, consiste en empujar el pie izquierdo contra la superficie de apoyo que encontrarás a la izquierda de los pedales. Sí, hay una en casi todos los coches y se encuentra justo a la izquierda. Así podrás apoyar el pie izquierdo haciendo que las caderas se equilibren y no vuelvan a rotar hacia fuera ni a la derecha. Con el tiempo, conseguirás solucionar el problema y tu cuerpo sufrirá menos cuando conduzcas.

Llévate el trabajo de paseo

A no ser que tenga que ver un seminario web o revisar algún documento en el ordenador, tengo una nueva norma personal a la hora de coger llamadas: caminar mientras hablo. Es algo que explico a la gente con la que hablo todo el rato y este es el razonamiento que les explico: «Mira, me paso miles de horas al mes al teléfono y, si tuviera que hacerlo en la mesa, me dolería la espalda y engordaría, así que, si no te importa, voy a caminar mientras hablamos y te recomiendo que hagas lo mismo». Yo, como fundador de Well.org, una empresa de salud y bienestar, tengo una buena excusa: tengo que *practicar* con el ejemplo. A lo mejor tú necesitas otra justificación, pero seguro que encuentras una. Quizá si se trata del presidente de una gran empresa, es mejor que te quedes en el despacho en vez de salir a la calle, pero ¿cuántas llamadas tontas contestas al día? Otra opción pasa por conseguir una mesa con cinta andadora y seguir quemando calorías; así, aunque no te dé el aire fresco, podrás moverte. Por último, ¿a cuántos compañeros de trabajo con los que hablas no les importaría que estuvieseis andando? Empieza por ahí.

Yo hago lo mismo con las reuniones. Solíamos celebrar reuniones con nuestros socios un par de mañanas a la semana y encargábamos comida y café para el grupo... ¡Menudo aburrimiento! Decidí cambiar esta rutina y organizar una excursión en su lugar. De este modo, movemos algo de Chi, una persona se encarga de grabar y transcribir la conversación y, después, tomamos notas y hacemos un resumen por la tarde desde nuestros escritorios. Vemos un par de conejillos, algunas plantas en flor, tomamos aire fresco y quemamos 500 calorías *mientras trabajamos*.

Y este es el mensaje con el que te tienes que quedar: no dejes que esas ocho horas de trabajo te detengan. Busca la forma de activar el cuerpo y la mente durante el día, y de reforzar tu resiliencia. Quema calorías, toma el sol y el aire fresco. Así es como hace las cosas el monje urbano. No dejes que el mundo exterior te intimide.

Busca la forma de hacerlo y volverás a la vida. Algún día echarás la vista atrás y te preguntarás: «¿Qué narices estaba pensando?». La vida puede ser maravillosa; da un paso adelante y *no dejes de caminar*.

EL PLAN DE ACCIÓN DE STACY

Stacy está irreconocible. Consiguió que en su oficina le dejaran trabajar desde casa dos días a la semana, recuperando así el tiempo que dedicaba a conducir, ducharse y vestirse. Tuvo que convencer a sus jefes, pero logró que evaluasen durante un trimestre su rendimiento, que había mejorado en todos los sentidos. Cuando sus jefes vieron esta mejora, le dieron libertad para entrar y salir cuando quisiera del trabajo. Realizó un entrenamiento funcional hasta que el entrenador le dio el visto bueno y, entonces, empezó a ir a clase de hip-hop las dos mañanas que no tenía que conducir. Estas clases le permitieron liberar su espíritu y sentirse mucho mejor. El resto de mañanas mezclaba en la batidora proteínas de origen vegetariano de calidad con verduras orgánicas y se las terminaba en el coche para ahorrar tiempo. Los audiolibros para mejorar en su trabajo se convirtieron en la opción favorita de camino a la oficina.

Transformó por completo su lugar de trabajo. Consiguió una mesa para trabajar de pie y fue la impulsora de una iniciativa para llevar calzado cómodo al trabajo. Los directivos acabaron por darle el visto bueno a esta iniciativa, ya que muchas de las empleadas habían firmado una petición condenando los tacones. Además, hace descansos de forma regular y se mantiene activa durante todo el día. Reorganizó las reuniones de mediodía para no tener que comer corriendo y consiguió recuperar ese tiempo para sí misma. Hace varias comidas los domingos y los miércoles para el resto de días y se alimenta bien a diario; come en la sala de descanso y después sale a dar un paseo con un par de compañeros. Poco a poco fueron ganando velocidad y, al final, eran capaces de hacer casi 5 kilómetros al día.

Como trabaja en el Departamento de Recursos Humanos, consiguió una oficina de otro departamento y la convirtió en una sala de relajación. Cualquiera puede utilizarla para relajarse, echar una cabezada o meditar cuando le apetezca. Al principio, los jefes tenían muchos reparos. Sin embargo, en tres meses, los resultados hablaban por sí solos: el ánimo y la productividad de los empleados iba en aumento, mientras que el absentismo y los días por enfermedad empezaron a disminuir. ¡Funcionó a las mil maravillas! Además, como ella abanderó la causa, utilizó esa victoria para poner en marcha más programas de salud en el trabajo: un minigimnasio, tentempiés más saludables en la cocina y un club de senderismo fueron algunas de estas iniciativas.

Por las tardes, Stacy dejó de ver la tele y adoptó un perro, lo cual la obligaba a dar paseos todos los días y a correr por el parque. Así fue como conoció a un chico muy majo en el parque para perros. Es alpinista y le encanta la acampada. A Stacy no le gustan las alturas, pero siempre lo acompaña cuando se va de viaje y disfruta del tiempo que pasa descalza en la naturaleza. Lo aprovecha para leer, estirarse y dar paseos con el perro.

El sol, el aire fresco y el tiempo que se dedicaba a sí misma hicieron que volviera a sentirse viva. Poco a poco fue perdiendo entre 1,3 y 1,8 kilos cada mes y consiguió mantenerse en un buen peso. Además, no ha vuelto a recuperar los kilos perdidos porque, a diferencia del resto de intentos, en esta ocasión no se trataba de perder peso, sino de recuperar su vida.

Stacy empezó por transformar su jornada laboral y, gracias a esto, consiguió unos resultados muy satisfactorios en su vida.

CAPÍTULO 6

Unos kilos de más y una mala imagen de nosotros mismos

Ann nunca se ha sentido a gusto con su cuerpo. Cuando empezó secundaria, estaba un poco rellenita y se acomplejó bastante. En los años siguientes, hizo todo lo posible para cambiar: estaba siempre a dieta y practicaba deporte de forma obsesiva. Le funcionó. Estaba delgada y la gente lo notaba. Se hizo animadora y siguió siéndolo ya en la universidad. A primera vista, tenía una posición envidiable: las chicas querían ser como Ann y los chicos se sentían atraídos por ella; era popular, pero también se sentía desgraciada.

Ann siempre se ha visto gorda y poco atractiva. Con independencia de lo que la gente le dijera, pensaba que se reían de ella, que le estaban mintiendo. Durante las vacaciones de primavera se obligaba a tener varias charlas consigo misma para coger fuerzas antes del verano. Estar delante de la gente en bikini era un infierno para ella: la verían, sabrían la verdad. Solía escaquearse con un par de viajes largos porque era incapaz de enfrentarse a la situación.

Este complejo fue un problema durante toda su época universitaria y también cuando empezó la vida adulta. Dos hijos y un buen marido después, Ann había cogido unos 15 kilos. Después del nacimiento de su primer hijo, fue incapaz de quitarse de encima esos kilos de más a pesar de los incesantes intentos para lograrlo. De hecho, hizo tantas dietas que se quedó sin leche y tuvo que recurrir a la leche de fórmula (algo por lo que todavía se siente culpable). Desde productos depurativos hasta zumos, pasando por campamentos para adelgazar, Ann se gastó una pequeña fortuna intentando dar con la *fórmula mágica* que le permitiera bajar de peso. Pero tras su segundo hijo, se rindió. ¿Qué sentido tenía? Ya estaba cerca de los cuarenta y nada le funcionaba.

Ann odiaba su aspecto y acababa poniendo excusas para no ir a fiestas y otros compromisos sociales que le generaban mucha ansiedad y tristeza. Le recordaban que estaba gorda, que era fea. Todos la veían como una persona agradable, atractiva y amable, pero Ann era incapaz de ver todo eso. Lo único que veía era el fracaso, los michelines y las cartucheras.

El trabajo de su marido requería que ella acudiese y socializase en distintas galas y eventos. Ann lo odiaba y era algo por lo que discutían a menudo. Su marido no podía entender por qué era tan egoísta e irracional. Ella seguía poniendo excusas y se escudaba en que había gente que no le caía bien. Le daba vergüenza contarle la verdadera razón; se avergonzaba de sí misma en general.

Su matrimonio no iba bien, no tenía vida social, sus hijos notaban el mal rollo y Ann sencillamente no podía evitar sentirse así. La imagen negativa que tenía de sí misma estaba destrozando su vida.

Los problemas de Ann no empezaron en secundaria. En esa época su cuerpo empezó a manifestar signos de que no era capaz de seguir compensando. Ann se había criado comiendo cereales con azúcar, leche llena de hormonas y antibióticos, bollería, pasta, pizzas de queso, chucherías y dulces. Su madre solía dejarlos a ella y a su hermano delante de la tele mientras que ella hacía cosas de la casa, y les daba a cada uno una caja de galletas y un zumo de frutas. Ann iba a clases de *ballet* por las tardes y llegaba a casa muerta de hambre. Intentaba no comer porque su profesora tenía una idea muy particular de cómo debía ser el cuerpo de Ann con medias. Dejar que una persona con trastorno alimentario influya en la imagen que una niña tiene de sí misma no es muy buena idea. Ann y sus padres no tenían ni idea de las secuelas que le dejaría esta profesora.

Pero los problemas se remontan a una época todavía más temprana. Ann nació por cesárea; esto significa que no estuvo expuesta a la mezcla vital de buenas bacterias que se transmiten a través del canal vaginal de la madre. Lo habitual en estos casos es que la madre y el bebé tomen antibióticos por precaución. Esto hizo que se generase un ambiente que propició que las bacterias equivocadas colonizaran el intestino de Ann, que fue un bebé con cólicos y apenas dormía. Su madre no le dio el pecho porque el médico la convenció de que la leche de fórmula era mejor. Sin embargo, la leche que tomó, gracias a la *sabiduría* infinita del fabricante, era malísima. Sus primeros ingredientes fueron la maltodextrina, el jarabe de maíz y más azúcar, que sirvieron para alimentar las bacterias malas en el intestino de Ann, haciendo que padeciese estreñimiento, indigestión y extrañas aversiones a ciertos alimentos durante toda su vida. También hizo que fuese adicta al azúcar. «¡Cáptalos mientras son jóvenes, *muy* jóvenes!».

EL PROBLEMA

Con enfermedades como la obesidad, la diabetes o las cardio-patías en aumento, está claro que nos enfrentamos a un problema muy serio. De hecho, los costes sanitarios representarán dentro de poco más del 20 por ciento del producto interior bruto de Estados Unidos. El 80 por ciento de estos costes están generados por enfermedades crónicas causadas a su vez por un estilo de vida inadecuado. Es, por tanto, una tendencia que podemos prevenir e invertir.

Con la aparición de las prácticas agrícolas modernas, un estilo de vida sedentario y una toxicidad generalizada, nuestro cuerpo es incapaz de hacer frente a todos estos cambios y acumula un exceso de grasa. Los alimentos han sido algo totalmente distinto durante millones de años y ahora han cambiado. Analicemos esta situación para poder entender mejor el problema. Cuando lo hayamos entendido, veremos cómo las soluciones pueden ser muy sencillas.

Agricultura moderna

Tras la Segunda Guerra Mundial, decidimos aprovechar la maquinaria industrial que habíamos creado para la guerra y utilizarla en beneficio de la sociedad para mejoría de todos. Era una idea noble, pero que se nos ha ido de las manos en muchos sentidos. Las empresas químicas y petroleras empezaron a fijarse en las prácticas agrícolas y a estudiar cómo podían aumentar la producción. Entonces comenzamos a sobreexplotar la tierra y a utilizar sustancias químicas tóxicas para acabar con las plagas. Los fertilizantes y la ingeniería genética se sumaron al lote y perdimos el norte, cosechando cada vez más productos de la tierra y demostrándole al mundo entero cómo las maravillas de la ciencia eran la solución a todos nuestros problemas. Llenamos los silos y acabamos con el hambre. Fuimos capaces de ayudar a otros países que lo necesitaban y de ofrecer ayuda humanitaria. No parecía para nada una mala idea, pero fuimos demasiado lejos y ahora estamos pagando las consecuencias.

Al sobreexplotar la tierra, agotamos los minerales esenciales que las plantas necesitan. Nuestro cerebro nos pide que consigamos nutrientes, por eso sentimos hambre. En condiciones normales, los alimentos que comemos satisfarían el cerebro al aportarle los elementos que necesita. Sin embargo, los alimentos que comemos actualmente carecen de nutrientes, así que seguimos comiendo más y más sin los beneficios que en teoría deberían aportarnos estos productos. Seguimos llenándonos de calorías vacías sin que el cerebro active una señal de *stop*, puesto que no recibe los nutrientes que tanto necesita.

Nuestros antepasados alternaban algunos cultivos (como las legumbres) para fijar nitrógeno en el suelo y que volviese a ser fértil. Dejaban que las plantas se pudriesen, de modo que el resto de especies que crecían alrededor ayudaban a crear una mayor diversidad, equilibraban las bacterias y, a menudo, repelían las plagas. Los animales vivían en ese mismo terreno y se comían las plagas. Su estiércol servía para fertilizar las cosechas; además, se comían las malas hierbas y convivían en un mismo espacio. Sin embargo, al separar a las plantas de los animales en grandes explotaciones agrícolas, alteramos este equilibrio. El suelo ha sido despojado de sus nutrientes y, por lo tanto, también lo han sido nuestros alimentos. Ahora los animales nadan en sus heces y las plantas se ahogan en el veneno que utilizamos para repeler las plagas.

Sí, las plagas son un engorro, pero ha quedado claro que utilizar pesticidas para acabar con ellas es una medida excesiva, llena de arrogancia e insensatez. Utilizar pesticidas para acabar con todos los organismos que habitan en la tierra no hace sino favorecer un crecimiento excesivo de hongos y otras bacterias resistentes que no responden a unas necesidades agrícolas saludables. Además, estos organismos acaban en nuestros alimentos y nos envenenan. Fíjate en el DDT; fue sin duda una mala opción que ha dejado huella en varias generaciones. Solo porque alguien en un laboratorio químico descubra un nuevo compuesto que pueda parecer prometedor en una probeta no significa que tengamos que apresurarnos y rociar con él los alimentos que comemos.

Ahora estamos intentando dar marcha atrás y abandonar esta tendencia demencial. Nos hemos dado cuenta de que hay muchísima gente enferma por culpa de esta sobreexposición y de toda la mierda que les hemos inyectado a nuestra comida y a nuestro medio ambiente. Esta situación nada tiene que ver con la vida de nuestros antepasados, en la que los alimentos eran puros, naturales, orgánicos por defecto y frescos. Si analizamos el camino que hemos recorrido desde esta unión primitiva con la naturaleza hasta el repentino aumento de las enfermedades modernas, veremos que la correlación es sobrecogedora.

En los primeros estadios de las investigaciones de cáncer, algunos médicos *insolentes* se atrevieron a insinuar que el tabaco podía estar provocando un aumento de los casos de cáncer. Fueron ridiculizados y condenados al ostracismo. Por aquel entonces, un famoso médico llegó a afirmar que el aumento de la incidencia del cáncer tenía las mismas posibilidades de estar provocado por el tabaco que por las medias de nailon, que habían inundado el mercado en la misma época en la que el tabaco y los casos de cáncer habían hecho su irrupción. Dado que mucha gente fumaba, era difícil aislar los casos y encontrar la causalidad. Sin embargo, a medida que aumentaron los estudios, los investigadores tuvieron su momento «oh-oh» y ahora todo el mundo sabe que fumar provoca cáncer de pulmón.

Creo que estamos viviendo algo similar con todos esos venenos químicos que hemos introducido en nuestro medio ambiente. Hay tanta mierda ahí fuera que resulta difícil aislar la *causa exacta* del aumento de los casos de cáncer, las enfermedades autoinmunes, el autismo y quizá algunos casos de diabetes. Si te fijas en su evolución, verás cómo coincide con nuestra era industrial y la ideología de «vivir mejor gracias a la química». ¿Y si el efecto acumulativo de todas estas toxinas estuviese provocando el aumento de enfermedades? ¿Y si, dentro de veinte años, tuviéramos que echar la vista atrás y preguntarnos qué narices estábamos pensando para meter toda esa mierda en la comida?

El monje urbano lucha contra esto y forma parte de la solución, no del problema. No podemos esperar a que el barco se hunda. Es nuestro planeta. Se lo debemos a nuestros hijos.

El azúcar es una droga

Uno de los momentos más oscuros de nuestra historia fue el periodo de la esclavitud. Representó una parte sólida y robusta de la economía del Nuevo Mundo y muchos de los actores del Viejo Mundo se apuntaron al chollo. Hacía falta mano de obra para explotar los abundantes tesoros y recursos del Nuevo Mundo y, gracias a algunos sinvergüenzas, embarcaciones cargadas de esclavos africanos empezaron a llegar con trabajadores para las plantaciones.

Uno de los principales cultivos comerciales que impulsó la economía del comercio de esclavos fue el azúcar. Las élites del Viejo Mundo lo habían probado y estaban (literalmente) enganchadas. Esta adicción generó una gran demanda de más y más caña de azúcar y arrastró a más gente a la esclavitud. De hecho, la adicción al azúcar (y al tabaco) en Europa constituía uno de los principales motores que impulsó el flujo constante de personas que eran arrancadas de sus hogares y enviadas a trabajar en las plantaciones.

Se podría decir que el azúcar estimuló la demanda de esclavos, pero, al final, *todos* nos hemos convertido en esclavos del azúcar. Mucho después de que las heridas de la esclavitud empezasen a cicatrizar (aunque todavía muchas de ellas siguen abiertas), la adicción al azúcar que hemos desarrollado ha desbordado nuestro sistema sanitario. Resulta que el azúcar es diez veces más adictivo que la cocaína y que activa centros del placer en el cerebro que hacen que queramos más y más. Estamos enganchadísimos y las consecuencias de esta adicción empiezan a ser visibles: el azúcar altera los niveles de glucemia, debilita nuestro sistema inmunitario, nos hace almacenar más grasa y alimenta las bacterias malas de nuestro intestino.

Cuando pienses en el azúcar, no solo pienses en la sustancia blanca. El desarrollo del jarabe de maíz de alto contenido en fructosa permitió que las grandes compañías alimentarias se apoderasen de un monocultivo subvencionado con nuestros impuestos y lo refinasen convirtiéndolo en *superazúcar*. Los fabricantes de alimentos ponen esa basura en todos los alimentos y es lo que nos está haciendo engordar. Años de mala información y confusión nos han hecho pensar que el problema era la grasa. Sin embargo, según mi amigo Mark Hyman, doctor en Medicina, uno de los problemas más serios que tenemos es la palabra *grasa*. Las cosas que comemos y las cosas que almacenamos no son lo mismo, y el mal uso de esta palabra ha generado una gran confusión en torno a la pérdida de peso. El azúcar refinado también hace que engordemos. Se almacena rápidamente en forma de grasa porque el cuerpo no puede soportar la explosión de calorías que nos proporciona el azúcar. Las grasas saturadas buenas son necesarias para el cerebro y la síntesis de hormonas; se queman y no son nocivas para la mayoría de la gente. El azúcar y, en especial, la fructosa se convierten en grasa corporal con mucha facilidad y ahí es donde está el problema.

Hidratos de carbono para alimentar al mundo

El azúcar es un hidrato de carbono, es decir, un macronutriente que utilizamos como una de nuestras principales fuentes de energía. Una de las grandes mentiras que nos hemos tragado es que una caloría era una caloría y, si éramos capaces de obtener una gran producción de trigo, soja y maíz, produciríamos suficientes calorías para alimentar al mundo entero; problema resuelto. Lo que no tuvimos en cuenta es que estos monocultivos destrozarían la tierra, nos alimentarían con calorías vacías que se almacenarían en forma de grasa, y destruirían la biodiversidad.

Los hidratos de carbono complejos se descomponen bien y nos proporcionan la energía que tanto necesitan nuestras células. Su acción se atenúa gracias a la fibra natural y no están diseñados para contener más azúcar de la que podemos soportar. Aun así, un exceso de algo bueno *no* es saludable. Solo porque los hidratos de carbono complejos hagan las veces de combustible, no quiere decir que podamos hincharnos. Lentos y constantes: así son los procesos biológicos, y así es como nos hemos adaptado a consumir calorías de los carbohidratos. El postre con miel o la fruta dulce que tomaban nuestros antepasados de vez en cuando se compensaban con la fibra, las proteínas, las grasas y el agua de su dieta. Los dulces eran algo excepcional y por eso eran especiales. Hoy en día, sin embargo, cualquiera puede comerse un megapostre en la comida y no pasa ni media.

Así pues, los alimentos procedentes de la agricultura industrial tienen cada vez menos nutrientes y más calorías. Nuestro cerebro nos pide que le demos nutrientes, pero, si los alimentos que comemos no nos los aportan, da igual cuánta basura vacía engullamos... Seguiremos sintiéndonos insatisfechos y hambrientos.

Exposición a sustancias tóxicas y cómo reacciona nuestro cuerpo

Aproximadamente el 70 por ciento de nuestro sistema inmunitario se encuentra en los intestinos porque son el punto de contacto principal entre *nosotros* y el mundo exterior. Durante miles de años, nuestro cuerpo ha evolucionado y se ha adaptado a las sustancias naturales. Así pues, cuando reconoce una sustancia como buena, la transporta y la utiliza como combustible o recurso nutritivo. Cuando un elemento es considerado como una amenaza, el sistema inmunitario se moviliza y lucha para eliminarlo a toda costa. Si se da la voz de alarma y nuestras tropas se movilizan, quemaremos enormes reservas de energía. Estamos, efectivamente, en guerra y enviamos tropas a combatir al ejército invasor. Si esto sucede de vez en cuando, no pasa nada, pero una exposición continua desgasta nuestro sistema inmunitario y agota nuestras reservas de energía. Un ejército cansado tiene más posibilidades de ser atacado por su propio bando y es más propenso a volverse contra sí mismo. Estamos siendo testigos de un gran aumento en el número de enfermedades autoinmunes y es probable que el agotamiento del sistema inmunitario sea la causa. Soportamos el ataque de tantísimas nuevas toxinas que nuestro sistema se pone nervioso y activa los tejidos sanos.

Por el contrario, también es posible que el sistema inmunitario no se active frente a sustancias extrañas, que consiguen pasar inadvertidas. Esto sucede con el mercurio, el arsénico, el plomo y otros metales pesados. El cuerpo suele darse cuenta de que son agentes extraños pero, en lugar de organizar un ataque, decide apartarlos en algún lugar en el que no causen ningún daño. Estas sustancias que el cuerpo decide almacenar en lugares apartados se acumulan en los adipocitos, los huesos y el cerebro.

Cuando acumulamos toxinas y metales en nuestros adipocitos, las células los aíslan y los mantienen al margen del resto de operaciones diarias de nuestra fisiología. Esto funciona hasta que un día nos levantamos y decidimos que estamos demasiado gordos. Entonces empezamos a pasar hambre, vamos a un campamento para adelgazar o hacemos cualquier dieta de choque, y recurrimos por fin a esa grasa almacenada en busca de energía. Los metales y las toxinas salen de la cárcel y se reinsertan en el torrente circulatorio. El cuerpo se da cuenta de lo que está pasando y avisa a la glándula tiroidea para que ralentice el metabolismo y así podamos acumular más grasa y volver a encerrar a los tipos malos. No pueden estar deambulando por las calles, así que la única opción pasa por volverlos a encerrar en los adipocitos. Bienvenidos al efecto rebote que todos hemos experimentado. A continuación, hablaremos de cómo deshacernos de estas toxinas y evitar esta montaña rusa de kilos.

Otro lugar en el que las toxinas y los metales se almacenan son los huesos. Normalmente, no nos damos cuenta hasta que, con la edad, las hormonas cambian y empezamos a echar mano de los huesos para compensar el déficit de calcio. Ahí es cuando liberamos estos agentes tóxicos. De repente, nos sentimos hechos polvo; imagínate por qué. Igual que en el caso anterior, las toxinas se liberan y el cuerpo es incapaz de lidiar con ellas, así que la única opción vuelve a ser almacenar estas toxinas en la grasa o los huesos para evitar un daño mayor. A veces, estas toxinas desalojadas acaban en el cerebro y esto sí que supone un serio problema.

El microbioma

Una manera de regular nuestro sistema inmunitario, aislarnos de las toxinas, absorber mejor los alimentos y desalojar a los molestos invasores es teniendo una relación simbiótica con algunas cepas bacterianas saludables de nuestro cuerpo. El microbioma no solo está en los intestinos, también está en la nariz, la garganta, el tracto urinario, los genitales, nuestra piel, así como en todo el sistema digestivo, desde la boca hasta el ano. Existen billones de bacterias buenas por todo el cuerpo que sirven de apoyo a nuestros procesos vitales.

Estas bacterias colaboran con nuestro cuerpo y nos ayudan a mantenernos con vida. Vivimos juntos para prosperar y adaptarnos. Nuestra amiga Ann nunca estuvo expuesta a este *regalo de la vida* por la forma en la que vino al mundo, así que, sin el apoyo de esta red de vida bacteriana, tenía sitio de sobra para que otros virus oportunistas se asentasen y empezasen a actuar. Estas bacterias malas se suelen alimentar de azúcar y son las que desatan los antojos de Ann. Algo fascinante que estamos aprendiendo del microbioma es que gran parte de nuestra expresión genética proviene del ADN bacteriano. Este hecho abre la puerta a un diálogo sobre quiénes somos, puesto que consideramos que nuestro *yo* se basa fundamentalmente en el resto de formas de vida que habitan en nuestro interior. De hecho, esta transferencia mantiene vivo el concepto del karma. El papá besa a la mamá y comparten bacterias intestinales. El bebé (en condiciones ideales) nace por el canal vaginal y está expuesto a esta *fuente* de vida totalmente exclusiva. Lo bueno, lo malo y lo feo se transfieren así de generación en generación. Este hallazgo amplía los límites de la medicina prenatal y abre un interesante debate sobre cómo nos cuidamos mucho antes de que llegue el bebé.

Exponernos a las bacterias buenas durante la vida es fundamental y nuestra capacidad para encontrar un equilibrio saludable entre los tipos buenos y los patógenos es lo que determinará realmente nuestra salud general. ¿Cómo podemos coexistir con la vida que nos rodea? ¿Nos la cargamos o de verdad interactuamos con ella?

Resulta que los hidratos de carbono con un alto contenido en almidón y los alimentos azucarados alimentan a muchas de estas colonias nocivas. A los hongos levaduriformes y las cándidas les encanta el azúcar. También al cáncer. El problema que presenta la dieta estadounidense es que primero alimenta a estos monstruos y después nosotros tomamos antiácidos y antibióticos cada vez que el cuerpo nos envía una señal de alarma. Los antibióticos siguen reiniciando todo el sistema al matar todo aquello que encuentran a su paso y, puesto que no tenemos una dieta rica en alimentos fermentados, le damos vía libre a los tipos malos para que vuelvan a instalarse en nuestro cuerpo. La buena noticia es que, si prestamos atención a lo que comemos y a cómo lo comemos, podemos darle la vuelta a la situación. Nuestro cuerpo es resiliente y dinámico, así que voy a compartir contigo algunas estrategias dietéticas que te permitirán restituir tu intestino al final de este capítulo.

Síndrome del intestino permeable

El intestino permeable es un síndrome que hace que el revestimiento de nuestros intestinos esté en peligro. Se produce cuando comemos alimentos que nos provocan inflamación o alergias alimentarias, o cuando, sin darnos cuenta, consumimos toxinas que dañan las paredes celulares. Básicamente, muchos de nosotros padecemos cierto grado de intestino permeable por culpa de toda la mierda que comemos. El trigo, el maíz, la soja, los productos lácteos, los cacahuetes y el alcohol afectan negativamente a muchas personas, y en los últimos años hemos visto cómo aumentaban exponencialmente las alergias y la sensibilidad a estos alimentos. Puede que ahora comas de forma saludable, pero ¿ha sido siempre así? Si la respuesta es afirmativa, me alegro por ti y dales las gracias a tus padres. El resto de nosotros hemos comido buenas raciones de patatas fritas, hamburguesas con queso y refrescos antes de darnos cuenta de que ese tipo de comida nos hacía daño.

El síndrome del intestino permeable aparece cuando se forman pequeños agujeros en el intestino que permiten que las partículas de alimentos entren a la circulación sanguínea, haciendo que nuestro sistema inmunitario se vuelva loco y ataque, y provocando mayor inflamación y una guerra sin cuartel. El cuerpo identifica sustancias extrañas en el lado equivocado de la muralla y organiza una respuesta inmunitaria para defender el reino. Esto activa la síntesis de anticuerpos contra las diferentes partículas que consiguen traspasar la barrera y explica el aumento de alergias alimentarias que se ha producido en Occidente. Primero se manifiestan en forma de gases, hinchazón, cansancio tras las comidas e indigestión, para después ir a peor. La somnolencia postprandial (cuando te sientes extremadamente letárgico después de comer) es una señal de que estamos enfermos. Los antojos no son un estado natural. La comida no debería ser un castigo; debería hacernos sentir bien.

SABIDURÍA DE MONJE URBANO

Hay mucho más espacio vacío en nuestro cuerpo que materia. Estamos tan centrados en la materia que no somos capaces de alcanzar una comprensión realmente profunda de aquello que existe en primer lugar: un *estado*, simplemente eso. Tenemos en realidad tan pocas *cosas* en comparación con el espacio vacío que, de hecho, muchas de las ondas, corrientes, campos y fluctuaciones del universo simplemente circulan *a través de* nosotros. Incluso aquellas partes que sentimos que son tan reales, como por ejemplo las manos, en realidad no tocan nada; lo que sentimos es la repulsión de los electrones que rodean nuestras manos contra los electrones de los objetos o las personas con las que entramos en contacto. Lo que vemos y sentimos como *material* es un estado de vibración de determinados átomos de nuestro universo. Algunos existen en forma de gas, otros en forma de líquidos y otros en forma de plasma. Van y vienen, como nosotros. Establecen vínculos y todos ellos se formaron gracias a la reacción de fusión de las estrellas.

Todos los átomos de nuestro cuerpo —y todo aquello que consideramos *nosotros*— provienen de las estrellas. Somos mucho más interesantes de lo que pensamos, y por eso el monje urbano intenta profundizar en el misterio de la vida misma.

Piénsalo: ya has perdido varios kilos en tu vida y has añadido otros tantos. Unas células nacen y otras mueren cada día. De hecho, tu cuerpo ya ha reemplazado billones de células y lo sigue haciendo cada día. Quemas mucha grasa y almacenas otra tanta. Es una cuestión de índice de quema de calorías. ¿Quizá estás almacenando un pelín más de lo que estás quemando?

¿Has cogido unos 5 kilos durante el último año? Si es así, la buena noticia es que has sido capaz de quemar casi todos los kilos que has ganado durante los últimos meses; solo te han faltado esos 5 kilos. ¡No está nada mal! Quizá sean 5 kilos más los 20 que has acumulado durante los últimos cuatro años, pero sigue sin ser gran cosa en un plano más general. Solo tienes que ajustar tu índice de quema de *materia*. Pero, para poder entender este principio, primero tenemos que plantearnos algunas preguntas:

¿Quién quema esta grasa en primer lugar?

*¿Quién eres tú, en todo caso,
y qué estás haciendo aquí?*

*¿De qué va todo esto y cuál es el sentido
de la vida?*

Este es el ingrediente clave que mucha gente no tiene en cuenta cuando se propone perder peso. Estamos tan obsesionados con la talla, los centímetros de nuestra cintura y nuestra apariencia que nos hemos olvidado de analizar cómo nos sentimos y, aún más importante, *quiénes somos*.

El monje urbano llega hasta lo más profundo para encontrarse a sí mismo en primer lugar. Esta es la única forma real de controlar tu peso, todo lo demás es secundario. ¿Qué significa que hayamos nacido a partir de las estrellas? ¿Qué querían decir nuestros antepasados cuando hablaban de eternidad? ¿Cómo encajamos nosotros en todo este esquema? ¿Podemos tan siquiera llegar a entender el papel que desempeñamos? Estas son las preguntas básicas.

Una vez que hayamos respondido estas preguntas, podremos abordar asuntos secundarios sobre cómo comemos, nos movemos, jugamos y quemamos energía. Sin sentido y propósito, seguiremos dando vueltas y ocupándonos de tonterías todo el rato. Sin un centro de verdad, no existe un marco referencial ni ningún motivo real para *preocuparnos* de perder, ganar, mantener o soportar el peso. Al fin y al cabo, ¿por qué debemos preocuparnos?

Come como un monje

El respeto es el concepto clave a la hora de abordar cómo debe comer un monje urbano. Debemos mostrar respeto por los alimentos que tenemos delante de nosotros y por su origen. Al fin y al cabo, nuestros platos son los altares sacrificiales en los que colocamos la *vida* que ingeriremos para nuestro propio beneficio. Es algo muy fuerte. La planta, la fruta, el animal, el pescado o lo que sea que te vayas a comer *ha muerto por ti*. Cogemos esta vida, la descomponemos, la convertimos en energía y nutrientes, y alimentamos la máquina que nos permite seguir adelante. Por eso resulta tan importante comer cosas que están o han estado recientemente vivas y productos naturales que procedan solo de la tierra, puesto que poseen mucha más fuerza vital.

El elemento central de todas las prácticas monásticas en torno a los alimentos es el agradecimiento. ¿Estás agradecido por la vida que yace ante ti? ¿Por qué es tu vida más valiosa que la vida que te estás comiendo? ¿Qué te hace tan especial y, *más importante aún,* qué vas a hacer con tu vida para merecértela?

Si la cadena de vida y amor a tu alrededor te apoya y favorece tu crecimiento, ¿cómo se lo vas a devolver? ¿Qué papel desempeñas en la naturaleza y cómo contribuyes a preservar el ecosistema que te alimenta y apoya?

El conjunto de la cultura occidental vive alejada de este razonamiento. Si no tenemos en cuenta nuestra conexión con la vida, el significado, el propósito y nuestro papel en todo este gran esquema, nos volvemos capaces de masticar chicle, tirarlo por la ventanilla y seguir conduciendo como si nada. Somos más proclives a utilizar vasos de poliestireno, aunque sepamos que son malos para el medio ambiente, solo porque llegamos tarde y no tenemos una taza. Compramos alegremente los huevos más baratos procedentes de gallinas torturadas porque no hemos tenido que ser testigos de su sufrimiento ni de las pésimas condiciones en las que se crían.

Tomar conciencia de los alimentos
es tomar conciencia de la vida.

El monje urbano decide parar y respirar antes de cada bocado. Da gracias por los alimentos que tiene delante y *lo siente de verdad*. El monje urbano se siente profundamente agradecido por aquello que recibe y nunca da la vida por sentada. Se compromete a hacer algo valioso con ella para *merecer* así el derecho a arrebatar otra vida y, aun así, se sigue sintiendo humilde y agradecido. No sabemos por qué hemos sido elegidos para seguir adelante y mañana mismo nos puede atropellar un autobús y desaparecer, así que ¿en qué consiste el presente? ¿Cómo de dispuesto estás a vivir tu vida plenamente?

Nos alejamos de la sabiduría sobre los alimentos cuando empezamos a verlos como simples calorías dentro y fuera de nuestro cuerpo. Los alimentos deben ser la piedra angular de los *rituales* que incorporas a tu vida. Si somos lo que comemos, empieza por mejorar la calidad de los alimentos que compras e ingieres. Frena un poco y da gracias por cada bocado. Saborea de verdad la experiencia de comer. Otra pieza clave es masticar, el momento en el que realizamos buena parte del trabajo de predigestión de la comida y que representa una fase clave en todo este proceso. Si no comemos despacio, no podremos masticar lo suficiente cada alimento, de forma que tu intestino tendrá más trabajo y tú te volverás más perezoso, menos eficiente y menos consciente del proceso.

VIAJES PERSONALES

Cuando era monje, solía tomarme miniperiodos sabáticos por todo el mundo. Una vez fui a Waimea Canyon, en la isla de Kauai, donde hice un ayuno a base de agua durante cinco días y me dediqué a hacer mis ejercicios de *chi kung* y meditación. Los primeros días no fueron fáciles porque mi glucemia era muy inestable y mi cuerpo se estaba purificando. Pero después, algo mágico sucedió. Empecé a quemar grasa y experimenté una claridad excepcional. Me sentía más ligero a cada momento y empecé a ser consciente de algunas partes de mi vida en las que estaba obviando una dura realidad. Me enfrenté a muchos de mis demonios y me deshice de mucho Chi estancado. A la vuelta, todo el mundo lo notó. Había activado mi campo de energía e irradiaba luz. ¿Por qué? Pues porque, al pasar varios días bebiendo del sol y dejando que mi cuerpo se deshiciera de las impurezas, me había deshecho de lo viejo. Estaba limpio, tenía luz, era feliz y me sentía motivado. *Este estado* es nuestro derecho.

En los monasterios, el acto de comer representa una de las herramientas más poderosas para conseguir plena conciencia y atención en nuestra vida, ya que este acto es uno de los que más inadveretidos pasan. Al fin y al cabo, llevamos haciéndolo toda la vida y es algo que damos por hecho. Ser conscientes y prestar atención a los alimentos es un paso fundamental para despertarnos y tomar conciencia en nuestra propia vida.

Comer alimenta tu Chi, tu Chi alimenta tu espíritu

La calidad de los alimentos que comemos está relacionada con la calidad de la energía que tenemos en nuestro sistema. Ten en cuenta que estoy hablando de *calidad* y no de *cantidad*. Estamos tan atrapados por la mentalidad del «cuanto más, mejor» típica del capitalismo que nos hemos olvidado de un componente esencial que conforma nuestra fuerza vital. En concreto, la calidad de la energía que obtenemos de la naturaleza conlleva su depuración en un espíritu más limpio y brillante. Es importante recordar que la energía llega en distintas frecuencias. Cuanto más alta sea esta vibración, más luz tendremos y más brillaremos. Todo aquello que está más cerca de la pureza del sol y de los sistemas naturales contiene una vibración más limpia. Esta es la esencia de las antiguas tradiciones alquímicas, un conocimiento que, sin embargo, ha perdido el mundo moderno. La vida emite luz y nosotros somos esa luz. El consumo de alimentos permite que nuestra luz siga brillando, pero no todos los combustibles son iguales. Sin veneración y respeto por las vidas que acabamos de sacrificar, estaremos alimentando una enfermedad espiritual que infecta nuestro propio ser. Si aprendemos a llevar el principio «somos lo que comemos» hasta el último nivel, seremos conscientes de que todo lo que consumimos pasa a formar parte de nosotros.

Ayuno

Una práctica fundamental en muchos entornos monásticos es el ayuno, que nos ofrece la oportunidad de descansar de los alimentos sólidos para reparar el intestino, limpiar la sangre y pensar en la vida con mayor claridad. Al reducir la carga de trabajo de nuestro sistema digestivo, le damos la oportunidad de limpiarse. Cuando ayunamos, desviamos parte de la energía que gastamos en descomponer los alimentos para la reparación de nuestro revestimiento intestinal. Al detener el bombardeo de riesgos, le damos un respiro a nuestro sistema inmunitario y permitimos que las células del páncreas y del estómago se revitalicen, ya que no tienen que generar un flujo constante de enzimas digestivas. Un ayuno adecuado debe incluir tés o fluidos que favorezcan el tránsito intestinal, de forma que el proceso de ayuno también sirva de apoyo para las vías de desintoxicación.

No solo es bueno para nuestra salud y nuestro bienestar, sino que también hace que nuestra vida sea más simple. Al no tener un flujo constante de alimentos, llegamos a apreciarlos más. Pensamos en lo que comemos y lo echamos de menos. Los constantes retortijones de hambre nos hacen ser más conscientes de nuestro cuerpo y de sus necesidades.

Cuando ayunamos, también sucede algo importante: nuestro cuerpo empieza a descomponer las células adiposas almacenadas en un proceso denominado cetosis. Es una forma muy eficaz de proporcionar energía al cerebro, y, de hecho, la excepcional claridad que mucha gente experimenta al hacer un ayuno puede estar relacionada con este proceso. Es más, nuestros antepasados ya conocían este fenómeno y descubrieron que podían sumergirse en una meditación mucho más profunda durante los periodos de ayuno. Piénsalo: Jesús, Moisés, Buda, Mahoma, Gandhi y muchos otros personajes famosos tuvieron experiencias místicas *durante sus ayunos*. Es una eficaz y conocida tradición espiritual que ha resistido el paso del tiempo por una razón: funciona.

Ayunar nos ayuda a relativizar y nos permite tomarnos un día para contemplar la vida y apreciar el verdadero significado de las cosas. Nos ayuda a mantener los pies en la tierra y a no dejarnos llevar por el ruido que nos distrae de la vida, la naturaleza, el amor y la verdad. La clave consiste en tomarse un día para bajar el ritmo y hacer algunos ejercicios espirituales. No ayunes en un día normal de trabajo con plazos de entrega y mil marrones. No conseguirás nada. Haz un ritual y detente. Yo también realizo un voto de silencio los días que almuerzo. Así reservo el aliento y conservo dentro la energía.

George Bernard Shaw dijo: «Cualquier loco puede ayunar, pero solo las personas sabias saben cómo interrumpir el ayuno». Es un grave problema que he detectado en muchas personas modernas que intentan imitar las prácticas ancestrales, y que ha hecho mucho daño. Si vas a hacer un ayuno a base de agua durante un día, tendrás que volver a tomar alimentos de forma lenta y progresiva, empezando con un caldo, después con una sopa combinada, luego con verduras al vapor y, por último, con alimentos sólidos al día siguiente. La clave consiste en volver poco a poco a los alimentos y, a nivel espiritual, en conectar profundamente con aquellos productos con los que rompes el ayuno. Dar las gracias por la energía que dejas entrar en tu cuerpo a la fuente de la que procede es una forma muy eficaz de reconectar con la naturaleza y el sentido. Saltarse esta parte es absurdo; si no vamos a hacerlo bien, más vale que no ayunemos.

Sopas

Como ya comentamos en el capítulo tres, el uso del fuego optimizó extraordinariamente nuestra capacidad para extraer energía y nutrientes de las fuentes alimenticias. De hecho, si analizamos las habilidades del ser humano a lo largo de la historia, veremos cómo el tamaño de nuestro cerebro aumentó de forma exponencial cuando aprendimos a aprovechar al máximo los nutrientes cocinando. Supuso un salto de gigante para nuestro desarrollo y nos permitió avanzar. De hecho, la cábala establece que todos los animales tienen acceso a los elementos, pero el *fuego* es el reino de los humanos y lo que nos ha diferenciado. Es un privilegio que tenemos que aceptar con respeto y sin arrogancia, a diferencia de lo que muchas personas de nuestra especie acostumbran a hacer. En la sección de recursos del libro incluyo un par de recetas de sopa que podrás utilizar. Cocinar comidas fáciles de digerir, ricas en nutrientes y que no supongan una gran carga para el cuerpo es algo extremadamente útil. Las sopas nos ayudan a recuperar la vitalidad y nos aportan la energía que necesitamos para vivir plenamente.

PRÁCTICAS ORIENTALES

Ensúciate

Nuestro intestino es el origen de nuestro ser y el lugar en el que se absorben los nutrientes. Es además el lugar en el que interactuamos con las distintas formas de vida que nos rodean y conectamos con la madre naturaleza de forma poderosa. Nada nos une más que participar en el proceso de cultivo de nuestros alimentos. Tanto si tienes una encimera en la cocina como si dispones de algo de espacio en el jardín, aprender a conectar con los alimentos mediante su cultivo es una experiencia increíblemente gratificante y terapéutica. Puedes recurrir a la red de la Agricultura Apoyada por la Comunidad* para hacerte con la mayoría de tus verduras o ir al mercado de productores todas las semanas, pero completar la compra con *algo* que hayas cultivado tú mismo. Es una forma única de ver el ciclo de la vida y de participar en él. Puedes utilizar procesos orgánicos y conseguir lombrices de tierra para ayudarte. Cuando empieces, descubrirás lo maravilloso que es comer alimentos cultivados por ti. Yo mismo he visto cómo algunos niños, al entablar una relación con una planta y sembrar cualquier alimento, superaban serias aversiones a la comida. Es un acto profundo, significativo y relevante. Te tomarás el tiempo necesario para comerte lo que has cultivado y te lo pensarás bien antes de cocinarlo. Además, las bacterias beneficiosas que acompañan a la tierra orgánica y a las buenas prácticas de

---

* La Agricultura Apoyada por la Comunidad (CSA, por sus siglas en inglés) es un modelo socioeconómico basado en la asociación entre un productor agrícola y una comunidad de consumidores. *(N. de la T.)*.

cultivo te servirán de nutrientes. Lo que hagas con los restos orgánicos también cambiará la visión que tienes de la basura.

Este ejercicio es de obligado cumplimiento para cualquier persona que quiera de verdad volver a entablar una relación positiva con los alimentos. Además, ¿qué tipo de animal sería tan estúpido como para olvidarse de cómo sobrevivir en el entorno mismo en el que ha evolucionado? Si las cosas se ponen feas, ¿serías capaz de producir comida para alimentar a tu familia? Un monje urbano seguro que sí. Aquí tienes una guía para empezar a crear tu huerto doméstico:

well.org/homegardening.

Verduras al vapor

Ya hemos hablado de cómo la forma de cocinar nos puede ayudar a aprovechar al máximo los nutrientes de los alimentos y digerirlos mejor. Es un factor clave que nos permite estar sanos y mantenernos en forma. Ayuda a tu cuerpo a descomponer los alimentos y tu cuerpo te recompensará con más energía. Las verduras ligeramente cocinadas al vapor conservan los nutrientes al tiempo que realizan parte del trabajo de masticación por ti.

Además, las verduras al vapor contienen mucha agua y fibra, lo que permite mitigar un aumento excesivo de los niveles de azúcar y de cortisol. Te ayudarán a saciarte con buenos ingredientes que no engordan. Si hay un elemento imprescindible en la dieta del monje urbano, esas son las verduras, normalmente cocinadas al vapor, en sopas o, si puedes comértelas, crudas.

Y, hablando de verduras, te aconsejo que consigas col orgánica (o, mejor aún, la cultives) y la fermentes para preparar chucrut. Encontrarás una receta en la sección de recursos.

Arroz

No podemos hablar de la dieta de los monjes sin hablar del arroz. Los platos sencillos a base de arroz y verduras son un elemento imprescindible en el menú de muchos monasterios. El arroz es un cultivo esencial en muchas regiones del mundo y el riesgo de padecer alergias es mucho menor que el de otros cereales como el trigo. De hecho, el símbolo chino para el Chi es el arroz. Nos aporta energía. Antiguamente, cuando había que hacer grandes esfuerzos, el arroz nos proporcionaba la base de hidratos de carbono necesaria para continuar. En la actualidad ingerimos más calorías de las que necesitamos, así que comer arroz puede ser todo un reto si queremos perder peso. También existe una creciente preocupación en torno a determinadas cosechas de arroz con un alto nivel de arsénico, por lo que es importante que nos aseguremos bien del origen de los cultivos. Limita el consumo a dos porciones en la cena (entre una y tres noches a la semana) con algo de verduras y carne magra (si comes carne) y no tendrás ningún problema. No comas carne solo con arroz, ya que no te proporcionará la fibra ni la humedad necesaria para que circule correctamente por el sistema digestivo. Puedes tener gases y eructar mucho; es la forma que tiene tu cuerpo de decirte que no está contento con la mezcla. Si todavía necesitas perder algo más de peso, elimina el arroz de la dieta hasta que tu metabolismo vuelva a estar a tono. Entonces podrás utilizar el arroz como cereal principal junto con la quinoa y el amaranto. Básicamente, los cereales nos proporcionan un rápido acceso a la energía (han sido el sustento principal de diversas civilizaciones) y nos permiten seguir adelante. A muchas personas les hincha, así que tendrás que analizar cómo te sientan y sopesar los pros y contras.

Alimentación consciente

El monje urbano vuelve a convertir la comida en un ritual que representa una oportunidad única de conectar con el tiempo, la respiración, los alimentos, las personas y la vida. Reestructura tu calendario y empieza a sacar más tiempo para las comidas. Yo reservo en mi agenda huecos para las comidas y así consigo dedicarles el tiempo que se merecen. Si no planeas las comidas, acabarás engullendo a toda prisa entre unas cosas y otras; acabarás dispersando tu mente y tu alma. Antiguamente esto era impensable y teníamos una vida mucho más sencilla en la que nos limitábamos a cuidar de nuestras plantas, preparar la comida, comer, limpiar y tener una buena conversación.

La cultura de la comida precocinada impulsada por la industria alimentaria nos expulsó de nuestras casas y nos sacó de nuestros cuerpos y almas. ¡Devolvédnoslos! Haz de la comida algo divertido y sagrado.

Disfrutar de una buena comida y saborear los alimentos también nos ayuda a digerir y asimilar mejor. Aprender a dar gracias por *todo* lo que tenemos en la vida es un gran paso si queremos liberar a nuestro yo consciente del autoengaño de la separación, y la comida es un buen lugar para empezar. A fin de cuentas, comemos un par de veces al día y solemos hacerlo de forma consistente, así que es una buena forma de establecer un ritual; puedes aprovechar algo que se haya convertido en rutinario e incluir algún truco que mejore este ritual. Invita a tus amigos a comer, reír y pasar un buen rato juntos. Ser reverente no significa ser aburrido ni demasiado serio. No tienes que comportarte de manera rara ni incomodar a la gente; con decir algo así es suficiente: «Me gustaría dar las gracias por esta maravillosa comida que vamos a disfrutar en compañía de grandes amigos».

Debes entender que todo aquello que entra por tu boca se convertirá en una parte de *ti* durante los próximos días y semanas. Literalmente, te vas a convertir en lo que comas, así que ser consciente de esto te ayudará no solo a evitar comidas poco saludables, sino también a crear un vínculo con tus alimentos, amigos y familia que te permitirá apreciar con mayor claridad el ciclo de la vida del que todos formamos parte.

Ayuna correctamente

Ayunar sin una profunda reflexión es una idea arriesgada. Intentar que tu cuerpo funcione a la misma velocidad después de privarlo de comida es absurdo. Nuestros antepasados ayunaban, pero se dedicaban a orar y meditar. No mezcles estas metáforas. Si vas a tomarte un día para ayunar y beber solo agua, puedes dedicarte a escribir, relajarte y reflexionar sobre la vida. Los domingos son un buen día.

Si sigues una dieta paleolítica y estás esperando para hacer la primera comida, deberás tener en cuenta los esfuerzos que tienes que hacer por la mañana. La clave consiste en asegurarte de que tus suprarrenales están lo suficientemente sanas como para contrarrestar un bajón de azúcar. La gente joven y sana puede soportarlo, pero he visto a muchas personas de 45 años acudir a mi consulta con serios problemas tras haber intentado hacer cosas poco adecuadas.

Una buena forma de ayunar es hacerlo desde el amanecer de un día hasta el siguiente, ya que tendrás tiempo de sobra para realizar una reflexión silenciosa. Si tu nivel de azúcar es estable, un ayuno de agua es ideal. Si tienes problemas, quizá te vayan mejor otras soluciones. Puedes consultar una guía sobre cómo ayunar en la siguiente dirección: well.org/fasting

TRUCOS MODERNOS

Saciedad

Si queremos ganarle la batalla a la báscula, es fundamental que aprendamos a reducir nuestro apetito. Utilizar la fibra, el agua y las grasas saludables puede ser de gran ayuda en la batalla de las Ardenas. El azúcar es el diablo, así que, al rebajar el azúcar que comemos (incluyendo los hidratos de carbono simples) con fibra y grasas saludables como las del aguacate o el aceite de coco, nos estamos asegurando un tiempo de tránsito más lento y una menor liberación de insulina. Asimismo, si aprendemos a comer preferiblemente proteínas y grasas cuando estamos hambrientos, podremos deshacernos de nuestra adicción al azúcar y empezar a utilizar un combustible más limpio.

De hecho, en la medicina funcional, recomendamos a nuestros pacientes que consuman un gramo de proteínas al día por cada kilo de peso corporal. Así que, si pesas unos 72 kilos y medio, debes ingerir unos 75 gramos de proteínas al día. Por experiencia, sé que muchas personas no llegan a esta cantidad, que es el *combustible mínimo* para que nuestro cuerpo funcione. Si haces tres comidas al día, cada una de ellas debe contener una media de 25 gramos de proteínas (en este ejemplo, claro; tú debes calcular la cantidad en función de tu peso). Asimismo, he comprobado que mucha gente se queda corta en el desayuno y no alcanza la cifra total por la noche, forzando así la máquina. Al no proporcionarle a nuestro cuerpo las proteínas suficientes por la mañana, tenemos hambre muy pronto y solemos recurrir a los hidratos de carbono. Una solución muy sencilla consiste en utilizar proteínas en polvo y asegurarte de que cubres una tercera parte de tus necesidades proteínicas por la mañana. Consumir triglicéridos de cadena media (MCT, por sus siglas en inglés) también es una buena forma de estimular la leptina, la hormona que controla la saciedad en el cerebro. El aceite MCT se comercializa, yo suelo comprarlo en la siguiente página:

bulletproofexec.com

En la comida suelo tomar algo de carne magra de pavo con brócoli al vapor y aceite de coco. En la cena puedes tomar verduras hervidas con pimentón, arroz integral y algo de pescado. Hay muchas formas de comer bien y escapar de las redes del azúcar. La clave consiste en comer muchas verduras, algo de carne magra (si así lo deseas), legumbres y muchos ácidos grasos monoinsaturados (MUFA, por sus siglas en inglés). La fructosa de la fruta engorda mucho y el cuerpo no la metaboliza bien. Si padeces sobrepeso, debes tener cuidado con los cereales, que sí son una forma rápida de conseguir energía en el caso de los atletas. En la sección de recursos encontrarás una lista de ácidos grasos monoinsaturados.

Enzimas digestivas

Si tienes problemas para descomponer los alimentos, algunas enzimas pueden ser de ayuda. Identifica con qué alimentos tienes problemas y toma la combinación correcta de enzimas. Los almidones y las proteínas se descomponen de manera diferente. Si tienes problemas para digerir la carne, quizá tienes bajo el nivel de ácido clorhídrico. Un buen médico funcional podría ayudarte a solucionar el problema y a reactivar tu sistema. Encontrarás más información sobre las enzimas digestivas en la sección de recursos.

Cortisol

Si no tienes un plan integral a la hora de perder peso, la comida por sí sola no servirá de nada. Vuelve a los capítulos uno y cuatro, y asegúrate de haber resuelto cualquier problema de estrés o de sueño. La medicina moderna compartimenta demasiado. En el futuro trataremos nuestra salud adoptando un enfoque integral en el que el estilo de vida desempeñará un papel clave. El monje urbano entiende la correlación que existe entre estos factores y este conocimiento le permite controlar su vida.

EL PLAN DE ACCIÓN DE ANN

Ann tenía muchas malas costumbres que pudimos resolver con un par de trucos. En primer lugar, nunca desayunaba de verdad. Le proporcionamos una receta para que pudiera prepararse en la batidora un *smoothie* verde fresco con proteínas cada mañana. Algunos productos naturales y sanos con leche de coco, el aceite MCT, las proteínas y cualquier producto fresco de la red de la CSA (Agricultura Apoyada por la Comunidad) marcan el rumbo de su día. Así fue capaz de llegar sin hambre y feliz al almuerzo. Si necesitaba un tentempié, se tomaba algunas almendras.

Ann nunca dejaba de comer y este era el mayor reto al que nos enfrentábamos. Tuvimos que trabajar con su marido y sus hijos para conseguir que sacara algo de tiempo para las comidas. Tardamos un par de meses, pero al final lo logramos. Todas las semanas programamos una cena en familia para la que cocinaban más comida de la que necesitaban, de modo que podían llevarse lo que había sobrado al trabajo y a la escuela al día siguiente. Cultivaron un pequeño huerto y a los niños les encantó la idea. Así Ann pudo pasar más tiempo al aire libre con su familia y cada vez le gustaba más.

Cambiar la dieta de Ann y, en concreto, su ingesta de azúcar no era tan difícil. Tan pronto como empezó a comer alimentos de verdad, sintió un cambio positivo. Tenía limpia la piel y cada vez más energía. Su humor también mejoró y se volvió mucho más activa. Se sentía muy bien, aunque su peso seguía siendo un problema.

Analizamos su orina con EDTA y descubrimos todo tipo de toxinas. Le di la dirección de una clínica local, en la que hizo una terapia de quelación que le permitió expulsar los metales pesados de su cuerpo. Tardó en total tres meses y fue todo un reto. También nos dedicamos a reparar su revestimiento intestinal y a favorecer una función hepática saludable. Un par de semanas después, algo cambió. Empezó a perder alrededor de un kilo a la semana y no volvía a recuperarlo. Era como si hubiésemos activado un interruptor.

Del caso de Ann podemos extraer una lección importante: incluso con un cambio radical en nuestro estilo de vida, a veces necesitamos la ayuda de un buen médico para limpiar nuestro pasado. Una vez que limpiamos su karma alimentario, el problema de peso desapareció y su nueva dieta no volvió a suponer un insulto para su biología.

Ann ha vuelto a disfrutar de las fiestas. Toma aceite MCT y se lo añade a las verduras antes de que lleguen los alimentos tentadores. Como se siente llena, no tiene problemas para resistirse a la comida poco sana, puede beber agua con gas y disfrutar de la conversación. Una vez que hubo reestructurado su marco de referencia, perder peso no le fue difícil. Ahora su vida es así de sencilla. Ann se ha dado cuenta de que es mucho más que un físico, está leyendo buenos libros y disfruta de una agradable conversación con gente interesante en las fiestas. Ya no le importa su aspecto porque ahora está llena de vida y se siente fenomenal.

CAPÍTULO 7

Sin conexión con la naturaleza ni con las cosas que son de verdad

Ethan se crio en Brooklyn, Nueva York. Solía jugar en la calle e iba en bici a todos lados. Si no llegaba a casa antes de la cena, lo pagaba caro, pero, quitando eso, podía ir donde quisiera. Su madre solía preparar espaguetis o pizza para los chicos y después llegaba la hora de hacer los deberes. Se lavaba las manos antes de comer y el agua acababa con la mugre que había acumulado tras haber estado jugando al balonmano o al baloncesto en la calle todo el día.

En el barrio en el que Ethan se crio había algunos árboles que bordeaban las calles, pero nunca se paró a pensar qué hacían allí. En el mejor de los casos, eran algo decorativo y, en el peor, un estorbo porque con frecuencia se me quedaba enganchada en la cometa en sus ramas.

La madre de Ethan tenía pánico al aire libre. Pensaba que cualquier cosa podría hacerle daño: desde los perros callejeros hasta los osos y los lobos que había visto en la tele, la naturaleza era un lugar peligroso, así que hizo todo lo posible para proteger a sus cachorros de los monstruos salvajes que acechaban ahí fuera. Su padre estaba demasiado agobiado trabajando como para preocuparse por eso, así que, en lugar de contrarrestar las fobias de la madre, se abría una cerveza y veía el partido. Si sacaban malas notas, les echaba la bronca, pero, desde luego, no era un padre modélico.

Ethan creció marcado por un miedo inconsciente a la naturaleza y a los peligros de lo salvaje. Jugar en la calle molaba, pero los bosques le daban miedo. Ahora trabaja como consultor de *marketing* en Manhattan, queda con sus amigos para irse de copas y va a festivales de música por placer. Los festivales suelen celebrarse en lugares remotos y no puede superar la incomodidad que le produce lo *sucio* que está todo. Hacer *camping* no es lo suyo, pero a sus amigos y a su nueva novia les encanta. Ethan se siente como un blandengue, así que intenta tragarse lo que siente y disfrutar de los conciertos a pesar de los lugares hostiles en los que se celebran.

Suele ir al gimnasio y le gusta entrenar duro, pero solo se ducha en casa porque no se fía de las baldosas del suelo del gimnasio. Utiliza desinfectante para las manos de forma regular y toma medicamentos para la alergia. Se pone protector solar a diario y viaja con su propia almohada. Es el tipo de persona que cubre totalmente el asiento del inodoro en el trabajo y limpia la base del maletín del portátil si ha tenido que ponerlo en el suelo de un restaurante.

No es fácil ser Ethan. Para él todo supone una gran amenaza.

EL PROBLEMA

Todos padecemos lo que Richard Louv, autor de *Last Child in the Woods (El último niño en el bosque)*, denomina el «trastorno por déficit de naturaleza». Hace dos o tres generaciones vivíamos mucho más en contacto con la naturaleza. Nuestras raíces agrarias son el resultado de miles de años de caza, recolección, pastoreo y pesca. Todas estas actividades requerían una conexión innata con el entorno natural. Teníamos que saber interpretar el canto de los pájaros, leer las nubes, conocer la dirección del viento, seguir la corriente, identificar insectos invasivos y cuidar vacas enfermas. Nuestra existencia dependía de este conocimiento y nuestros antepasados coronaron la cadena alimentaria gracias al manejo de estas valiosas habilidades. Sentían un profundo e intenso respeto por la naturaleza, porque eran conscientes de que era el cordón umbilical que nos unía a la vida.

Nuestra memoria y linaje genéticos nos acercan a los pastos, los árboles, la tierra y los elementos. Que lloviera lo suficiente era una cuestión de vida o muerte. Conservábamos el agua porque alguien tenía que caminar algo más de 3 kilómetros cada mañana para ir a buscarla. Cuando encontrábamos comida, nos alegrábamos y dábamos gracias. Si se caía al suelo, la limpiábamos y nos la comíamos. Desperdiciar la comida no era una opción. Las sobras se utilizaban como abono y los huesos eran para los perros que protegían nuestra tierra y nos ayudaban a cazar; incluso ellos tenían su propósito y dirección.

Ahora muchos de nosotros vivimos en zonas en las que la tierra está pavimentada y nuestro único acceso real son los *zoos naturales* que llamamos parques. Desde los parques locales hasta los parques nacionales, hemos acordonado a la madre naturaleza en un intento por protegerla de nosotros mismos. Nosotros invadimos, destruimos, contaminamos. Somos conocidos por ser los únicos animales que pasean por el Jardín del Edén y lo destrozan a su paso. En tan solo un par de generaciones hemos desarrollado la tecnología y los productos químicos sintéticos que nos permiten aislarnos del mundo natural y cortar ese cordón umbilical que nos une a la vida. Nos cargamos a los gérmenes con antibióticos, llevamos aire acondicionado en nuestros veloces coches, quemamos el gas natural procedente de regiones lejanas en lugar de cortar leña para calentar nuestras casas y los alimentos que comemos se producen en laboratorios y se elaboran en fábricas.

Solíamos comer lo que las plantas
fabricaban de manera natural.
Ahora comemos lo que las fábricas
producen de forma artificial.

Todo esto tiene serias consecuencias físicas y psicológicas para nosotros.

Ahora hay muchas personas como Ethan que pasean por las grandes ciudades consumiendo las bebidas de moda que dan aún más sed y comiendo barritas envueltas en plástico. Libramos guerras para proteger el petróleo con el que fabricamos el plástico, pero luego luchamos contra el cáncer producido por esa comida falsa que viene envuelta en él. Y después nos quejamos de que estamos cansados, gordos, enfermos y deprimidos, y nos preguntamos qué médicos o gurúes tienen el secreto mágico para solucionar nuestros problemas, cuando lo único que deberíamos hacer es echar la vista atrás.

Hemos olvidado de dónde venimos:

Hemos perdido la conexión con el origen de la vida y de la nutrición de las que provenimos, y esto ha mermado nuestra capacidad para repararnos y conectar con la vida que nos rodea. Al perder la conexión entre nuestro cuerpo y los alimentos que comemos, hemos abierto una gran brecha que ha dividido nuestra sociedad convirtiéndola en hordas de fantasmas hambrientos que van dando tumbos por la vida en busca de coches, bolsos, dietas, pastillas o compañeros que les hagan sentir felices y completos.

Somos hijos de la tierra

El ambiente en el que germina una semilla es el inicio de esta historia. El suelo ha albergado vida desde hace millones de años. En este entorno rico en minerales, nutrientes, microbios, gusanos y materia orgánica en descomposición podemos vislumbrar el milagro de la vida misma. Ahí es donde algunas bacterias hacen que la materia inorgánica se convierta en el sustrato esencial de la vida tal y como la conocemos. Es ahí precisamente, en los nudos de determinadas plantas, donde las bacterias buenas del suelo ayudan a poner en marcha la fiesta y hacen que todo funcione correctamente. Las plantas crecen y florecen en las condiciones adecuadas, y nosotros las utilizamos como alimento. También puede que nos comamos a los animales que han comido esas plantas, pero el principio sigue siendo el mismo: pura vida orgánica que brota de la tierra en la que las bacterias buenas (y algunas estructuras fúngicas) hacen que las semillas germinen con ayuda del agua y de la luz solar. ¡Esa es la única verdad! Esa es la esencia de la que todos procedemos.

¿Y ahora qué? Pues que nos hemos vuelto locos con esa presunción de que se puede «vivir mejor gracias a la química». Los agricultores cubren con plástico toda la tierra y la fumigan con bromuro de metilo para matar todo lo que se encuentra a unos 45 centímetros de profundidad. La nueva norma consiste en eliminar cualquier forma de vida para cultivar alimentos que también estén muertos. Después nos comemos esa porquería y nos preguntamos por qué nos encontramos mal. Pues porque esa basura es menos nutritiva, no incluye ningún tipo de bacterias saludables ni, desde luego, ningún tipo de fuerza vital.

Hemos perdido el sentido común que imperaba en aquellas granjas familiares en las que los animales y las plantas coexistían en un mismo terreno. Las gallinas se comían a los insectos y las cabras acababan con la maleza. El estiércol procedía de los animales y no del petróleo. Las plantas muertas se utilizaban como abono en la cosecha del año siguiente, y los animales tenían nombre y eran honrados si tenían que ser sacrificados.

Alimentos muertos para almas muertas

Aquellos alimentos que no provienen de fuentes naturales nos aportan muchos menos nutrientes. Vale, podemos utilizar las calorías que contienen, pero ¿es eso todo lo que necesitamos en la vida? En la vida moderna está sucediendo algo que todos podemos sentir, pero que no somos capaces de identificar.

Algo no va bien. Nos rascamos la cabeza y nos preguntamos por qué todo el mundo se siente cansado, enfermo, infeliz y sin energía. Y nos lo preguntamos mientras nos comemos un *muffin* procesado, bebemos leche de una vaca enferma, tomamos medicamentos para animarnos, respiramos el aire contaminado cuando cruzamos la calle y nos untamos con cremas llenas de productos químicos que ni siquiera podemos pronunciar.

Nuestro cuerpo reconoce la naturaleza

Durante millones de años, nuestro cuerpo ha evolucionado para ser más sensible a los componentes naturales. Podemos distinguir a nuestros amigos de nuestros enemigos y organizar un ataque del sistema inmunitario contra cualquier elemento ajeno. Ahora, sin embargo, llega tanta basura a las fronteras de nuestro cuerpo que los agentes que las patrullan están desbordados. Sufrimos ataques constantemente y nuestro cuerpo se rebela. Hemos tardado millones de años de evolución en convertirnos en lo que somos y, sin embargo, en tan solo un par de generaciones, hemos sometido a nuestro sistema a tanto estrés que ahora millones de personas son sencillamente incapaces de lidiar con los nuevos agentes químicos que inundan nuestro mundo. Lo que desde luego no nos ayuda en nada es la reciente ruptura con nuestros aliados naturales.

El microbioma

Podemos apreciar la genialidad de la naturaleza en todo lo que nos rodea. Existe un circuito continuo de vida que no hemos sabido ver ni aprendido a respetar correctamente. Se presenta en forma de bacterias beneficiosas que conviven con nosotros y nos ayudan a ser más fuertes. Representan en realidad la base poética de la palabra *simbiosis*, que significa «interacción entre dos organismos diferentes que viven en una asociación física cercana, normalmente en beneficio de ambos». La simbiosis es la forma en la que coexistimos pacíficamente con la vida que nos rodea y que habita en nuestro interior.

Como decíamos al principio, empieza en la tierra. Estas bacterias aliadas permiten que las plantas extraigan del suelo los minerales y los nutrientes que necesitan para crecer y convertirse en la vida que nos alimenta y nos mantiene. A nivel personal, muchas de estas bacterias se han instalado en nuestro cuerpo. Llevan con nosotros desde el principio. De hecho, existían mucho antes de que llegáramos nosotros. Nos hemos desarrollado y hemos evolucionado *en torno a* un sistema previo de transferencia vital muy bien articulado.

Estas bacterias se transmiten de la madre al bebé en el momento del nacimiento y siguen intercambiando colonias e información durante toda nuestra vida hasta que vuelven al suelo junto con nuestros cuerpos en descomposición. Nos acompañan literalmente a lo largo de todo el viaje y nuestra relación con ellas es tan sumamente importante que constituye una rama emergente de estudio en el campo de la medicina. Al parecer, estas bacterias de nuestro cuerpo contienen más información y codificación genética que el ADN de nuestras propias células. De hecho, se ha llegado a sugerir que, puesto que tenemos unos 100 billones de células bacterianas tan solo en los intestinos, estaríamos totalmente invadidos.

*Tenemos más de «no nosotros» que de «nosotros»
en lo que llamamos nuestro cuerpo.*

Estas células codifican las proteínas que nos permiten luchar contra las bacterias enemigas, digerir determinados alimentos, producir ciertas vitaminas esenciales y mucho más. Algunos estudios recientes con trasplantes de heces muestran una mejora notable en el estado psicológico de aquellos pacientes que habían expulsado sus propias colonias y habían empezado de cero con una población procedente del intestino de una persona sana. De hecho, estas personas ven cómo desaparecen muchos de sus problemas de salud. El descubrimiento ha arrojado luz sobre el funcionamiento de este sistema y muchas personas muy capacitadas ya se atreven a estudiar nuestra salud desde un prisma totalmente distinto. ¿Qué pasaría si el hecho de acabar con estas bacterias beneficiosas es lo que nos hace ponernos peor? Al eliminar las bacterias buenas, dejamos vía libre para que las colonias nocivas y oportunistas aterricen y causen estragos. Al bombardear nuestro *suelo* interno, también acabamos con los tipos buenos y perdemos nuestra capacidad para recuperarnos de los golpes de la vida. Por lo tanto, parece que una buena salud se parece bastante a una buena *relación* con la naturaleza.

Y esto es algo que también pasamos por alto.

Los antibióticos salvan vidas y, desde luego, son muy útiles, pero el abuso descontrolado de estos medicamentos durante las últimas generaciones ha dado lugar a un nuevo medio en el que nos deshacemos sistemáticamente de todo lo bueno y lo malo que tenemos en los intestinos, propiciando así un ambiente en el que los bichos malos pueden crecer. Si a esto le sumamos los alimentos procesados, grandes cantidades de azúcar y la falta de contacto con la tierra, no me sorprende que haya tanta gente enferma.

Los probióticos se utilizan para combatir este problema, pero se trata de una rama científica muy joven y en realidad nadie comprende la complejidad del microbioma. Los *lactobacillus acidophilus parece* que ayudan, pero desde luego no son la solución. Lo más parecido a una respuesta que tenemos en este momento pasa por regresar a la naturaleza y acabar con este sinsentido; tenemos que volver a confiar en lo que ha funcionado durante generaciones.

Los que vivimos en las ciudades no tenemos ningún contacto con la naturaleza. Las calles tienen árboles, pero ¿acaso nos fijamos en ellos? Tenemos patios traseros, pero nos pasamos la mayor parte del tiempo viendo la tele. Matamos a las abejas y modificamos genéticamente nuestros cultivos para que resistan los millones de toneladas de veneno con los que fumigamos la tierra, un veneno que asfixia la biosfera viva en la que habitamos.

Nuestros hijos crecen con coloridos juguetes de plástico hechos en China. Procuramos desinfectarlos cuando están en contacto con algo sucio y, sin embargo, no nos damos cuenta de que muchos de estos juguetes contienen residuos de pintura con plomo que nos envenenan cada vez que los tocamos. Pueden ser mucho más peligrosos que los palos y las piedras con las que jugábamos de pequeños. Le damos dinero a gente que fabrica juguetes peligrosos para que nuestros hijos jueguen con ellos porque estamos demasiado ocupados trabajando en casa y necesitamos tenerlos encerrados para que no salgan al aire libre y se hagan daño.

Los niños quieren salir de casa

Nos autoengañamos pensando que vivimos en la era «del hombre contra la naturaleza» y nos hemos olvidado de que también nosotros formamos parte de la naturaleza. Esto es lo que Ethan no ha entendido. No tiene ninguna relación con la tierra y vive totalmente desconectado y con miedo al entorno mismo del que proviene. Lo que precisamente le falta en su vida está por todos lados, pero él se resiste a dejarlo entrar. ¿Y por qué? Pues porque su madre lo convenció de que los gérmenes eran malos.

Salud pública y la peste negra

Sin duda, hubo un tiempo en el que los gérmenes estuvieron a punto de ganar la batalla, aunque deberíamos dejar las cosas un poquito más claras. A la medicina moderna le encanta llevarse todo el mérito, pero esta victoria le corresponde a la salud pública y a la higiene.

La primera peste bubónica afectó al Imperio bizantino bajo el mandato del emperador Justiniano I, en el siglo VI, y la siguiente se originó en Europa en la Baja Edad Media (1340-1400). La primera acabó con la vida de entre 25 y 50 millones de personas y la segunda (la peste negra) acabó con un tercio de la población continental. No fue ninguna broma.

La epidemia se transmitía mediante las pulgas de pequeños roedores y no tardó en propagarse. La pregunta es por qué y cómo se descontroló hasta tal punto, y ahora ya sabemos la respuesta.

Por aquel entonces nuestros antepasados empezaron a establecerse en las ciudades, donde existían unas pésimas condiciones higiénicas. La gente tenía por costumbre tirar las heces a la calle por la ventana y las ciudades eran asquerosas. Con la mierda que había en todos lados, las ratas campaban felices y ellas eran las portadoras de los bichos que proliferaban en esta asquerosa sopa humana. Eso fue lo que casi acaba con nosotros.

Cuando nos dimos cuenta de que un sistema de tuberías y el agua limpia eran de gran ayuda, las cosas empezaron a mejorar. Con unas calles más limpias, un sistema de recogida de basura y una higiene humana básica, conseguimos superarlo. Un dato interesante es que la incidencia en las poblaciones judías fue mucho menor porque lavarse las manos antes de comer forma parte de su tradición religiosa; otro tanto más para la higiene.

Así que, en resumen, las bacterias nocivas proliferan en ambientes contaminados y, por supuesto, necesitamos unas buenas condiciones higiénicas y medicamentos para combatir los brotes; sin embargo, la memoria genética de la muerte y la pestilencia que han heredado determinadas familias está algo desconectada de esta realidad. La tierra que rodea el rábano orgánico que acabas de arrancar no es igual que las aguas residuales que provocaron la plaga. Vivimos en un momento de la historia en el que de verdad hemos empezado a analizar la fruta sana que tiramos junto con la podrida y estamos intentando encontrar un nuevo equilibrio en nuestra relación con la tierra. Los bichos buenos son nuestros amigos: nos ayudan a luchar contra los malos y a exprimir nuestra vitalidad. Para que la medicina pueda seguir avanzando tendremos que recuperar nuestra relación con la red de vida que nos rodea. Se trata de una nueva forma de estudiar la salud que respeta el papel de los microorganismos saludables en el gran contexto de la vida y en el marco de un nuevo modelo de salud personal y planetaria.

SABIDURÍA DE MONJE URBANO

Los antiguos sabios taoístas lo aprendieron todo gracias a su atenta observación de la naturaleza. Analizaban los cambios en las estaciones, los movimientos de los animales, las propiedades de las plantas medicinales y los patrones del tiempo en el cielo. Sabían que formamos parte de esta gran sinfonía llamada naturaleza y que tiene un *camino* o un Tao, como ellos lo llamaban.

La atenta observación de las fluctuaciones de la impronta de la vida *a través de la naturaleza* nos proporciona un gran conocimiento sobre nosotros mismos. Al fin y al cabo, de ahí es de donde venimos y ahí es donde reside un inmenso tesoro de memoria genética y sabiduría innata. Todo tiene una impronta energética y los campos de energía de los seres vivos son robustos y hermosos. Cuando caminamos por un paraje natural, nos impregnamos de la energía pura de la vida que nos rodea y volvemos a sentirnos parte de esa red. Florece un conjunto simbiótico de formas de vida de las que nosotros bebemos. Mi gran maestro de kungfú nos enseñó que, en la naturaleza, normalmente a menos de unos 30 metros del lugar en el que estemos, podemos encontrar una hierba o una planta que nos puede ayudar a curar cualquier cosa que nos produzca malestar. De hecho, nos lo demostró en varias ocasiones.

La naturaleza es como una enciclopedia de la vida que nos rodea. Cuando el antropólogo Jeremy Narby quiso estudiar el origen de la sabiduría médica del Amazonas, se topó con un desconcertante dilema. Durante años, los investigadores iban a ver a los chamanes y les preguntaban qué utilizaban para tratar ciertas enfermedades. Los chamanes elaboraban un extraño brebaje con hojas, raíces y otras partes de las plantas, las mezclaban y las hervían. Sorprendentemente, funcionaba. Los investigadores se llevaban la mezcla, la estudiaban, aislaban los ingredientes activos, salían pitando y la patentaban, ganando así miles de millones de dólares y, con *suerte*, dando las gracias.

Narby descubrió que, cada vez que a los chamanes se les preguntaba cómo sabían qué plantas tenían que mezclar entre el increíble gran número de combinaciones de plantas de la jungla, su respuesta siempre era la misma: «Las plantas nos lo dicen». Solía ser el momento en el que los científicos sacudían la cabeza y se largaban dispuestos a hacerse ricos a costa de la jungla. Narby tuvo la sensata idea de pararse a pensar y preguntarse lo siguiente: «¿Y si nos tomamos en serio las afirmaciones de los chamanes?». Fue hasta el Amazonas y les pidió que le explicaran este fenómeno. Los chamanes, como sintieron que estaba siendo sincero, se lo enseñaron. Básicamente, se tomaban un mejunje psicotrópico llamado ayahuasca e iniciaban la ceremonia. En ese estado de conciencia alterada, los espíritus de las plantas se comunicaban con ellos y les conferían la sabiduría. Como buen científico, Narby decidió participar en el ritual y ver con sus propios ojos lo que le contaban. No le defraudó. Narby aprendió muchísimo sobre la comunicación no verbal entre las plantas y los humanos en sus viajes y escribió un maravilloso libro sobre el tema, *La serpiente cósmica*. Narby postula que existe un lenguaje sutil, que nuestras células entienden, en la compresión y la descompresión de nuestras cadenas de ADN que nos conecta con el resto de ADN. En cierto modo, existe un lenguaje universal de *Creación* a través de nuestro ADN común que nos conecta con la vida, y los chamanes habían aprendido a acceder a él mediante el uso de la ayahuasca.

Fue un descubrimiento muy impactante para mí, porque mi profesor taoísta nos había enseñado a sentarnos en el bosque, meditar y utilizar nuestro Shen, o vista espiritual, para comunicarnos con las plantas y tener experiencias muy parecidas. Habíamos aprendido a meditar con una planta o un árbol y a conectar con su fuerza vital. Al cabo de un tiempo, yo empecé a experimentar una forma sutil de comunicación con la conciencia de la planta y pude aprender de ella. No hay nada más profundo que una *experiencia* de este tipo. No hace falta que me creas; al final de este capítulo te enseñaré cómo hacerlo y lo comprobarás por ti mismo.

Escuchar a la naturaleza es clave para liberarnos del engaño

Contactar con la naturaleza nos tranquiliza y nos muestra nuestra propia naturaleza interior. Cuanta más armonía exista, veremos con más claridad y estaremos más tranquilos. Cuanto más fusionados estemos, mayor será la energía de la naturaleza que fluya por nuestro interior y más ligeros serán nuestros pasos. Nuestros antepasados cazaban en pequeños grupos, se deslizaban en silencio y con sumo cuidado, y aprendieron a escuchar al viento y a detectar olores apenas imperceptibles a varias millas de distancia. Este conocimiento, que les permitió sobrevivir, tenía su origen en la naturaleza. Las plantas nos animaban a comerlas y a utilizarlas como medicina, y los animales eran nuestros aliados a la hora de transportarnos, protegernos y cultivar (en este caso, no siempre de forma voluntaria). Las tribus más pequeñas solían tener un chamán que les guiaba hasta la planta de la sabiduría y nos permitía conectar con la naturaleza espiritual de nuestra experiencia. Existía una *conciencia* que permeaba nuestras vidas: árboles, plantas, animales, insectos y, sí, incluso rocas.

Aprender a meditar en la naturaleza nos ayuda a alcanzar esta conciencia subyacente, nos permite entender que nunca estamos solos en el mar de la vida que nos rodea y, lo que es aún más importante, nos ayuda a conectar con otras formas de vida y a ser conscientes de nuestra verdadera identidad. El motivo por el que tantas personas se sienten perdidas es porque viven desconectadas del hilo de la fuerza vital a la que la naturaleza nos permite acceder y, en concreto, de la profunda conexión espiritual que tenemos con las distintas formas de vida a nuestro alrededor. Una vez restaurada esta conexión, ya no existe el vacío. Al final del capítulo compartiré contigo algunos ejercicios muy eficaces que te ayudarán a conseguirlo.

La naturaleza tiene fuerza vital

El monje urbano vive en armonía con la naturaleza. Comprende que todo lo que le rodea tiene vida y conecta con la fuerza vital de la naturaleza para obtener energía, inspiración y claridad. A muchos monjes de mi tradición se les encomendó la tarea de viajar a las montañas y cultivar su Chi. ¿Qué significa esto? Significa conectar con la montaña. Significa aprender a interpretar el lenguaje de la naturaleza y dejar que esta nos guíe hasta la comida y nos muestre un lugar donde cobijarnos. Significa silenciar nuestra inquieta mente y aprender a escuchar el zumbido de la vida que nos envuelve. A partir de ahí, conoceremos nuestro universo interno y aprenderemos a mover, reunir, concentrar y mejorar la energía Chi dentro de nuestro cuerpo. Despertaremos nuestras estrellas internas (o *chakras*) y les insuflaremos fuerza vital. Nosotros, los monjes, no podemos rendirnos hasta que hayamos encontrado ese poder interior y la única forma de acceder a él es conocer nuestro lugar en el mundo natural. Una vez que este conocimiento esté firmemente arraigado, lo llevaremos con nosotros a todos lados. Podemos estar en un autobús en medio de una gran ciudad y estar anclados en la tierra como un gran roble.

¿Es algo necesario para el monje urbano? Sí.

Adentrarnos en el mundo salvaje y encontrar el silencio, la paz, la salud y la abundancia de energía que logramos gracias a un tiempo de comunión en la naturaleza es algo fundamental para poder volver a *sintonizar* con nosotros mismos. A mí me gusta escaparme una vez cada trimestre durante al menos un par de días sin teléfono ni correo. Me dedico a caminar por la naturaleza con una mochila con comida para un par de días. A veces incluso alquilo una pequeña cabaña y paso algunos días con mi familia en el bosque. La clave consiste en tener una base y poder pasar tiempo en la naturaleza. Un rápido reseteo puede aportarnos grandes beneficios si estamos inmersos en plena naturaleza. Nos ayuda a recordar nuestras raíces y orígenes y, de este modo, tenemos algo a lo que agarrarnos cuando volvemos a estar inmersos en nuestra vida de vuelta a casa. Hundimos nuestras raíces energéticas en el suelo y recordamos cómo beber plenamente de esta fuente. Una vez que hemos saciado nuestra sed, nos resulta más fácil recordar que esa paz está a tan solo un par de respiraciones.

Llévatela a casa

La embestida de la sociedad moderna contra el mundo natural resulta totalmente desequilibrada y muy peligrosa. Sin embargo, eso no quiere decir que tengamos que irnos de la ciudad, ya que están surgiendo algunos movimientos geniales que de forma elegante permiten que la naturaleza florezca y coexista con nosotros en nuestras construcciones y nuestro desarrollo. La jardinería urbana, los huertos en la azotea, las plantas de interior, las casas en los árboles y la arquitectura orgánica son algunos de estos maravillosos movimientos. Caminar de la mano de la naturaleza es el camino para avanzar, tal y como demuestran la planificación urbana, los paneles solares, las plantas de aire, las paredes de cultivo, los huertos domésticos, las habitaciones con blindaje electromagnético y depuración del aire, las plantas que absorben los COV (compuestos orgánicos volátiles) y muchas otras iniciativas. Son el futuro. Salir fuera de casa y disfrutar de la naturaleza es algo maravilloso y muy recomendable, pero incorporar de nuevo la naturaleza en nuestras ciudades es lo que va a cambiar nuestro planeta.

El monje urbano se trae la naturaleza a casa.

Se rodea de naturaleza y pureza, y diseña su entorno *incluyendo la vida* a su alrededor. Desde plantas domésticas hasta huertos de hortalizas, es posible instaurar una fantástica cultura de coexistencia con la naturaleza a nuestro alrededor. En lugar de aislarnos de la naturaleza, podemos honrarla y llevarla con nosotros a todos lados. Esto desde luego no nos exime de nuestro deber de proteger vastas extensiones de tierra para que los animales campen libremente, pero sin duda nos ayuda a encontrar un mayor equilibrio en nuestra vida moderna.

Recuerda que un monje urbano parte de una posición de poder y fortaleza. Es muy fácil manipular a la gente que vive desconectada de la tierra. Sin raíces, sin un hogar y sin técnicas de supervivencia, se convierten en esclavos que harán lo que les pidas por dinero. Mira a tu alrededor. Están por todos lados: esclavos asalariados que son infelices en trabajos que no se pueden dar el lujo de dejar. Han renunciado a sus sueños y aspiraciones, y viven atrapados actuando como marionetas en la función de otra persona. Es una consecuencia directa de esta desconexión de su poder y de la naturaleza. Están hambrientos, pero no reconocen los alimentos naturales ni la medicina que crece de la tierra. Nuestro trabajo consiste en despertarlos. En primer lugar, tenemos que cuidar de nosotros mismos y activar nuestro flujo de energía; solo entonces podremos ayudar a nuestros amigos y familiares predicando con el ejemplo. Nunca llegamos a abandonar el Paraíso; nos han engañado para que olvidemos cómo se vive en el entorno mismo del que procedemos. De hecho, según el doctor y profesor chamánico Alberto Villoldo, las culturas occidentales son las únicas que se ven a sí mismas fuera del Edén, expulsadas y abocadas a una vida de castigo y culpa. El resto de tradiciones nativas se ven a sí mismas en coexistencia con la naturaleza y ese «trauma de expulsión» no forma parte de su historia.

Esto seguramente nos ha llevado a destrozar el planeta y a tratarlo como un objeto sobre el que tenemos derecho. Es hora de dejarse de tonterías y poner los pies en la tierra. Ese modelo está acabando con el mundo y nosotros todavía estamos a tiempo de elegir un camino mejor.

PRÁCTICAS ORIENTALES

Echa raíces

Una de las formas más eficaces de conectar con la energía de la tierra y, literalmente, acceder a ella es haciendo el ejercicio *chi kung* del árbol. Está diseñado para conectar nuestro campo de energía con la tierra bajo nuestros pies y permitir que podamos beber de su abundante fuente en cualquier momento. La mejor parte es que, cuando se te empiece a dar mejor, lo podrás hacer en cualquier lugar y momento. Nadie sabrá lo que estás haciendo y, sin embargo, estarás bebiendo del cáliz de la eternidad y anclando tu poder mientras lo haces. Este es el ejercicio:

o Colócate de pie con los pies separados a la altura de los hombros.

o Toca el cielo de la boca con la punta de la lengua.

o Inspira y espira suavemente por la nariz llevando el aire hasta el Dantian inferior (a unos tres dedos por debajo del ombligo).

o En la próxima exhalación visualiza unas raíces imaginarias que se extienden desde tus pies y se hunden entre medio metro y un metro en la tierra.

VIAJES PERSONALES

Cuando era monje, practicábamos muchos ejercicios de kungfú que reforzaban nuestro conocimiento de los campos de energía. Nos ayudaban a predecir las intenciones de alguien y la naturaleza de un posible ataque, algo extremadamente útil de cara a un posible enfrentamiento. Empecé a ir un paso más allá y pasé bastante tiempo aprendiendo a observar la energía que las plantas emitían por la noche. Cuando mis ojos se acostumbraron, empecé a caminar y a orientarme en un entorno natural. Con la práctica, llegué a ser capaz de correr por los senderos en plena noche y con luna nueva sin ningún tipo de luz. Este ejercicio requería una atención meticulosa y plena presencia, porque cualquier error podía costarme un diente. ¡Era una pasada y siempre regresaba sintiéndome muy vivo!

o En la próxima inhalación imagínate una luz blanca que asciende desde el interior de la tierra a través de tus raíces recorriendo tus piernas, tu torso, tus brazos y llegando hasta tu cabeza.

o Al exhalar, haz que estas raíces se hundan entre medio metro y un metro más hacia el centro de la tierra.

o Inhala y repite, bebiendo de estas raíces que se prolongan hasta tu cabeza.

o Sigue así durante varias respiraciones hasta que veas cómo estas raíces llegan hasta el mismo centro de la tierra.

o Entonces, relájate y respira la energía que recorre tus raíces al inhalar y siente el corazón de la tierra al exhalar.

o Obviamente, no se trata de un ejercicio a escala, ya que con el medio metro o metro de cada respiración tardaríamos semanas en llegar al centro. Haz varias respiraciones e imagina cómo tus raíces llegan al centro de la tierra en unos cuatro o cinco minutos.

o Cuando estés listo para terminar, vuelve a respirar llevando el aire al Dantian inferior y sigue con tu día. Sin embargo, no tienes por qué desconectarte de la tierra. De hecho, cuantas más veces hagas este ejercicio, mejor será tu conexión y más arraigado te sentirás en tu día a día.

Paseo silencioso por la naturaleza

Este es un potente ejercicio que aprendí como rastreador y también gracias a la sabiduría de los indígenas americanos y de mi profesor taoísta. Básicamente, consiste en ir a un paraje natural y empezar a dar pasos *vacíos*. Nos hemos convertido en unos animales grandes y torpes por distintas razones. La primera es que comemos demasiado y cargamos demasiado peso en el torso. La segunda es que nos solemos sentar en posturas que no resultan naturales y nuestras caderas han dejado de funcionar correctamente, haciendo que nuestros pasos sean torpes. La última es que nos hemos aislado de la naturaleza y de la supervivencia hasta tal punto que, por desgracia, ni siquiera somos conscientes de cómo son nuestras huellas. Podemos adivinar muchas cosas a partir de las huellas de alguien y eso es algo que cualquier buen rastreador sabe ver. Todo esto forma parte de nuestra sabiduría genética y, sin embargo, es algo desconocido para mucha gente, pero no para un monje urbano.

Para este ejercicio, sal al exterior y empieza a caminar muy despacio y metódicamente. Inhala al levantar una rodilla y exhala lentamente mientras tu pie, desde el tobillo hasta el dedo, se desliza por el suelo. Ahora repite con el otro lado. Al principio, el objetivo es que bajemos la marcha y logremos mayor equilibrio en cada pisada. Tienes que ser incapaz de escuchar tus pisadas.

Al principio, el movimiento será inestable y te sentirás raro —es culpa de la silla de la oficina—. Pero una vez que tus caderas empiecen a funcionar bien, ganarás más fuerza en tu centro, que desde el Dantian te ayudará a mantenerte erguido mientras caminas. Así conseguirás que las piernas vuelvan a estar conectadas con el centro y con la respiración.

A medida que vayas mejorando, puedes intentarlo en diferentes espacios y superficies. Cuando seas capaz de hacerlo sobre las hojas secas caídas y no escuchar tus pasos, sabrás que lo has conseguido. Si quieres ver cómo se hace, no te pierdas el vídeo en inglés en la siguiente dirección: theurbanmonk.com/resources/ch7/

Cuando hayas perfeccionado esta habilidad, utiliza la misma dilatación temporal y el mismo comportamiento sosegado a la hora de observar los patrones de la naturaleza que nos rodea. Bajar el ritmo nos permite aprender de la madre naturaleza, la mejor maestra de todas.

Medita con la corriente

Este es uno de mis pasatiempos favoritos de cuando era monje y sigue siendo una de las formas más eficaces de medicina natural que conozco. Lo practiqué a diario durante años y fue de mucha más ayuda para mi cordura y mi crecimiento personal que muchas de las cosas que he leído en los libros.

Busca un paraje natural con un río o un arroyo junto a los que puedas sentarte durante algunas horas. Asegúrate de estar solo para poder disfrutar de este ejercicio. Yo suelo ir a zonas rurales remotas y me paso todo el día haciendo este ejercicio en un algún lugar aislado en el que no pueda encontrarme a nadie. Si te puedes dar ese lujo, aprovéchalo. Si no, encuentra algún lugar que te sirva de momento.

o Siéntate aproximadamente a un metro de distancia del agua y ponte cómodo, ya que vas a estar ahí un buen rato. Si no existe ningún riesgo de inundación repentina, puedes valorar la posibilidad de sentarte en una roca en medio del arroyo, *a contracorriente*, de forma que el agua vaya en tu dirección durante todo el día y limpie tu campo de energía, borrando todas las capas de energía negativa que se hayan adherido a tu campo.

o Siéntate y ten un jersey o una chaqueta a mano para no tener que moverte en un buen rato. También debes tener agua potable cerca. Básicamente, prepárate para estar ahí unas horas.

o Inspira y espira lentamente por la nariz llevando el aire hasta el Dantian inferior. Dedica algunos minutos a bajar el ritmo de tu respiración y a sentirte cómodo.

○ A continuación escucha el sonido del agua y empieza a respirar con él. Deja que este sonido limpie todos tus pensamientos. Conecta tu respiración con este sonido y permanece entre veinte y treinta minutos en ese estado.

○ Respira profundamente mientras el agua fluye a tu alrededor.

○ Aparecerán algunos pensamientos; es normal. Acéptalos y deja que el agua los disuelva. Cada vez que te des cuenta de que estás atrapado en el remolino de un pensamiento, respira y vuelve a escuchar el sonido de la corriente. Deja que el agua se lleve el pensamiento y mira cómo se aleja. Con el tiempo, le irás cogiendo el tranquillo y el ruido de tu cabeza empezará a disminuir a medida que el sonido del agua permea todo tu ser.

Este ejercicio requiere algo de práctica, así que tienes que ser paciente. Yo tenía una regla: no me levantaba hasta que me sentía limpio y solo escuchaba el sonido de la corriente. Lo sabrás cuando lo consigas, porque llegará un momento en el que tú desaparezcas y solo quede la corriente. Es una buena señal. Esta práctica nos enseña valiosas lecciones sobre quiénes somos en realidad. Contar con la madre naturaleza para que nos ayude a beber del flujo eterno es una buena medicina. Algunos estudiantes se asustan y sienten que van a caerse al río cuando vuelven a su ser, pero es algo normal. Una vez que dejemos de insistir en ser las personas que aparentamos ser, disfrutaremos descubriendo quiénes somos en realidad. Es un ejercicio que practico a menudo y, gracias a él, he vivido experiencias alucinantes en las que muchos de los animales salvajes que había por allí ni notaban mi presencia. En ese momento por fin lo habremos logrado: el río habrá limpiado toda nuestra *locura* y habremos conseguido mimetizarnos por completo con el entorno natural.

Comunicarse con el espíritu de las plantas

Tal y como te prometí, este es el ejercicio que te permitirá comunicarte con las plantas. No consiste en adentrarse en la selva y pedirle a las plantas que te hablen. Aunque yo soy un gran fan del valor terapéutico de la ayahuasca, creo que últimamente se ha hecho un muy mal uso de esta bebida, ya que ha sido utilizada por muchas personas que no estaban listas para realizar ese viaje. Dicho esto, bajo la tutela de un verdadero chamán, es una gran medicina.

Este es el ejercicio:

o Siéntate en un paraje natural sin distracciones y lleva contigo un libro o una aplicación que te ayuden a identificar las propiedades medicinales de las plantas de la zona. Antiguamente, se recurría a la ayuda de los chamanes o se utilizaba el método de ensayo y error. Hoy en día podemos buscar las cosas en Google.

o Elige una planta con la que tengas afinidad y siéntate o ponte de pie cerca de ella. Empieza a respirar llevando el aire al Dantian inferior durante algunas respiraciones y mantén la mirada fija y ligeramente desenfocada en una hoja, el tronco o toda la planta. Empieza a sincronizar tu respiración con la planta y conecta con ella. Puedes utilizar tu tercer ojo o tu corazón para llegar a ella. Rápidamente descubrirás que cada planta (y, por ende, cualquier forma de vida) tiene una personalidad propia, así que acércate con delicadeza y preséntate de forma respetuosa. Declara tus intenciones y pregúntale si puedes aprender de ella. Muchas plantas son muy serviciales y amables. Inicia una conversación no verbal con tu planta y (sé que esto puede parecer una locura, pero déjate llevar) espera a ver el resultado. Pregúntale si puede compartir algún poder medicinal y para qué sirve.

o No arranques de un tirón las hojas de una forma de vida; regla número uno de la recolección silvestre: pide permiso antes de arrancar algo.

o Puede que escuches algo o puede que no. Es posible que tardes un poco en obtener respuesta. Si consigues algo, da las gracias a la planta y contrasta la información en el libro, en Google o como puedas. Si llevas el móvil, haz la búsqueda y apágalo.

Tampoco puedes empezar a probar plantas al azar, ya que podrían ser venenosas. Cuando perfecciones tu intuición y tu habilidad para comunicarte con las plantas, comprueba que la información es correcta y deja que empiece la diversión. Cuando descubras que existe toda una sinfonía de vida y de sabiduría a tu alrededor en todo momento, nunca más volverás a sentirte solo.

TRUCOS MODERNOS

Habilidades primitivas

Sobrevivir en la naturaleza es una de las habilidades más valiosas que un monje urbano puede adquirir. Es un don que nuestras especies atesoraron durante milenios y, en mi opinión, la ausencia de este conocimiento es el motivo por el que hay tantas personas perdidas. ¿Qué tipo de animal estúpido se olvida de cómo sobrevivir en el entorno mismo en el que evolucionó? Pues sí, la humanidad.

Aprender a sobrevivir en la naturaleza es algo divertido y muy gratificante. Las habilidades básicas que necesitamos para sobrevivir, tal y como nos enseña mi buen amigo y experto en supervivencia Cliff Hodges, son las siguientes:

Aprender a hacer fuego.

Aprender a conseguir agua limpia.

Aprender a conseguir comida.

Aprender a cobijarnos.

Si dominas estas cuatro habilidades, estás vivo. Esas son tus necesidades y todo lo demás se convierte en *deseos*. Podemos extraer una importante lección de aquí: muchas personas en nuestra sociedad sufren por culpa de sus *deseos*. Si tenemos los pies en la tierra y aprendemos a volver a nuestras raíces, podremos recalibrar nuestros «límites de estrés» y dejar de preocuparnos por tonterías.

Cuando aprendemos a sobrevivir por nosotros mismos en la naturaleza, experimentamos una inmensa sensación de tranquilidad y bienestar. Es como quitarnos de encima una pesada carga de angustia existencial que transportamos y que no podemos explicar en el mundo moderno. Los monjes urbanos adquieren estas destrezas y saben que pueden manejarse por sí solos. Se imparten clases de supervivencia en todo el mundo. Aprender a hacer fuego por fricción es algo básico y en internet hay varios vídeos que te enseñan cómo hacerlo. Ahora bien, conseguirlo es otra historia; tendrás que practicar hasta que lo logres. Sin embargo, cuando lo domines, tendrás algo que nadie te puede quitar: una destreza vital.

Voluntariado

Una buena forma de salir de casa y conectar con la naturaleza es colaborar con alguna asociación que organice actividades en tu zona. El Sierra Club* es una de tantas asociaciones que organizan este tipo de actividades. Los parques estatales y nacionales necesitan voluntarios constantemente. Pasar tiempo al aire libre es un poderoso ejercicio y, además, hacerlo con personas afines que trabajan al servicio del mundo es una muy buena terapia. Harás amigos, cambiarás las cosas y te servirá para sentirte más a gusto en plena naturaleza. Esta práctica no debe sustituir tu necesidad de pasar tiempo contigo mismo en la naturaleza, así que utilízala como una forma de introducción a la naturaleza y, a partir de ahí, diseña tu propio tiempo en el medio natural. Muchas de estas organizaciones te ayudarán a entrenar valiosas habilidades y te permitirán entrar en contacto con importantes recursos.

De excursión al campo

Este es uno de mis ejercicios favoritos y ha sido una actividad muy terapéutica para todas las personas a las que se la he recomendado, incluso para aquellas a las que no les apetecía mucho la idea al principio. Ir al campo y sobrevivir solo con una mochila es una experiencia primitiva y pura. Así funcionaban antes las cosas y, al volver a hacerlo, recuperamos parte de nues-

---

* Sierra Club es una de las organizaciones ambientales más antiguas y de mayor influencia en Estados Unidos. (N. de la T.).

tra memoria genética. Viajar con la mochila a cuestas nos hace replantearnos qué *cosas* necesitamos de verdad y qué es superfluo. ¿Por qué? Pues porque tendremos que cargar con esa mierda todo el día. Al cabo de unos 3 kilómetros nos empezaremos a preguntar qué narices llevamos en la mochila. Los mochileros expertos viajan lo más ligeros posible. Están familiarizados con los principios de supervivencia de los que hablábamos antes. Necesitamos comida, fuego, agua y cobijo; ya está. Volver al medio natural nos permite deambular libremente y elegir el lugar que será nuestro hogar cada noche. Nos da la libertad de saber que nuestro *hogar* está con nosotros en todo momento y que no tenemos ningún lugar al que volver corriendo. Estamos bien. Tenemos *todo* lo que necesitamos, y podemos relajarnos y disfrutar del lago, el arroyo o la pradera.

Al salir y disfrutar del aire fresco, podremos quemar algo de grasa, tomar el sol y volver a conectar con la naturaleza de manera significativa. Salir de casa con amigos, tu familia, los perros y un buen libro es una actividad recreativa maravillosa y barata. Asegúrate, eso sí, de que también pasas algo de tiempo contigo mismo, disfrutando de la tranquilidad, al aire libre y de que no desaprovechas este acceso a la pureza de la naturaleza con conversaciones triviales.

Parques locales

Si vives en un área urbana, es posible que haya parques públicos o zonas verdes cerca de casa. No es la naturaleza pura de la que estamos hablando, pero debes aprovechar lo que tienes y empezar a trabajar desde ahí.

Yo suelo dar un paseo con mis perros en el parque todos los días y corro con ellos en el césped. No es como ir al Parque

Nacional de Yosemite*, pero me vale. Es como una pequeña inyección de naturaleza en medio de grandes dosis, pero lo suficiente como para anclar el Chi y conectar con los árboles y la hierba.

La naturaleza es poderosa. Piensa en el brote que consigue germinar a través de una grieta en medio de una acera de hormigón para sobrevivir. La energía de la naturaleza es eso y reside en todos nosotros. Encuentra un lugar por tu zona que te permita acceder a ella y frecuéntalo. Llévate una manta y un libro o ve con tus hijos. Te debes quedar con esto: es gratis, es saludable y es el lugar del que venimos. ¡Búscate un parque!

Plantas de interior y huertos domésticos

Traer la naturaleza a casa es un elemento clave en el proceso de reconexión con la vida. Salir y disfrutar de la naturaleza es maravilloso, por supuesto, pero seamos realistas: todos tenemos trabajo y cosas que hacer en la ciudad. Las plantas de interior son una solución maravillosa. Nos ayudan a crear ambiente y nos aportan paz; además, muchas de ellas actúan como sumideros de carbono de los compuestos orgánicos volátiles que se encuentran en el aire. También nos recuerdan cuáles son los principios fundamentales de la vida: el agua, la tierra y la luz solar.

Como también decíamos anteriormente, los huertos domésticos son el futuro. El césped solo gasta agua, mientras que estos huertos nos proporcionan alimentos y nos permiten conectar con la tierra. Además, la horticultura nos permite co-

---

* El Parque Nacional de Yosemite es un conocido parque natural en Estados Unidos. *(N. de la T.)*.

municarnos con la naturaleza a diario y también nos ayuda a recordar las cosas importantes, los pilares de la vida misma.

Dietas probióticas y prebióticas

La compleja combinación de bacterias beneficiosas que habitan en los intestinos de las personas sanas es algo que apenas estamos empezando a comprender, aunque hay algo que sí está claro: una buena cantidad de alimentos prebióticos saludables nos ayuda a crear el medio adecuado para estas bacterias buenas, y comer alimentos fermentados (no pasteurizados) nos ayuda a establecer y mantener esas colonias. Los alimentos prebióticos contienen fibras que no se digieren bien, creando así un entorno que favorece que las bacterias buenas proliferen a su paso por nuestro cuerpo. Básicamente, no toda la comida que ingerimos es para nosotros. Fibras como las raíces de achicoria no se descomponen en el estómago o el intestino delgado demasiado bien, por lo que llegan al intestino grueso listas para alimentar a las bacterias útiles que albergamos ahí. Nosotras las alimentamos y ellas cuidan de nosotros. Así pues, la fibra nos ayuda a limpiar el intestino y a mantener a nuestras bacterias amigas.

A continuación encontrarás una lista de alimentos prebióticos saludables:

Raíz de achicoria cruda: 64,6 por ciento de fibra prebiótica en peso.

Alcachofa de Jerusalén o pataca cruda: 31,5 por ciento de fibra prebiótica en peso.

Diente de león crudo: 24,3 por ciento de fibra prebiótica en peso.

Ajo crudo: 17,5 por ciento de fibra prebiótica en peso.

Puerro crudo: 11,7 por ciento de fibra prebiótica en peso.
Cebolla cruda: 8,6 por ciento de fibra prebiótica en peso.
Cebolla cocinada: 5 por ciento de fibra prebiótica en peso.
Espárrago crudo: 5 por ciento de fibra prebiótica en peso.
Salvado de trigo crudo: 5 por ciento de fibra prebiótica en peso.

Harina de trigo, horneada: 4,8 por ciento de fibra prebiótica en peso.

Plátano crudo: 1 por ciento de fibra prebiótica en peso.

Y aquí tienes una lista de alimentos ricos en bacterias buenas (probióticos):

Tempeh	Kéfir
Miso	*Kombucha*
Chucrut	*Kimchi*
Yogur	

Tómate una buena cucharada de uno de estos probióticos cada día y conseguirás ganarle la batalla a las bacterias malas. Incluye prebióticos en tus recetas y tendrás la fórmula ganadora. Si has tomado antibióticos, debes ser generoso con estos alimentos para restaurar las colonias de bacterias buenas, aunque tomar un poquito cada día también nos ayuda a compensar la pérdida bacteriana que sufrimos por culpa de las diminutas cantidades de antibióticos que contiene la carne tradicional.

EL PLAN DE ACCIÓN DE ETHAN

Ethan, al igual que nuestra Ann del capítulo anterior, también forma parte de la generación de la cesárea. El médico convenció a su madre para hacerle una, ya que sería mucho más fácil y estaba de moda por aquel entonces. Tanto su madre como Ethan tomaron antibióticos; este último lo hizo desde el primer día de su vida y nunca llegó a recibir una dosis saludable de bacterias buenas para empezar el viaje de su existencia. Que su madre le inculcase el miedo a la naturaleza tampoco fue de gran ayuda.

Intentamos regular su dieta con algo de fibra insoluble, prebióticos y buenos alimentos fermentados. Le gustaba el chucrut, así que le recomendé una receta para que aprendiera a hacerlo él mismo. Le gustó mucho y el ritual de preparar su propia *medicina* se convirtió en uno de sus pasatiempos favoritos.

Se unió a un club local de senderismo y empezó a hacer excursiones. Descubrió que se le daba bien la escalada en roca, así que lo animamos a seguir practicándola. Tardó un año más o menos en sentirse cómodo en la tienda de campaña cuando se iba de viaje, pero el miedo fue pasando poco a poco a un segundo plano. No estar rodeado de gente desagradable ayuda bastante. Sus nuevos amigos le ayudaron a superar este miedo y a seguir adelante con su vida. Se sentaban alrededor de la hoguera y disfrutaban de la noche después de un largo día de escalada.

Lo animamos a que hiciese un viaje de supervivencia por zonas salvajes que cambió su vida. Captó perfectamente el sentido y se dio cuenta del miedo desmedido que le tenía a muchas cosas. La primera vez que pudo hacer fuego fue como una especie de experiencia religiosa, una suerte de rito iniciático. El niño asustadizo se había convertido en un joven autosuficiente.

Había crecido quitándose la mugre de las manos sucias cuando volvía de jugar en las calles de Brooklyn. Ahora, trepa y come frutos secos con las manos sucias; ya no le da miedo.

La sala de escalada sustituyó a la de pesas mientras estaba en la ciudad y aprovechaba los fines de semana para disfrutar en las colinas siempre que podía. Era difícil llegar hasta allí desde Manhattan, pero pasaba tiempo en Central Park y empezó a hacer kayak en los ríos locales.

Consiguió disfrutar más de los conciertos, aunque empezó a preferir los momentos de tranquilidad en el bosque. De hecho, fue capaz de desarrollar buenas prácticas de meditación, que le eran de gran ayuda para tranquilizarse. Se seguía sobresaltando cada vez que un bicho trepaba por su pierna, pero aprendió a sonreír y volver al silencio; cambiar estas reacciones instintivas lleva algo de tiempo, pero la carga que las rodeaba ha desaparecido. Ethan vive ahora mucho más relajado y ha encontrado su hogar en la naturaleza.

CAPÍTULO 8

Sentirse solo a pesar de estar rodeado de gente

Mark no tiene ni idea de cómo ha acabado así en su vida. Tenía amigos en el instituto y se llevaba bien con la gente. Tuvo un par de novias y le iba bien con las chicas. Estuvo a punto de comprometerse en una ocasión, pero al final las cosas se torcieron y no salió bien. Era una buena chica, pero una especie de drama familiar lo echó todo a perder.

Trabaja como entrenador personal y cuida mucho su físico. Cae bien a sus clientes y tiene un cuerpo envidiable. Tarda más de una hora en llegar al gimnasio y le dedica largos días de intenso trabajo. En realidad, no hace más que estar por el gimnasio y contar repeticiones, pero de alguna manera es lo que necesitan los clientes. Lo que estos no saben es que en los descansos se escabulle para fumar. Tampoco saben que, después del trabajo, coge el coche hasta su casa, se bebe un *pack* de doce cervezas y ve la tele hasta la medianoche. Visita a su familia los fines de semana siempre que puede, pero la mayor parte del tiempo, cuando no está trabajando, se dedica a ver la tele y a beber en soledad.

No sabe muy bien cómo ha acabado así. Puede que todo empezase con un par de citas decepcionantes, y su última ruptura le hizo replantearse todo ese rollo. Hace afirmaciones del tipo «la gente da asco» o «todas las chicas buenas están cogidas» a sus clientes, que se ríen de sus ocurrencias. Lo que no saben es que Mark lo piensa de verdad. O quizá necesita pensarlo porque la otra explicación es demasiado dura de aceptar: ha caído en una depresión y en una situación de aislamiento social, es alcohólico y sus fobias sociales están acabando con su vida.

Si no, ¿por qué razón un chico guapo, en forma y simpático como él se encerraría en sí mismo y desperdiciaría los mejores años de su vida viendo tonterías en la tele? La respuesta está en nuestra sociedad. Mark no es el único: muchas personas como él también padecen esta *soledad*.

EL PROBLEMA

Mucha gente, pese a estar rodeada de millones de personas, se siente totalmente sola y aislada en el mundo. Igual que Mark, toleran a la gente lo mejor que pueden durante el día para luego irse a casa a vivir en soledad frente a la tele o a pasarse horas haciendo el tonto *online*. Seguimos buscando la conexión, pero la versión digital de esta palabra no es tan satisfactoria. Un internet más rápido no es la solución a nuestros problemas de conexión.

Puede que tengas mil amigos en Facebook y que, sin embargo, no sepas de nadie a quien llamar para contarle cómo te ha ido el día. Puede que tu amplio círculo de viejos amigos en tu ciudad de origen no se imaginen lo deprimido ni de lo desgraciado que te sientes. Las conversaciones son superficiales y estúpidas. El tiempo que pasáis juntos gira en torno a actividades deportivas, cumpleaños y bodas. Mucha gente recurre al deporte, canalizando su pasión en los altibajos de un equipo con el que se identifica de forma superficial.

¿Qué ha pasado con el deporte?

Nos hemos convertido en una sociedad pasiva. Vemos a otros practicar deporte mientras que nosotros comemos patatas fritas, bebemos cerveza y nos sentimos eufóricos o deprimidos en función del resultado del partido. Tenemos equipos y jugadores favoritos, y nuestro humor depende de su rendimiento. Nos ponemos sus camisetas y conocemos sus vidas, a veces mucho mejor que las de nuestros propios hijos. Vemos programas de citas y de viajes en vez de salir de casa y nos descargamos aplicaciones sobre realidades paralelas en lugar de centrarnos en nuestra propia vida.

Millones de personas se sienten totalmente solas y aisladas en su matrimonio. Puede que tengas un marido y tres hijos, pero que te estés muriendo por dentro. Te casaste joven y entonces tenía sentido: «Vamos a tener hijos y a empezar una vida juntos». A medida que pasa el tiempo, la cosa se pone fea. Los niños no te dejan dormir y te quedas sin tiempo para ti. Tu pareja llega y se pone a ver el partido, mientras que tú quieres hablar de diseño, de filosofía, de cómo criar a tus hijos o, quizá, solo quieres hacer el amor y él no capta la indirecta. Quizá te has cansado de tener que pedírselo. Existe toda una industria de novelas románticas al servicio de esta necesidad, pero, una vez más, no basta con leerlo.

Mucha gente se avergüenza del rumbo que ha tomado su vida. Sus sueños y su visión de futuro no han llegado a concretarse, y viven atrapados en un trabajo cualquiera y en su propia insatisfacción. Sienten que deberían haber conseguido ciertas cosas a su edad y viven en un estado perpetuo de consternación y arrepentimiento por una serie de malas decisiones que tomaron o por los fracasos vividos. A menudo, intentan racionalizar cómo han llegado ahí. Quizá le echan la culpa a su pareja. Quizá se cruzó en su camino una enfermedad que trastocó todos los planes. También es posible que esos buenos tiempos durasen demasiado y que las drogas y el alcohol los llevasen a una época confusa que los desvió del flujo de la vida. Todo lo bueno tiene un final.

Una parte importante de este problema tiene que ver con la imagen que tenemos de nosotros mismos. Tenemos una visión falsa de cómo *debemos* ser: qué aspecto debemos tener, cómo debemos vestir, qué debemos hacer, cómo debemos divertirnos... Muchas personas se sienten culpables por unos 20 kilos de más. La tele nos dice que tenemos que ser de cierta manera, vestir determinadas prendas y estar al día de todo lo que es *cool*, pero en realidad es imposible que ninguna persona encaje en ese molde. Por eso tantas supermodelos y estrellas de Hollywood acaban en las drogas. Vivimos una gran mentira y, sin embargo, la mayoría de nuestro mundo civilizado aspira a ser y parecer como los modelos que aparecen en la tele. Nos sentimos feos, viejos, consumidos e inseguros cuando tenemos que enfrentarnos al mundo exterior. Los guapos nos juzgarán hasta que comiencen a tener las primeras arrugas. Entonces pagarán a un médico para que arregle su fachada y poder así seguir aparentando que son mejores que el resto de nosotros.

No sé qué es más deprimente, si ir al centro comercial o no ir. Cuando salimos, parece que los espacios públicos están llenos de gente raruna con la que no tenemos nada en común. Nunca hay aparcamiento y puede ser bastante molesto esperar a que alguien coja tu dinero para que te puedas llevar lo que sea a casa. Pero si decidimos comprar por internet, nos sentiremos aún más aislados. Quedarnos en casa nunca fue tan fácil. El repartidor de UPS* no es tu amigo. Lo único que tiene es prisa por que firmes para poder seguir con la ruta y llegar a tiempo para ver el partido.

Ahora, el círculo se ha roto.

Los cazadores-recolectores viajaban en pequeños grupos y no había ni tiempo ni paciencia para el aislamiento. Te agarraban y te volvían a meter al círculo. Los distintos intentos para establecer una conexión mediante el nacionalismo, la religión, la lealtad a un equipo o el espíritu escolar suelen fracasar, dejando por el camino a millones de personas que se sienten cada vez más solas y aisladas. Nuestra necesidad de pertenecer a algo proviene de un circuito anterior en nuestro cerebro que nos conecta con otros mamíferos. A medida que ascendimos en la cadena evolutiva, pasamos de un cerebro *reptil*, que nos permitía ocuparnos de la supervivencia y poco más, a un cerebro *animal*, en el que el orden social y la pertenencia son factores importantes. Necesitamos saber cuál es nuestro

---

* UPS es una empresa de mensajería de Estados Unidos. *(N. de la T.).*

lugar en la manada. Necesitamos saber qué lugar ocupamos en la jerarquía. Desafortunadamente, los medios de comunicación nos sitúan bastante abajo. Desde ostentosas estrellas de rap hasta las visitas a casas de millonarios, todos los días nos recuerdan nuestro lugar. Esta *gente* sí es importante; tú no. La única manera de formar parte es comprarte el *merchandising* barato en el que han estampado sus nombres y hacerte fan. Ellas son las verdaderas estrellas, no tú. La industria ha arrancado a las estrellas del cielo y las ha plantado en Hollywood Boulevard: ahí están las personas a las que *nosotros* te decimos que tienes que seguir.

Los medios de comunicación nos dicen que el mundo es peligroso y que necesitamos que la policía nos proteja. Por lo que se ve, la muerte y la destrucción también son las reinas de las noticias. Nos quedamos horrorizados, de modo que cerramos bien la puerta y solo se la abrimos al repartidor de pizza o la señora de FedEx que nos trae el último paquete que hemos encargado en Amazon Prime.

Nuestro instinto sexual nos empuja a salir a la calle y a conocer gente, pero el problema es que nadie nos ha enseñado cómo comunicarnos de forma auténtica. Las citas *online* ayudan, pero, al final, tienes que sentarte con otro ser humano y comunicarte, y es una situación bastante incómoda. Las nuevas aplicaciones y páginas de citas han convertido estos encuentros en tragaperras del sexo que te permiten utilizar a la otra persona para cubrir tus necesidades físicas y volver inmediatamente a tu aislamiento social.

Cuanto más viejos nos hacemos, más difícil resulta conocer a alguien, ya que nos volvemos más exigentes y tenemos más manías. Se nos amarga el carácter, pero seguimos anhelando esa conexión. Nos mantenemos ocupados, pero ansiamos conectar. Queremos que nos toquen, nos escuchen, nos entiendan y nos quieran. Nos sentimos solos y no sabemos cómo solucionarlo. Las drogas, el alcohol, el porno, los videojuegos, las series de televisión y las redes sociales son nuestras únicas distracciones. Ocupan nuestras vidas y nos distraen de lo que realmente sucede; la verdad resulta demasiado dolorosa.

Estamos desconectados de nuestra naturaleza eterna y vivimos aterrorizados ante la idea de que eso es todo lo que tenemos: nuestros problemas serán cada vez mayores y, a medida que pasa el tiempo, las cosas irán a peor.

SABIDURÍA DE MONJE URBANO

Lo cierto es que todos nosotros estamos destinados a ser estrellas. Pero no me refiero al estatus que los sociópatas de Hollywood y Nueva York nos confieren, sino al verdadero sentido de la palabra. ¿Cómo podemos regresar a la senda de nuestro destino y vivir la vida de nuestros sueños? ¿Cómo podemos acceder a nuestro propósito y alinear nuestras ambiciones personales con el bien del planeta? ¿Cómo podemos acceder a nuestra sabiduría interior y realizarnos como personas? La esencia de la alquimia consiste en la activación de los centros espirituales de nuestro cuerpo y de la Luz que fluye eternamente de la Fuente de la que todos formamos parte. Dicen que Jesús es el Hijo de Dios. Pues bien, en la sabiduría hermética está asociado con la sexta Sefirá llamada Tiféret, que es el Centro del Sol. Era considerado en un sentido real «el Sol de Dios», porque encendió su Cuerpo de Luz y demostró que podía ser una Luz para Sí Mismo. Seas creyente o no, esta historia nos cuenta algo importante. Desde mi linaje taoísta, pasando por los tibetanos, los chamanes incas y mayas, y hasta las tradiciones occidentales, existe un cuerpo vivo de sabiduría que nos enseña a activar nuestro Cuerpo de Luz y a beber de la energía de la Voluntad Eterna del Bien. El halo que se representaba sobre las cabezas de los grandes maestros servía para ilustrar lo que sucedía cuando nos despertábamos y volvíamos a la vida. Era una descripción gráfica de lo que la gente observaba alrededor de los sabios y de lo que los practicantes esperan alcanzar gracias a la práctica espiritual.

Las religiones exotéricas del mundo han limitado considerablemente nuestro acceso a esta sabiduría, diluyéndola y distrayendo a la humanidad de la verdad. Han intentado agudizar la necesidad de pertenencia de nuestro cerebro *animal* y han hecho de la religión algo más relacionado con la comunidad que con el crecimiento personal espiritual. Han eliminado la parte mística y la han reducido hasta tal punto que la gente está huyendo en masa. ¿Por qué? Pues porque la gente se da cuenta de su vacuidad, de su carga comercial y artificial. En los sitios de citas, la categoría por excelencia para indicar tu religión es «espiritual, pero no religioso». Las personas pueden vivir sin la religión, pero necesitan algo en lo que creer. Sienten una conexión con la vida y la luz que va más allá de las viejas historias de reyes y hermanos homicidas de la Biblia. Sin embargo, estas son las historias que han mantenido unida a nuestra sociedad durante milenios; ahora necesitamos un nuevo código ético, una nueva historia más coherente con un mundo en plena transformación.

Volver a nuestras raíces

Este deseo de individualización nos ha llevado por una senda de crecimiento y desarrollo descontrolados, que también nos ha desestabilizado a nivel interno. Históricamente procedemos de una fuerte tradición familiar: nuestros antepasados crecieron en pequeñas tribus y tenían grandes familias que les ayudaban y cuidaban. Vivían en una red simbiótica que les servía de apoyo en la defensa, el forrajeo, la caza y la interconexión. El mundo moderno occidental, sin embargo, ha sido testigo de la destrucción de este fuerte núcleo familiar.

En el Nuevo Mundo, los primeros colonos tenían una opinión religiosa muy extrema y ferviente que los apartó del tejido social. Lo habían dejado todo para empezar de cero y eran libres para practicar sus creencias. Esto les permitió romper con los regímenes opresivos de sus lugares de origen, pero también justificar el asesinato de los indígenas que allí encontraron y la quema de mujeres a las que acusaban de practicar la brujería. Vivían en un mundo totalmente nuevo que les ofrecía un rápido crecimiento en beneficio propio. «¿Y qué pasa si papá y mamá están en Delaware?». «He oído que hay muchas tierras y oportunidades al oeste, ¡así que vamos!». El pegamento dejó de funcionar.

Sí, las familias traen su buena dosis de codependencia y drama, pero también proporcionan apoyo, comodidad, recursos compartidos y personas que se preocupan por ti. La escisión de la familia occidental ha supuesto el desgarro del tejido de nuestra sociedad. Ahora los hijos no pueden esperar hasta los dieciocho para irse de casa, aunque no puedan llegar a fin de mes. En lugar de contar con el apoyo de su familia para tener una buena educación, conocer el mundo, compartir costes y cocinar de forma conjunta, se ven obligados a servir mesas y a trabajar en otros dos sitios para poder ser *libres*. Esta situación no deja ni tiempo ni lugar para el crecimiento personal y genera una sociedad llena de individuos aislados que viven en pequeños pisos preguntándose por qué el sueño americano no es para ellos. Si te fijas en las familias de inmigrantes, verás cómo muchas de ellas viven bajo el mismo techo y trabajan para *abrirse paso* en el mundo occidental. Lo vemos en los italianos, los irlandeses, los mexicanos, los indios, los chinos y en cualquier otra raza del Viejo Mundo que llega al Nuevo Mundo. Trabajan mucho, mandan a sus hijos a la universidad y construyen su propio futuro. El aislamiento moderno surgió hace un par de generaciones cuando los hijos empezaron a confundir la libertad con la esclavitud de las deudas al tiempo que luchaban por el *sueño* equivocado.

Una vida familiar equilibrada

Un monje urbano es capaz de encontrar el equilibrio entre las invasivas corrientes de los asuntos familiares y una cultura de aislamiento personal; este equilibrio se basa en el *trabajo espiritual*. ¿Qué pasaría si pudiésemos crecer juntos? ¿Por qué no cultivamos un huerto en familia? Podemos transformar nuestro entorno de muchas maneras para introducir actividades saludables que podamos hacer con nuestros seres queridos. Dar paseos, montar en bici, jugar a los juegos de mesa, escuchar audiolibros o cocinar juntos son formas geniales de pasar tiempo en familia mientras hacemos algo bueno por nosotros mismos.

Si vives lejos de tus seres queridos, puedes utilizar Skype o FaceTime para pasar tiempo con la otra persona mientras haces cosas. El objetivo es poder estar ahí para el otro y saber que no hace falta llenar el silencio con tonterías. Si tienes algo que decir, dilo; si no, disfruta del tiempo juntos y del hecho de compartir un mismo espacio. Es un arte perdido que puedes recuperar. Si te resulta difícil tratar con tu familia, intenta curar tus heridas y encuentra una nueva *familia* con la que puedas establecer un vínculo más profundo. Necesitamos esta conexión en lo más profundo de nosotros y su pérdida genera ansiedad y vacío en nuestra vida. ¡Recupérala!

Cuando conectamos profundamente con los demás, nos sentimos completos.

Podemos estar con nuestras familias y amigos, y estar presentes. Podemos beber del cáliz de la eternidad y no estar sedientos constantemente. Para equilibrar esta codependencia familiar tenemos que aprender a conseguir lo que necesitamos directamente de la Fuente y no culpar a los demás por no darnos lo que no pueden ofrecer. Cada cual tiene sus problemas y nuestro trabajo consiste en apoyar a los demás y no en echarle la culpa a nuestros seres queridos por interponerse en el camino hacia nuestros sueños.

Los monjes practican el aislamiento social porque necesitan tiempo para contemplar la realidad y cultivar su poder interno. Cuando bajan de una montaña, no paran de sonreír y son muy accesibles y amables. Han pasado el tiempo suficiente cuidando de sí mismos y se sienten *completos*. Esto les permite ser afectivos y bondadosos con los demás. ¿Por qué? Porque se han tomado el tiempo necesario para ahondar en su interior. Se han enfrentado a la incomodidad y no les importa estar solos. Al fin y al cabo, ¿qué problema tenemos con nosotros mismos para no querer estar solos? *Ahí* es donde está lo bueno, donde el monje urbano escarba en busca del oro espiritual y encuentra un auténtico tesoro.

Como cabeza de familia, tómate el tiempo que puedas. Un par de horas el sábado es un buen comienzo. Si tienes hijos de los que cuidar, túrnate con tu pareja y *ayudaos el uno al otro* de modo que los dos podáis llenar vuestros depósitos y sentiros completos. Si nos comunicamos correctamente, podemos apoyarnos los unos a los otros en nuestra búsqueda vital.

Lo irónico es que cada momento es una buena oportunidad para acceder a la eternidad y beber de ella. Lo que percibimos como tiempo muerto, soledad y aislamiento social es en realidad un regalo único. Significa que *tenemos tiempo de verdad* para desarrollar una práctica personal y cavar en busca de lo bueno. Este cambio de perspectiva transformará tu vida para siempre.

Matar el tiempo es matarte a ti mismo

El tiempo es nuestro mejor don y, si tienes la posibilidad de rellenarlo con pequeñas distracciones, la buena noticia es que eres rico. Tienes delante de ti un magnífico ingrediente que te permitirá mejorar tu vida y saber quién eres. En lugar de ingerir contenidos con una baja energía vibratoria en la tele o en internet, puedes leer, escuchar programas de audio, ver contenido profundo, crecer personalmente y cultivar tu Chi.

Cada momento es una oportunidad única para despertarnos y beber del Néctar. Si te sientes solo y aislado, tienes que saber que la solución se encuentra en tu interior. No intentes rellenar el silencio o el vacío con esas cosas sin sentido que la gente hace o con las que pierde el tiempo. Llénalo contigo mismo. Respira ese momento y analiza cómo te sientes. Siente la fuerza interna que recorre tu ser y estudia dónde se almacena. Ese es tu trabajo. Cuando consigas superar esta barrera, descubrirás el don tan maravilloso que es el tiempo y nunca más volverás a malgastar otro momento de tu vida.

Transfórmate en tiempo.

Cuando lo consigas, verás cómo consigues atraer a la gente correcta. Encontrarás pistas que te mostrarán el camino hacia lugares maravillosos. Aparecerán oportunidades que te harán avanzar en direcciones que iluminarán tu vida. La primera parada siempre es encontrarse a uno mismo y hacerse una pregunta clave: «¿Quién soy?».

Nunca hay una respuesta, solo más preguntas. Cuando te acostumbres a esta noción, te darás cuenta de que la vida en sí misma es un gran misterio y de que estamos aquí para aprender y explorar.

Ese descubrimiento será el final de tu aburrimiento y de tu soledad.

Cuando consigues acceder a la Fuente, la felicidad brota del interior. Cuando te sientes satisfecho contigo mismo, los amigos adecuados se cruzan en tu camino. No os necesitáis, así que disfrutáis de vuestra compañía sin ningún tipo de codependencia extraña. Podéis disfrutar juntos del silencio o incluso sentaros en el mismo sofá, leer un libro y disfrutar en torno a una chimenea.

Experimenta

No tienes que estar aislado para encontrarte a ti mismo. Sigue las miguitas de pan que te llevarán hacia las cosas que te interesaban en el pasado. ¿Siempre has querido hacer kayak? Bien, ¡empieza a practicarlo! ¿Tenis? Genial, apúntate a un club. ¿Qué tal visitar las pirámides? Reserva un vuelo y busca un hotel.

Un monje urbano nunca tiene miedo de hacer cosas solo. De hecho, lo está deseando. Las mejores cosas en la vida suceden cuando estamos en nuestro camino. Yo he conocido a algunos de mis mejores amigos mientras estaba en aldeas himalayas o en exóticas playas. ¿Y por qué? Pues porque ellos también se habían liberado de un mundo cuyas limitaciones habían percibido y disfrutaban de la vida. Cuando das el salto, todas las excusas y los pequeños miedos pasan a un segundo plano y entonces comienza la aventura de la vida. Cuando te dedicas a hacer cosas maravillosas en el mundo, es fácil encontrar a personas con las que merece la pena estar. Si no encuentras a esas personas, ¡más vale solo que mal acompañado!

A lo mejor el tenis todavía no se te da muy bien. ¿Y qué? Tu padre no te está viendo, aunque parezca que sí. Por algún lado hay que empezar. Apúntate a clases y empieza a divertirte haciendo cosas para ti mismo. A nadie le importa que seas un paquete. Todos los principiantes lo son.

La clave está en no preocuparse por lo que piense la gente y hacer las cosas por placer. Al principio resulta difícil, pero con el tiempo aprenderás a quitarte los complejos y empezarás a disfrutar de la vida sin miedo a ser juzgado.

Estarás entonces en el camino hacia la libertad.

VIAJES PERSONALES

Mi maestro de kungfú me hizo dar vueltas como un loco cuando me acercaba a la treintena. Tenía 24 créditos en la UCLA, dirigía un campamento de verano para niños y me entrenaba más de treinta horas a la semana haciendo kungfú, taichí, *chi kung* y meditación. Cada vez que me agobiaba y empezaba a autocompadecerme, me pedía que encontrase una solución y me centrase. Me di cuenta pronto de que solía distraerme en clase, así que tenía que volver a leer todo lo que habíamos dado en casa. También me di cuenta de que no tenía tiempo para eso, así que empecé a prestar mucha atención en clase. Tenía los libros en la mesa, iba leyendo durante la clase y cogiendo apuntes mientras el profesor hablaba. Descubrí entonces que el *descanso* que yo pensaba que me tomaba no me servía de mucho. En lugar de pasarme una hora al teléfono o viendo cualquier programa tonto, empecé a salir de casa y a practicar taichí. Volvía con más energía y claridad. Era algo muy reparador y me servía para recargar las pilas y recuperar la motivación. Empecé a analizar distintos aspectos de mi vida y a deshacerme de aquellos hábitos que me hacían ser ineficaz; conseguía terminar todo lo que tenía que hacer. Ese trimestre me pusieron varios sobresalientes y también me fue muy bien en el resto de cosas. Aprendí una lección muy valiosa: yo mismo tenía que construir mi propia experiencia. Dejé de hacer cosas que no servían para nada y me enfrenté a las convenciones culturales. Ahora, cuando me relajo, lo hago de verdad, y cuando tengo que acabar algo, me pongo en serio.

Una vida de servicio

¿Es posible que, en una ciudad de varios millones de habitantes, no haya *nadie* interesante, o quizá te estás aislando tú solito porque tus intentos de hacer amigos y establecer conexiones sociales han fracasado? Es muy fácil echarle la culpa al mundo de nuestro aislamiento, pero primero tenemos que analizarnos a nosotros mismos.

+ ¿Necesitamos tener mejores amigos?
+ ¿Cómo podemos arreglar las cosas con nuestra familia?
+ ¿Qué nos interesa y cómo podemos avanzar en esa dirección?
+ ¿Cómo podemos invertir el tiempo que pasamos solos para ser mejores personas y más desenfadados?

Si nos analizamos detalladamente por dentro, aprenderemos a valorar más a la gente y a ser más cariñosos. Aunque seas la persona más inteligente e interesante en la habitación (y todos pensamos que lo somos), comprométete a *servir* a la gente que te rodea y a abrirte a los demás.

Cuando servimos a los demás, florece lo mejor de nosotros y empezamos a despertar del autoengaño de grandeza en el que vivimos y también de la ilusión de la separación. Este servicio nos permite conectar con las personas. ¿Quién narices eres tú, en todo caso? ¿Por qué importa esa identidad? Si esta identidad fabricada no importa, ¿por qué te tomas tan en serio?

Encontrarte a ti mismo no significa entrar en un estado de exaltación. Todas las personas que conozco que han hecho regresiones a su vida pasada afirman que eran reyes, princesas o algo extraordinario en el pasado. Todos pensamos que esa es la respuesta, como si Hollywood también hubiese invadido nuestro sentido de la espiritualidad. Pero ¿y si la esencia de lo que eres no es muy diferente de la de todas las personas que te rodean? ¿Qué pasa si nadie es mejor que nadie y si todos formamos parte de una misma y hermosa fuerza vital? ¿Qué es lo que te diferencia? ¿Cómo llegas a la cima? No se llega. Intentar colocarte por encima de los demás es una estupidez.

Un servicio humilde a los demás nos enseña nuestra verdadera naturaleza. Nos ayuda a entender el sufrimiento universal de la humanidad y nos convierte en agentes de cambio al servicio de todas las formas de vida. La prepotencia y los aires de superioridad son un camino rápido hacia la soledad y el aislamiento. Al fin y al cabo, ¿cómo podemos estar con esas personas? Están tan por debajo de mí..., y estos otros son demasiado elegantes para mí. Al juzgar, nos aislamos y sufrimos. Estamos ante una pieza clave de la noción de clase y estatus social. Muchas personas han crecido envenenadas por las ideas tóxicas de esas familias que les hacen creer desde muy pequeñas que son diferentes. Les enseñan que su familia procede de una estirpe mejor, o que su raza o el color de su piel son mejores que los del resto de la gente. Lo aprenden tan temprano que asumen que es cierto, que las cosas son así y punto. Deshacer esta programación mental y aprender a liberarse del racismo, el sexismo, el aislamiento de las clases y otras estupideces generalizadas es muy importante. Es una parte básica de nuestro crecimiento personal que todos debemos superar.

Es importante recordar que este crecimiento se da en ambos sentidos. Aprender a perdonar a las personas que se equivocan también es todo un reto. Lo vemos con los blancos en el sur y con la nueva generación de jóvenes alemanes. ¿Cuándo son libres de los pecados cometidos por sus antepasados?

Pues ahora. Tenemos que vivir en el presente: cambia tu vida y ten en cuenta solo tus propios méritos.

¿Cuándo dejaremos de odiarnos los unos a los otros? Cuando no necesitemos que el conflicto nos defina. Nuestras madres, padres, tíos, profesores y otros adultos nos inculcaron opiniones sobre los demás en nuestras manipulables mentes antes de que ni siquiera tuviéramos la oportunidad de discernir las cosas. Como adultos, podemos reexaminar todas estas ideas y sustituirlas por algo mejor.

Cuando dedicamos nuestra vida al servicio y el *porqué* se convierte en algo más importante que el *yo*, empezamos a liberarnos del engaño de la separación. Avanzar hacia un propósito superior significa trabajar por un bien supremo y ayudar a aquellos que lo necesitan. Significa servir a nuestra comunidad y preservar nuestro medio ambiente. Significa conectar con las personas y atender desinteresadamente sus necesidades. Cuando lo consigamos, saldremos del aislamiento en el que nos encontramos. Hay mucho trabajo por hacer y muchas personas a las que ayudar. Mueve el culo, únete a la fiesta y deja de tomarte tan en serio.

PRÁCTICAS ORIENTALES

Meditación centrada en el corazón

Aprender a conectar de nuevo con el *chakra* de nuestro corazón es una forma eficaz de avanzar hacia nuestra conciencia transpersonal. Nos ayuda a salir de nuestros egos y a suavizar nuestra personalidad. Esta meditación es la base de muchas tradiciones espirituales y ha permitido que la gente se entienda y se apoye durante milenios. Este es el ejercicio.

o Siéntate en una postura cómoda y empieza a inspirar y espirar por la nariz llevando el aire hasta el Dantian inferior (tres dedos por debajo de tu ombligo).

o Dedica algunos minutos a apaciguar tu mente y a respirar con la parte inferior del Dantian.

o A continuación lleva tu atención al centro de tu corazón (a la altura del pezón en medio de tu pecho) y coloca las manos en posición de oración delante del corazón con las palmas de las manos juntas (las yemas de los dedos miran hacia arriba).

o Deja que tu respiración entre y salga de esta zona durante algunas respiraciones.

o Siente cómo la zona se calienta a medida que vas respirando.

o Ahora, céntrate en el sentimiento de amor incondicional de tu corazón. Siente este amor por todas las formas de vida: todo lo que te rodea y todo y todas las personas que hayas conocido o conocerás.

o Siente ese amor con cada inhalación y con cada exhalación; proyecta este amor hacia afuera en todas las direcciones desde tu corazón.

o Siéntelo por todas las personas que conoces, amas, odias, por las personas a las que tienes que perdonar y por aquellas que están por conocer.

o Sigue haciéndolo durante varias respiraciones y concéntrate en expandir la esfera de tu corazón con cada exhalación, de forma que crezca y envuelva todo lo que conoces.

o Haz que crezca hasta que envuelva la Tierra, el sistema solar, las galaxias y, por último, todo el universo.

o Siéntate durante algunos minutos y mantén ese amor en tu corazón.

Cuando estés preparado para acabar el ejercicio, conserva ese amor en el centro de tu corazón y deja que guíe tus decisiones e influencie tus interacciones. Con el tiempo, verás lo valioso que resulta este ejercicio para acabar con el aislamiento.

Cicatrizar las heridas del pasado

Aprender a cicatrizar las heridas del pasado es la única forma de tener un presente en paz. Todos llevamos a cuestas cargas y juicios enormes de nuestro pasado. Utiliza el ejercicio anterior; cuando hayas alcanzado un estado de amor intenso, podrás aislar ese sentimiento que te ha estado persiguiendo y utilizar esta esfera de amor incondicional. Rodea este sentimiento y envuélvelo. Apórtale luz blanca y verás cómo se convierte en un sentimiento positivo.

Cuando lo hayas hecho en el presente, remóntate hasta tu pasado e intenta encontrar el hecho que dio lugar a esta polaridad inversa. Retrocede mentalmente y cura este acontecimiento también en el pasado. Conviértelo en algo positivo antes de seguir adelante.

Puede que encuentres varias situaciones. Enfréntate a cada una de ellas y trabaja para curar sus heridas. Con el tiempo, descubrirás el hecho original que inicialmente desencadenó esa energía y también podrás reparar ese sentimiento.

Analiza las circunstancias y a todas las personas relacionadas con este acontecimiento y contigo. Detén el tiempo e insufla todo tu amor a este hecho. Envuelve todo ese escenario con luz blanca. Después, con el tiempo congelado, desarrolla los acontecimientos como tú quieras que sean. Visualízalo con claridad y graba esa visión en tu yo consciente. Ánclala firmemente en tu corazón, refuerza esta nueva versión y susténtala con amor. Visualizarla y sentirla son piezas clave. Así es como, al fijar ciertas emociones y visualizaciones en nuestra conciencia, sucederán cosas mágicas.

Con el tiempo, esta práctica cambiará tu vida y te liberará de la pesada carga de las emociones que llevas arrastrando tantos años. Es algo que me enseñó el doctor Carl Totton (taoinstitute.com).

Gestos de amor específicos

Poner tus habilidades y tu tiempo al servicio de una causa local es una manera muy eficaz de acabar con el aislamiento. Encuentra una causa local con la que te identifiques y colabora como voluntario. Pero no te quedes ahí: regala actos de bondad al azar y ayuda a la gente de forma desinteresada siempre que puedas. No esperes alabanzas ni reconocimiento a cambio. Una vez más, tú no eres el protagonista. Sé de ayuda y quítate de en medio. Con el tiempo, verás cómo tu personalidad se suaviza y conseguirás el margen necesario para ser parte de algo sin ningún tipo de fricción.

El filósofo judío Maimónides habló del principio de dar desinteresadamente sin necesidad de elogios ni de reconocimiento. Al hacerlo, pasamos a formar parte de un principio universal y eliminamos nuestro ego de la ecuación.

Los cinco animales

Una parte fundamental de la tradición del kungfú es el papel que desempeñan «los cinco animales» (el tigre, el leopardo, la grulla, la serpiente y el dragón), así como muchos otros animales cuyos movimientos han sido practicados y transmitidos durante años (el mono, el oso, el águila, la mantis y muchos otros). Los antiguos sabios observaban el estilo de los distintos animales y su genialidad a la hora de luchar y defenderse. Cada animal tenía una fortaleza que explotaba y de la que se valía para aprovecharse de las debilidades de los demás. Cada uno de ellos rebosaba un poder que los practicantes del kungfú intentan emular.

Un verdadero maestro de artes marciales se *convierte* en el animal al que está *interpretando*. Igual que en el teatro, debes convertirte en el personaje y beber del espíritu, la esencia y el poder del animal. Al hacerlo, accederás a un arquetipo puro de algo arraigado en la naturaleza (y no en un vudú animista raro o en prácticas oscuras). Este ejercicio te permitirá escapar del personaje controlador de tu ego e interpretar un papel totalmente distinto.

Con el tiempo, nos damos cuenta de que es algo divertido y seguro. De hecho, es una práctica terapéutica, ya que cada animal tiene su propia expresión emocional y podemos utilizar estos ejercicios para expresarnos alquímicamente y transformar la energía emocional. Este ejercicio nos ofrece el espacio, el permiso y la forma de transformar nuestro estado mental y emocional al beber de algo totalmente puro y natural. También, de forma furtiva, nos ofrece un pequeño *juego* para escapar del yugo de nuestro ego o de nuestra identidad prefabricada. A medida que pasemos más tiempo jugando a ser otra cosa o a llevar distintas máscaras, empezaremos a darnos cuenta de que la que llevamos puesta cada día es *solo una máscara más*. Y ahí es cuando comienza lo bueno. Cuando dejamos de fingir ser *esa persona*, podemos seguir siendo quiénes realmente somos. ¿Quiénes somos? Cada uno de nosotros tendremos que descubrir a esa persona. Es mucho más divertido salir con gente que no se toma demasiado en serio.

En la sección de recursos encontrarás un vídeo en inglés sobre esto último.

Si la religión te ha fallado, encuentra la espiritualidad

Si provienes de una tradición en la que las monjas eran demasiado estrictas, las personas demasiado falsas o los curas hacían cosas sucias, o simplemente de una tradición que no tenía ningún sentido para ti, es necesario que entiendas que la religión y la espiritualidad no son lo mismo. La religión organizada tiene muchos méritos y ha mantenido unida la estructura de nuestras culturas durante milenios, pero también ha tenido muchos fallos. Dios no hizo eso; las personas lo hicieron —en nombre de Dios—. De hecho, el mejor escondite del Diablo suele ser la Casa de Dios y, por este mismo motivo, muchas personas han perdido su fe en la religión.

Si es tu caso, busca una práctica espiritual personal y encuentra a Dios por ti mismo. ¿Quién es Dios? No dejes que nadie decida por ti. Descúbrelo tú mismo. Hazte las grandes preguntas: qué había *antes* del *Big Bang* y cómo hemos llegado aquí. Existen libros maravillosos y obras de santos que te iluminarán en este camino.

Dicho esto, yo aprendí mucho más sobre la espiritualidad en las calles de la India que en cualquier *ashram**. A veces, las experiencias vitales son las que más nos enseñan y tenemos que estar abiertos a aprender lecciones de distintas formas. Si te sientes lejos de la palabra Dios, acércate al taoísmo, el budismo, los chamanes o cualquier otra práctica que te interese. Son solo palabras que intentan darle sentido a una realidad común que todos compartimos. Todas tienen algo en común: explorar la esencia de esta realidad. No aceptes los dogmas; busca tus propias respuestas. Así, esta práctica será algo personal y no algo que tengas que seguir ciegamente.

El truco consiste en comprometerte con tu iluminación y conseguir trabajar en ti mismo. A partir de ahí, todo lo demás funcionará. También se dicen muchas tonterías de la Nueva Era que no se basan en nada real. Mi sugerencia es que le eches un vistazo a las tradiciones clásicas y vayas a la Fuente. Si te interesa el cristianismo, lee lo que Jesús dijo. Si te interesa el budismo, aprende a meditar como Buda recomendaba hacerlo (visita dhamma.org, si necesitas ayuda) y descubre qué te aporta. Si quieres explorar el chamanismo, encuentra a alguien que sepa de verdad del tema.

Hay un mundo lleno de parásitos esperando ahí fuera para aprovecharse de aquellos que se bajan del *barco de la religión*. Pon en práctica los ejercicios que has aprendido en este libro para analizarte por dentro y descubrir lo que te sienta bien. Si huele mucho a secta, corre como alma que lleva el diablo. ¡No necesitas esa mierda!

---

* Un *ashram* es un lugar de meditación y enseñanza hinduista. (*N. de la T.*).

TRUCOS MODERNOS

Mercados de productores

Salir de casa para comprar en el mercado local es el siguiente paso en la revolución de los alimentos, pero también nos permite recuperar algo que hemos perdido en nuestra generación: el ágora o el mercado. Históricamente, estos lugares eran zonas públicas en las que los ciudadanos se congregaban y charlaban de sus negocios. La invasión corporativa estadounidense ha dado lugar a ciudades (especialmente las nuevas) en las que no existe la plaza pública. No hay ningún lugar seguro en el que podamos estar que no sea propiedad privada, de modo que siempre nos vemos obligados a comprar algo o a irnos.

El incipiente crecimiento de los mercados de productores en ciudades de todo el mundo representa un soplo de aire fresco desde la base de nuestra sociedad. Son espacios en los que puedes convivir con la gente, escuchar música, conseguir alimentos frescos o simplemente dar un paseo y ver gente. Es una muy buena forma de abrirte a los demás y de desarrollar todo un ritual en torno a la buena comida y la cultura. Para deshacernos del aislamiento tenemos que empezar por salir y no hay mejor aliciente que nuestro viejo y buen amigo el hambre. Es otra manera genial de reunirnos en torno a la comida, darnos placer, contar chistes y disfrutar de la compañía de gente real en un espacio público. ¡Es hora de volver a reunirnos en torno a la comida!

Grupos locales

Recientemente, internet nos ha obsequiado con una amplia gama de aplicaciones que nos ayudan a quedar y congregarnos. Desde grupos locales de Facebook, Meetup, LinkedIn y otras redes sociales hasta las *color races,* las *mud runs* o los *flashmobs,* entre otros, internet ha dado un paso más y ahora conecta a la gente en lugares reales para hacer cosas reales y divertidas. Echa un vistazo a las opciones, elige aquellas que te interesen y no te lo pienses. Muchas personas, muy parecidas a ti, están deseando conocer gente y ampliar su círculo. No eres un bicho raro; todo el mundo se siente solo y necesita lo mismo. Cuando te des cuenta, te dejarás de tonterías y volverás a pasártelo bien con la gente.

También hay un movimiento incipiente en torno a los gustos *especiales.* Los autoproclamados *nerds* y *geeks* tienen convenciones como WonderCon o la de Star Wars. De hecho, es muy probable que, si te gusta algo, haya miles de personas a las que también les guste y celebren reuniones por todos lados. Si te gustan los pájaros, hay grupos de observación de aves. Si lo hacen las ballenas, hay barcos especiales para el avistamiento de cetáceos. Es muy probable que no seas el único con esos intereses. Puedes utilizar internet para encontrar a personas con gustos similares y conocerlas en eventos y conferencias. Hay un mundo lleno de cosas divertidas; lo único que tenemos que hacer es buscar y conectar. La gente es maravillosa; somos peculiares, raros e interesantes: exactamente igual que tú. Es hora de encontrar a esas personas y de pasártelo bien.

Corta el cable

Existe un movimiento emergente de personas dispuestas a cortar el cable de la tele y a recuperar su poder en los medios de comunicación y el ocio. No hay ningún motivo para seguir pagando por los innumerables canales de basura que solo te ofrecen anuncios y pésimos contenidos. Los descodificadores, los canales de pago, YouTube e iTunes son algunas de las nuevas formas de acceder a un contenido de calidad y enriquecedor.

Si te decides a cortar el cable, podrás suscribirte a muchos de los nuevos servicios que existen. Desde Netflix y la HBO hasta servicios como Hulu que reúne contenidos de las principales cadenas de televisión, cada vez hay menos necesidad de pagar por 500 canales que nunca vas a ver. Puedes suscribirte al canal deportivo que más te guste e investigar en busca de contenido que de verdad quieras consumir. Los *podcasts*, así como los audiolibros o Vimeo son buenas opciones. Obviamente, sigue habiendo programas de televisión de calidad e inteligentes, y seguro que vendrán muchos más, pero eso no significa que necesites el resto de canales. Quédate con lo siguiente: tienes muchas opciones y debes aprovecharlas.

Un monje urbano es selectivo con la información que recibe. No malgastes ni un minuto más sentado frente a la televisión viendo tonterías. Hazte con el poder y corta el cable.

Mejor aún, sal de casa y empieza a vivir. La vida no es un deporte para espectadores. Puedes incluso escuchar un *podcast* mientras haces senderismo o vas en bici y disfrutar así de lo mejor de ambas actividades. ¡Joder, si sales de casa, puede incluso que conozcas a alguien!

Lee cosas de calidad

Somos lo que comemos, así que ingiere solo lo mejor y despierta. Tómate tiempo para encontrar los libros, las películas, las obras, las revistas, los audiolibros, las conferencias o cualquier cosa que pienses que te ayudará a crecer. Utiliza tu valioso tiempo para mejorar tu experiencia humana y aprender nuevas cosas. *Es mucho más divertido estar rodeado de gen-*

te interesante. Desarrolla una cultura de superación personal dedicando tu tiempo a ser un aprendiz permanente. Esto no solo te hará ser una persona más culta, cosmopolita e interesante, sino que también te inculcará humildad, ya que pronto te darás cuenta de que hay muchísimas cosas por aprender. Te desharás así de la arrogancia que nos caracteriza cuando pensamos que lo sabemos todo y también desarrollarás una cultura personal que te ayudará a conectar mejor con la gente.

Este es el secreto: *todas las personas* tienen algo que enseñarte. Si te interesa la información y quieres aprender más sobre la vida y la realidad misma, cualquier persona que conozcas tendrá alguna información valiosa para ti. Tanto si le preguntas a un taxista por la ciudad en la que estás, como a un señor mayor por los patos del parque o a un niño por su color favorito, siempre tendrás algo que aprender y tu *interés* dará paso a una conversación. Te permitirá conferirle a alguien la noble tarea de enseñar algo. Este conocimiento les honrará y conseguirás que se sientan valiosos para la sociedad.

Da siempre las gracias a la gente por su sabiduría y hazlo amablemente. Es la mejor forma de romper el hielo, ya que te permite conectar con las personas de forma noble y continuar con tu proceso de aprendizaje permanente.

La buena psicoterapia es de gran ayuda

¿Qué fue lo que pasó y por qué te encerraste en ti mismo hasta aislarte? La terapia temporal de la que hablábamos en la sección «Cicatrizar las heridas del pasado» es un buen ejercicio que te ayudará a liberar parte de esta energía estancada en tu vida. Sin embargo, muchos de nosotros hemos sufrido episodios de abusos y grandes traumas en el pasado. En esos casos, es posible que necesitemos que alguien nos ayude a superarlos y existen miles de buenos terapeutas en el mundo a los que podemos recurrir en busca de ayuda.

Quizá estás pensando lo siguiente: «Tío, yo ya lo he probado»; pero, que ya lo hayas intentado en el pasado no significa que tengas que rendirte. Utiliza todo lo que has aprendido en este libro y busca a alguien que te ayude a salir de ti mismo y a ser de mayor utilidad para la humanidad. Cuando ya hayas establecido tu propósito como monje urbano, podrás buscar a un aliado que te apoye en tu búsqueda de la paz y la felicidad. Hay muchísimos buenos médicos que pueden ayudarte a conseguirlo.

Sal de tu zona de confort

Si te da pánico, apúntate a clases para hablar en público. Haz cosas que te obliguen a salir de tu burbuja. La comedia de improvisación también es genial y puedes ir a clases (incluyo algunos consejos para encontrar estas clases en la sección de recursos). ¿Qué tal el baile? ¿Se te da fatal? Perfecto, ¡pues aprende a bailar y da el paso! No pasa nada si algo se te da mal; significa que tienes muchas oportunidades de mejorar y de divertirte haciéndolo. El aburrimiento es el hijo de la comodidad y del estancamiento; ninguno de estos elementos tiene cabida en la vida de un monje urbano.

Salir de nuestra zona de confort activa los genes de supervivencia y nos despierta de esta rutinaria y monótona realidad en la que estamos estancados. Sacúdete la rutina y haz algo de ruido. Enfrentarnos a nuestros miedos es una forma excelente de acabar con las costumbres que nos paralizan y nos frenan. Ponernos a prueba delante de otras personas (especialmente desconocidos) nos hace ser vulnerables y más reales. Cuando identificamos estos sentimientos en los demás, encontramos un espacio común en nuestros miedos y preocupaciones mutuas. Asimismo, cuando vemos que otras personas superan miedos que les aterrorizan, desarrollamos un sentimiento de respeto y camaradería. Decidimos entonces ayudarnos a superar las cosas. Nos unimos, conectamos, volvemos a relacionarnos como siempre fue y debería ser. Estamos juntos en esto y es algo que tenemos que recordar siempre.

EL PLAN DE ACCIÓN DE MARK

Mark no pensaba que tuviera un problema hasta que compartí con él la definición de alcohólico. Le sorprendió darse cuenta de que había llegado demasiado lejos. Lo que había empezado como un par de cervezas se le había ido de las manos. ¿Por qué? Pues porque tenía que llenar el vacío con algo y, a falta de algo real o interesante, el alcohol parecía una buena opción.

Hicimos que Mark cambiase su rutina durante la semana. En lugar de ver programas en la tele hasta tarde, hicimos que practicase senderismo en un cañón cercano cada mañana antes de ir a trabajar. Esto le obligaba a levantarse temprano y hacía muy difícil que pudiese quedarse hasta tarde. Acabamos así con la cerveza, la tele y el aislamiento nocturno. No fue fácil al principio; Mark fumaba más porque la ansiedad inicial se estaba manifestando. Pronto consiguió que otro entrenador se uniese al senderismo y, en cuestión de un mes, ya contaba con un grupo estable formado por varias personas, incluidos algunos clientes. Era una actividad deportiva y saludable. Con el tiempo, fue necesitando menos ayuda en forma de automedicación. Como se levantaba temprano, no podía quedarse hasta tarde ni meterse en problemas. Sin embargo, sí había momentos en los que tenía muchas ganas de beber, así que hicimos que participase en un programa de desintoxicación y reforzamos los procesos químicos de su cerebro con una combinación de 5-HTP y L-tirosina. Estos suplementos fueron de gran ayuda en el proceso de recuperación de Mark.

Al recuperar algo de energía positiva, Mark volvió a leer la Biblia. Había tenido una educación católica y había llegado a tomárselo muy en serio. Yo le presenté a Valentin Tomberg y a otros escritores influyentes de la tradición católica y así fue como Mark descubrió un refrescante conjunto de obras profundas, significativas y relevantes. Tenía acceso a una sabiduría que le ofrecía cosas que contemplar y que le hizo plantearse las grandes preguntas.

Volvió a devorar libros y se hizo amigo de un par de clientes. Hacían juntos senderismo, acampada y algunas noches se turnaban para cocinar. Ahora que su vida social cobraba vida propia de nuevo tuve que asegurarme de que Mark reservaba algo de tiempo para sí mismo. Con equilibrio y moderación, sacó ratos para jugar y entrenar, pero también tenía a gente maravillosa con la que compartir su tiempo. La última vez que hablé con él, estaba muy emocionado preparando un viaje con sus colegas a Perú para recorrer el Camino Inca, visitar Machu Picchu y también colaborar como voluntario en un orfanato durante algunos días. Ahora Mark apenas se parece a aquel fumador secreto de piel cetrina que padecía un aislamiento autoimpuesto. Ha recuperado su vida y vive ocupado ayudando a los demás siempre que puede.

CAPÍTULO 9

Siempre sin dinero

Natalie no recuerda cuándo fue la última vez que no tuvo que preocuparse por el dinero. Se crio en una casa con cuatro hermanos y su padre estuvo mucho tiempo en paro. Siempre iban justos de dinero, una situación difícil para una niña pequeña. A sus hermanos parecía no importarles tener que llevar los mismos zapatos al cole, pero, ya en el instituto, las niñas eran crueles y se reían de los que no iban tan bien vestidos. A Natalie le daba vergüenza su ropa. Las excursiones, los campamentos de verano, hacer la mochila o los zapatos nuevos le recordaban que su familia no tenía suficiente dinero y que, de algún modo, ellos eran *menos* que los demás.

Ya de mayor, Natalie consiguió trabajo lo antes posible. Sirvió mesas, contestó teléfonos, trabajó de relaciones públicas en una discoteca y, después, empezó a cortar el pelo. Comenzó a tener más dinero y, por fin, pudo permitirse ciertas cosas. Se iba de viaje con sus amigas y se compraba zapatos, bolsos, ropa y cualquier cosa que pensara que le hacía falta. Alquiló un buen coche y se compró un montón de cosas chulas para el apartamento. Desde fuera parecía que todo le iba muy bien, pero Natalie tenía un problema: estaba endeudada hasta las cejas.

La niñita que no quiere parecer pobre está jugando a un juego muy peligroso que la está dejando completamente agotada: aparentar. Corta el pelo seis días a la semana y se gasta miles de dólares en el quiropráctico para arreglarse la espalda, porque estar de pie todo el día la está matando. Llevar tacones no ayuda a calmar el dolor de espalda, pero la moda manda. No tiene ahorros, no tiene casa y no tiene plan de jubilación; si cae enferma y no puede trabajar, dejará de percibir dinero.

Natalie ha llenado su vida con este armazón de *cosas* para reafirmar su identidad de «yo sí tengo dinero». Siempre cae un bolso nuevo aunque no tenga dinero para pagarlo y su coche ya tiene dos años, así que ya está pensando en un nuevo modelo. Un hotel de cuatro estrellas no es suficiente porque sus amigas van a uno de cinco y alquilan una limusina para irse de fiesta. Sigue añadiendo más cosas en la fachada falsa de este edificio que es su vida, ese que *demuestra* que tiene dinero y puede hacer lo que hacen *los demás*. Sin embargo, Natalie está pagando más de un 20 por ciento en intereses por las deudas que ha acumulado en la tarjeta de crédito y ya casi está en números rojos. Su padre se ofreció a ayudarla para diseñar un plan de pago, pero pasó de la idea cuando apareció un nuevo novio y ella decidió regalarle un fin de semana en un *spa*. Los dos se *merecían* un descanso.

Natalie piensa que la solución a su problema con el dinero es más dinero. No se da cuenta de que *ella* es la causa de un problema que no se puede solucionar con más dinero.

EL PROBLEMA

Vivimos en un mundo que utiliza nuestros deseos para manipularnos. Da igual lo que tengamos, nunca va a ser suficiente. Nos hacen sentir incompletos y aislados si no vamos a la última, conducimos un buen coche, cenamos en ese nuevo restaurante o compramos esos nuevos juegos para nuestros hijos. Nunca es suficiente y, si no tenemos lo último y lo mejor, nos sentimos insatisfechos.

Natalie no es muy distinta de las personas que aparecen en las estadísticas de los ganadores de la lotería. Según las investigaciones del Fondo Nacional para la Educación Financiera en Estados Unidos, se calcula que el 70 por ciento de las personas que han recibido grandes sumas de dinero de forma inesperada acabaron arruinadas en siete años. Pero ¿por qué? ¿Por qué la gente que consigue grandes cantidades de dinero dilapida su fortuna?

Una mala economía energética

La gente no concibe el valor del dinero como energía y, por lo tanto, se da mucha prisa en derrocharlo. Si lo ahorramos, el dinero se acumula y crece. Cobra vida por sí mismo y empieza a generar riqueza de forma propia. Puede generar intereses y financiar las inversiones que hagamos en nuestros propios sueños. Se convierte en un banco de energía que hemos acumulado y que está disponible para nuestro uso. Ahorrar dinero precisa un estado psicológico diferente que requiere disciplina y cultura. Es un estado mental y un estado de ser.

VIAJES PERSONALES

Cuando era pequeño, nos mudamos muchas veces. Mi padre trabajaba en el sector de la construcción e íbamos cambiando de casa en casa en un intento por su parte de alimentar a su familia. Justo al empezar secundaria, aterricé en una zona suburbana sin amigos. Pasé de ser un niño que vivía tranquilamente sin preocuparse de lo que tenía que llevar puesto o hacer a que los niños se riesen de mí por no llevar la ropa adecuada o no ver los programas de moda. Fue horrible. Era la primera vez en mi vida que me sentía como un marginado y necesitaba integrarme a toda costa. Por aquella época estaban de moda las gafas Oakley Iridium. Eran muy caras y nosotros no teníamos dinero, pero les supliqué a mis padres durante semanas para que me las comprasen. Viniendo de una primera generación de inmigrantes trabajadores, lo veían ridículo, pero yo les insistí hasta que cedieron.

¡Por fin las tenía! Por fin podía exhibir mi tesoro y encajar en el grupo de los guays... Pues no. Casi ni se dieron cuenta y se dedicaron a meterse con cualquier otro por cualquier tontería parecida. Recuerdo ver la cara de paciencia y comprensión de mi padre cuando se dio cuenta de lo que había pasado. Yo estaba avergonzado. Era nuestra comida, ¿y todo para qué? Había obligado a mis padres a darme dinero para contribuir con un estúpido juego imposible de ganar.

La mayoría de la gente vive
en modo de supervivencia.

Al igual que Natalie, la mayoría de la gente revive de forma inconsciente este drama adolescente y su vida se convierte en una historia de sufrimiento. Algunos buscan poder, otros intentan atraer a otra persona. Natalie no quería volver a sentirse pobre y ese deseo dominó su vida durante tres décadas. Hacemos las cosas por distintos motivos, pero el dinero suele ser el medio que permite que nuestros desequilibrios afloren. Podemos aprender muchas cosas de una empresa analizando sus finanzas y, si nos fijamos en su situación económica, también podremos saber mucho de la vida de una persona. ¿Por qué? Pues porque el dinero es energía y los balances financieros muestran el *flujo* de esa energía en nuestra vida. También podemos ver cómo los problemas económicos acaban contaminando todos los ámbitos de la vida de una persona.

Publicidad

La economía *necesita* consumidores que gasten dinero constantemente. El término en sí mismo es degradante. ¿Por qué se les llama consumidores? Pues porque alimentan un sistema que funciona como un cáncer que nos obliga a comprar más cosas año tras año mientras obvia el hecho de que todas ellas contaminan el aire, el agua, la tierra y las células de nuestro cuerpo. Estamos dispuestos a cargarnos el planeta para poder perpetuar este sinsentido solo porque es *nuestra forma de vida*. La industria publicitaria se basa en el deseo humano. Los publicistas intentan hacer que, si no tienes el producto o servicio que intentan venderte, no puedas sentirte completo, feliz, sano, atractivo, joven, guapo o seguro. Toda nuestra sociedad se sustenta sobre esta base.

Pero ¿cómo consiguen los publicistas que la gente feliz se interese por sus productos y que al final acabe gastándose el dinero que con tanto esfuerzo ha ganado?

Paso 1: Haz que los consumidores se sientan mal. Haz que de alguna manera se sientan indignos e incompletos. Enséñales a una famosa delgada y sigue reforzando la idea de que *eso* es la belleza; *eso* es lo deseable. Con el tiempo, acabarán mordiendo al anzuelo y se lo tragarán.

Paso 2: Pon algo delante de sus narices e intenta relacionarlo con el circuito abierto de deseo que creaste en el paso anterior. Tú no eres atractiva y esta persona sí lo es, así que compra esta crema facial que ella utiliza y así tú también podrás ser igual de atractiva. «Clin», es el sonido que hacen las cajas registradoras de las secciones de cosméticos de todo el mundo...

¿Quieres un coche? Pues este maravilloso y atlético hombre de verdad conduce *este* en concreto. Corre y cómpratelo tú también...

Se necesitan docenas de impactos en los medios para que este sistema funcione y por eso mismo nos bombardean con *banners*, anuncios en la tele y en la radio, señales, *flyers*, *spam* o cualquier otro tipo de publicidad que puedan lanzarnos. Nuestro subconsciente se ve asediado por un aluvión de mensajes y, finalmente, decide aceptar estos memes fabricados como hechos.

Esta es otra de las razones por las que el monje urbano no recurre a los medios de comunicación tradicionales, por cierto. No hay ningún motivo para estar en la diana todo el día porque, al final, en un momento de debilidad, acabarán dando en el blanco. Es como estar en una habitación con gente estornudando todo el día: tarde o temprano, tú también empiezas a sentir ese hormigueo en la nariz...

La deuda

Vivimos en una economía basada en la deuda que hace que la mayoría de nosotros no poseamos gran cosa. Tenemos hipotecas, alquilamos coches y compramos los electrodomésticos a plazos. De hecho, la mayoría de las familias estadounidenses tardarían entre uno y seis meses en tocar fondo si perdiesen el trabajo o sufriesen una enfermedad o lesión grave. Natalie está en esta peligrosa zona y ese es el motivo subyacente por el que siempre está estresada: ninguna de las tonterías que tiene es suya de verdad. Debe tanto dinero en las tarjetas de crédito que, si dejase de hacer pagos mínimos, se llevarían el coche y empezarían a embargarle las cuentas. Es esclava de su propio sistema de vida pero, como sucede con cualquier yonqui, no ve ninguna salida clara al marrón en el que se ha metido.

Natalie está convencida de que su círculo social la marginaría si supiese que está arruinada, como ya lo hicieron las niñas del instituto. Se quedaría sola y deprimida. Esta idea está instalada en lo más profundo de su mente y ella ni siquiera sabe que existe; sin embargo, es la que determina buena parte de sus decisiones diarias. Lo preocupante es que todos estamos igual de locos en ese sentido. Todas esas ideas y pensamientos que nos pasan inadvertidos influyen en nuestro comportamiento más de lo que nos damos cuenta.

La deuda es una poderosa herramienta capitalista que sirve para impulsar un negocio y crecer rápidamente. Nos per-

mite financiar buenas ideas, y movilizar el poder y la energía
en torno a ellas. Usada correctamente, puede vitalizar una buena idea o negocio y hacer que crezca exponencialmente. Los
buenos empresarios saben cómo utilizar la deuda correctamente y hacer que sirva de palanca para salir adelante. El problema es que la mayoría de los ciudadanos estadounidenses
están endeudados hasta tal punto que no pueden hacer frente al pago de estos créditos. Cargar algo en la tarjeta porque
lo necesitas está bien si se trata de comida para tu bebé, pero
desde luego no de un bolso más o de otra pistola. La compra
compulsiva con tarjetas de crédito hace que nuestra mente
racional nos abandone y que nos gastemos el dinero *que no
tenemos* en cosas que, la mayoría de las veces, *no necesitamos
de verdad.* Este comportamiento nos convierte en esclavos de
los altos tipos de interés y de pagos perpetuos a nuestros
acreedores, que se frotan las manos con el negocio.

Este ciclo nos mantiene en un estado permanente de lucha o huida. El fin del mundo está siempre a la vuelta de la
esquina y los acreedores pueden venir en cualquier momento
y quitarnos la casa, el coche, las cosas... Nos quedaremos sin
nada. Se trata de un mecanismo primigenio de activación del
sistema límbico que desafía nuestra propia supervivencia.
Nunca tendremos suficiente dinero para hacer frente a los im-
previstos, así que el estrés siempre está ahí. Es el reto básico
al que se enfrenta cualquier hogar. Los ascetas, por su parte,
renuncian al dinero y se van a la montaña. Así, se liberan de la
carga del dinero y del mundo, y pueden ejercitarse libremente y contemplar la realidad. Nosotros, los cabezas de familia,
no podemos darnos ese lujo. Tenemos que lidiar con el dinero
a diario y además ser buenos a la hora de administrarlo. El

techo sobre nuestra cabeza, la factura de la luz, la matrícula del cole y la comida nos unen inevitablemente al dinero, así que tenemos que afrontar este problema de frente.

Nos aferramos al dinero

La interpretación errónea de las escrituras y los ideales espirituales que se produjo al trasladar este conocimiento de Oriente a Occidente y del pasado al presente ha generado una gran confusión en torno a este asunto. Muchas personas intentan desprenderse del dinero, pero acaban preocupadas constantemente por él. Es algo a lo que me enfrenté personalmente y a lo que tuve que renunciar. Me he relacionado con muchos *hippies*, personas religiosas y de la Nueva Era durante toda una década, y he de decir que su pensamiento llegó a influirme. ¿Qué pensamiento? Ah, pues que el dinero es algo malo y que la gente buena no debe buscarlo. Sin embargo, estas personas solían ser las mismas que estaban siempre sin un duro y tenían que enfrentarse a la escasez de dinero. No poder pagar las facturas es algo muy estresante. Cuando te cortan la luz y te llegan las órdenes de desahucio es quizá ya un poco tarde para centrarse en el dinero. Yo conseguí comprender la diferencia entre ser un asceta (algo en lo que mucha gente confusa intenta convertirse) y un cabeza de familia (un miembro responsable de la sociedad que trabaja para hacer del mundo un lugar mejor). Si tienes facturas que pagar, eres un cabeza de familia. Este planteamiento resulta clave para un monje urbano y te hará libre.

Incluso cuando tenemos suficiente dinero, también sentimos miedo constantemente de perderlo. Protegemos nuestros ahorros y tenemos mucho cuidado de que nadie nos engañe.

Estamos a la defensiva, como un león que permanece en guardia sobre un antílope que no puede comerse él solo. ¿Dejas que se pudra o lo compartes con los demás? ¿Cómo puedes saber de quién te puedes fiar si todos parecen querer tu dinero? De hecho, en cuanto tienes un par de billetes, rápidamente te das cuenta de lo parasitaria que puede llegar a ser la gente. Aparecen como setas y parece que todos quieren engañarte para sacarte el dinero. Se pegan a ti y te chupan la sangre. De repente, se convierten en tus amigos y son mucho más agradables que los capullos con los que creciste. El problema es que, a diferencia de tus verdaderos amigos, estos tipos desaparecen en cuanto te quedas sin pasta o dejas de dársela.

Esto nos lleva a otro problema, el de la desconfianza. Conozco a muchas personas ricas que viven totalmente traumatizadas y en guardia permanente porque piensan que todo el mundo les quiere robar. Se vuelven paranoicas y defensivas, se aíslan y son desagradables con el resto de seres humanos.

Irónicamente, el denominador común en ambos casos es el mismo. Tanto si te falta dinero e intentas conseguirlo sin descanso, como si estás montado en el dólar e intentas apartar con un palo a todo aquel que se acerca, el fondo de la cuestión es el mismo: la *supervivencia*.

O nadamos o nos ahogamos

Todos somos presa de este pánico arrollador a que cualquier moda futura pueda convertirnos en seres irrelevantes. ¿Quién quiere ser el próximo MySpace o Kodak? A nadie le gusta alcanzar un éxito fugaz, probar las mieles de la buena vida y ser destronado por el próximo gran avance. Un pequeño éxito no nos permite realizarnos, tan solo nos hace querer más. Los canteros han pasado a la historia por culpa de las falsas paredes de roca con papel pintado que venden los chinos. En un escenario tan competitivo como el actual, todos estamos a un paso de ser irrelevantes, de ser eclipsados por un recién llegado.

El *cambio* es la fuerza alquímica universal que nos obliga a seguir luchando y a seguir siendo relevantes.

No te lo puedes llevar a la tumba

Lo cierto es que, por mucha pirámide que construyamos y por mucho oro que acumulemos para nuestra vida en el más allá, todos tenemos que morir y no podemos llevarnos el dinero con nosotros. No es algo nuevo. El león más grande y fuerte de la selva es desafiado constantemente por los jóvenes advenedizos y sabe que, con el tiempo, se hará viejo y será destronado. Por eso se crearon las fundaciones y los fideicomisos. Intentamos tener descendencia y que continúe nuestro legado. Querer tener lo que tiene el otro es el principio de esta locura que distorsiona nuestra visión de aquello que en realidad importa: nuestro crecimiento, nuestras experiencias, nuestra realización personal y nuestro legado.

Analicemos más en detalle el concepto del dinero para poder descifrar qué desencadena realmente este tipo de estrés.

SABIDURÍA DE MONJE URBANO

El dinero es valor en circulación y esto implica un movimiento. El agua y la electricidad también circulan, de ahí la expresión «en circulación». El Chi también circula. El movimiento dinámico de la fuerza vital está ligado a la abundancia y a las cualidades vitales que la acompañan. Tanto si crees en la Creación como si crees en alguna forma de Gran Misterio, el hecho de que estemos aquí y seamos fruto de la procreación es bastante alucinante. La vida crece, florece y se multiplica. Es uno de los grandes milagros de nuestra existencia. Si nos unimos al flujo de nuestra fuerza vital y accedemos a la energía de la abundancia, también formaremos parte de esa circulación. Los afluentes desembocan en ríos y de ahí nos conducen a los lagos. Cuando accedemos al flujo natural de esta energía, el dinero fluye en nuestra vida y alimenta nuestros sueños y viajes. Si aprendemos a dirigir parte de este flujo en circulación hacia lugares en los que pueda acumularse, generaremos un tipo de abundancia y de crecimiento que no dependerá necesariamente de nuestro trabajo, igual que un jardín que sigue floreciendo por sí solo tras los cuidados iniciales.

Algunas personas tienen un serio problema con el dinero. «El dinero es malo» es el principio inoculado en la mente humana, pero, a medida que maduramos, nos vemos obligados a replantearnos esta postura. Cuando empiezan a llegar las facturas, nos vemos obligados a afrontar la situación y a entrar en el mundo real, que pensamos que está plagado de idiotas y ladrones. En cierto modo, aceptamos esta visión como *realidad* y dejamos de plantearnos por qué tiene que ser así. A los sociópatas les encanta el dinero porque les ofrece una moneda común de poder y control que alimenta sus ansias de controlarlo todo. Sirve para llenar un vacío en su interior.

La gente normal suele trabajar de nueve a cinco y después se va a casa con sus amigos y familia. Tienen otras cosas de las que preocuparse aparte del dinero, aunque, muy a menudo, se estresan más de la cuenta pensando en ese tema. O bien pensamos que el dinero es malo y evitamos *tocar* su energía, lo que hace que lo repelamos, o bien adoptamos una postura *de amantes del dinero* y optamos por la avaricia. Esta es la visión polarizada que muchos asumen y que resulta muy primitiva. Pero ¿cómo podemos establecer una relación saludable con el dinero y al mismo tiempo vivir en este mundo? Los monjes ascetas no tenían esta preocupación, pero nosotros, como cabezas de familia, vivimos en una sociedad que funciona con dinero. Evitar e ignorar esta realidad no sirve de nada. Veamos por qué.

Que todos nosotros vivamos asfixiados por las deudas demuestra que no hemos entendido realmente el papel que el dinero debe desempeñar en nuestra vida. El dinero es un medio que nos permite intercambiar valor en nuestra sociedad y contar con una forma común de intercambio en aras de una mayor sencillez. Debe servir para adquirir comida, techo, agua y libertad para hacer lo que quieras con tu tiempo.

El dinero es un medio de intercambio.

Es nuestra forma de intercambiar bienes, servicios y activos por un valor acordado de transferencia. El mercado determina el valor percibido de una cosa o un servicio, así que los precios fluctúan basados en la oferta, la demanda y la confianza del consumidor, amén de otros factores.

El precio que yo pago por una deliciosa manzana orgánica dependerá de varios factores. Puesto que se trata de un producto, puedo buscar en Google el precio medio de una manzana orgánica. Veré que el precio es de unos 5,1 dólares/kilo, comparado con el de una manzana normal, que tiene un precio de unos 3,4 dólares/kilo, es decir, una diferencia del 49 por ciento. Muchos pensarán que se trata de una diferencia muy grande, ¿cómo se explica? Bueno, las manzanas orgánicas no se fumigan con pesticidas y venenos nocivos. Tampoco han sido modificadas genéticamente y se cultivan de manera sostenible. Esto hace que sean más beneficiosas para nuestro cuerpo y para el medio ambiente. Si mi familia es pobre y trabajo para poder poner un plato de comida en la mesa, podría decir que ese precio no es para mí; mi prioridad será comprar la mayor cantidad de comida por el menor dinero posible, así que optaré por productos convencionales. Hay quien me dirá que estos riesgos sanitarios pueden generar un mayor gasto a largo plazo, pero vamos a imaginar que tenemos seguro de salud, así que me olvido de ese problema y me conformo con poner un plato de comida en la mesa.

También puedo ir hasta el mercado local de productores y encontrarme con dos puestos de fruta que venden manzanas igual de orgánicas, pero unas cuestan más que otras. La lógica me dice que compre las más baratas, pero el tipo que compra las más caras es el mismo que reza cada mañana con los árboles y se preocupa por los niños huérfanos de África. Dona parte de sus ingresos a causas benéficas y se acuerda de mi nombre cuando me ve. Quizá simplemente me gusta lo que me *transmite* y me *cuenta* el agricultor que vende las más caras y, por lo tanto, me gasto unos céntimos más en comprar su producto. Este es el valor percibido que determina la fijación de precios en todo el mundo. Así es como los mercados fluctúan. Ahora bien, si ya me he animado a comprar productos orgánicos, hay otra cuestión «de manzana a manzana» que resulta interesante.

El valor que le asignamos a un producto o servicio concreto también determinará el coste. La cuestión es básicamente la siguiente: ¿qué estamos dispuestos a pagar y por qué? Esta transacción representa tus creencias, tus valores y tus prioridades en la vida. Que hoy tengamos mayor acceso a productos orgánicos se debe a que algunas personas decidieron pagar más dinero por productos de calidad y apoyar a los agricultores para que siguiesen cultivando ese tipo de productos. Hoy día existe una enorme industria incipiente basada en prácticas sostenibles gracias, precisamente, a los valores de aquellas personas lo bastante concienciadas que decidieron optar por lo ecológico.

El dinero se convierte en la moneda común de un lenguaje que tiene en cuenta la tasación y los beneficios. Es una idea que aceptamos compartir para que la sociedad fluya sin problemas. Lo que realmente acumulamos en esas unidades monetarias que intercambiamos y tiramos todos los días es nuestra *energía* y nuestro poder. ¿Cuántas horas de tu vida has invertido en esos cien dólares que te acabas de gastar? ¿Cuánto valor vas a extraer de esos zapatos tan monos que te pusiste una vez para una fiesta? ¿Cuántas respiraciones o latidos de tu corazón has invertido para ganar ese dinero que acabas de despilfarrar en algo que no necesitabas? No me extraña que estés cansado. Si formas parte de la economía según la cual «el tiempo es dinero», entonces malgastar dinero es como malgastar tu fuerza vital. De hecho, podrías llevar la cuenta de las horas de tu vida que has desperdiciado en algo.

Entender en qué consiste el deseo y cómo reaccionamos ante él es la única forma de escapar de este círculo demencial de dependencia del dinero para satisfacer necesidades abstractas. Estamos en un agujero tan profundo que a veces no somos capaces de discernir entre nuestras necesidades y nuestros deseos. Volvamos al concepto de *necesidades* frente a *deseos* que ya abordamos en el capítulo siete. Lo que *necesitamos* es comida, cobijo, agua y fuego; todo lo demás es un *deseo*.

Necesitamos comida y cobijo.

Deseamos filetes y mansiones.

El culebrón del ser humano

Los coches caros y las mansiones lujosas nos proporcionan capital cultural en otro juego distinto: el del estatus, la clase y la posición social humana. Lo hacemos para competir y posicionarnos en la tribu global. Lo hacemos para integrarnos y establecer nuestro lugar en la jerarquía. Lo hacemos para atraer a un compañero atractivo. Lo hacemos para demostrarles a los gamberros del instituto lo que hemos *conseguido*. Algunos de estos impulsos básicos satisfacen nuestros instintos primitivos. En la era paleolítica, el cazador que conseguía atrapar una presa era recompensado con el mejor corte (el filete) y la piel o el cuero del animal. Así podía ofrecerle la piel a su compañera y compartir la carne con ella. Filete y abrigo de piel, ¿te suena? Hay cosas que no cambian. El deseo de demostrar que posees riqueza y que puedes cuidar de una pareja constituye un instinto primitivo muy poderoso que se remonta a tiempos ancestrales. Significa que somos capaces de sobrevivir. Es algo que solo entendemos en lo más profundo de nosotros y que respetamos culturalmente. Es un deseo tácito, pero que siempre está ahí.

Este deseo que nos lleva a comprar cosas al buen tuntún para presumir de nuestra riqueza puede tener su origen en uno de estos instintos primitivos. Si, después de apartar el dinero para tu jubilación y de colaborar con una buena causa, puedes permitirte el capricho, entonces vale. Disfruta de la recompensa de tu trabajo y pavonéate con orgullo. ¡Estás en tu derecho! Pero si no puedes permitírtelo y estás comprando tonterías para construir una fachada, ¡entonces tienes un buen problema!

Comprar cosas que no puedes permitirte es absurdo y, sin embargo, mucha gente lo hace. ¿Por qué? Pues porque la industria publicitaria ha aprendido a identificar nuestros puntos débiles y a manipularnos por medio de nuestros deseos, como veíamos antes. Nuestra amiga Natalie se compra cosas para encajar y no sentirse pobre. Va a espectáculos caros y se entretiene a sí misma con ese falso estatus que consigue comprando cosas caras. Ha perdido de vista aquello que de verdad nos satisface y le aporta sentido a nuestras vidas, y se ha dedicado a perseguir esos objetos brillantes que la han llevado a la ruina. Los publicistas son cada vez mejores en este juego, y la mayoría de las veces no somos conscientes de lo fácil que resulta manipularnos. De hecho, muchos equipos de neurocientíficos estudian el comportamiento de los consumidores y las compras impulsivas. Trabajan para activar los centros del placer en el cerebro y evalúan sus estrategias con imágenes por resonancia magnética para asegurarse de que han dado en el clavo. ¿Y por qué?

Porque estamos dormidos y somos impresionables.

Vamos dando tumbos por la vida en busca de soluciones a nuestros problemas fuera de nosotros mismos, en lugar de buscarlas en nuestro interior.

- ✦ ¿Con qué crema voy a parecer joven?
- ✦ ¿Qué coche atraerá a más chicas?

✦ ¿Qué cosas necesito para que la gente me quiera, desee o respete?
✦ ¿Quién puede ayudarme?
✦ ¿Quién o qué programa puede hacerme feliz?

Y ahí es donde el monje urbano interviene. Aprende a desvincular su ego de sus *deseos* y sabe lo que necesita de verdad. Cuando separamos el sentido de nuestra identidad de los bienes materiales, los elogios culturales, los halagos y otros viejos dramas emocionales, somos libres. Si conseguimos liberarnos de estas tonterías, podremos pensar con claridad e invertir nuestro dinero adecuadamente. Ya no lo volveremos a despilfarrar como un niño que malgasta sus vacaciones de verano porque está aburrido. Conoceremos el valor del dinero y lo invertiremos con cabeza.

Pero ¿en qué debemos invertir el dinero?

✦ En aquellas cosas que refuerzan nuestra salud y vitalidad.
✦ En productos útiles libres de venenos y de productos químicos tóxicos.
✦ En un futuro sostenible para nosotros y para nuestra familia.
✦ En empresas que colaboran con su comunidad.
✦ En causas que ayudan a preservar la naturaleza y nuestro futuro colectivo.

Los albores de una nueva economía

Nos encontramos en una encrucijada en la historia de la humanidad y justo en nuestras narices se está produciendo algo maravilloso. Miles de personas bienintencionadas están dirigiendo sus empresas de tal modo que se están convirtiendo en agentes de cambio. La gente está cansada de la economía de consumo. No se puede comprar la felicidad con un Ferrari, ni tampoco con Prozac. Ha llegado la hora de replantearse las cuestiones fundamentales. Se están creando nuevas organizaciones en todo el planeta, desde las corporaciones de beneficio público hasta las organizaciones no gubernamentales, pasando por las cooperativas, las empresas y los grupos sostenibles, que básicamente practican el precepto budista del «modo de vida adecuado». Este principio establece que todo aquello que hacemos por dinero también debería beneficiar a nuestras comunidades y a nuestro mundo. El viejo sistema clientelista se está desmoronando porque nos hemos dado cuenta de que muchas de estas organizaciones sin ánimo de lucro malgastan la mayor parte de su tiempo buscando más dinero y donantes en lugar de hacer su trabajo. Ahora, muchas empresas con buenas intenciones trabajan para asignar beneficios y ventas a determinadas causas, creando así *canales* por los que el dinero circula y haciendo que esta corriente constante de energía permita que el flujo continúe. Las empresas pueden ganar dinero, hacer un buen trabajo y ser parte de la solución al mismo tiempo. Es algo que se enmarca en la esencia de quienes somos y de lo que tenemos que estar orgullosos. Estas sociedades pueden, de forma colectiva, ser justas e íntegras.

¿En qué nos gastamos el dinero?

El monje urbano guarda el dinero de su jubilación en un fondo sostenible. Es un consumidor informado que no compra productos de empresas famosas por la contaminación que generan o por patrocinar a *lobbies* que defienden el uso de energías contaminantes. Contribuye con la economía local y apoya el arte, la cultura, la educación y otras inversiones que se traducen en una contribución positiva y duradera a su vida y la de su comunidad.

> *El monje urbano no compra chorradas que no necesita.*

Es consciente de que el dinero que con tanto esfuerzo gana es energía y decide invertir esta energía en las personas, las causas, los viajes, los cursos, las inversiones y los productos que lo convierten en una mejor persona y que, al mismo tiempo, hacen del mundo un lugar mejor.

Este es el sello de la nueva economía: un ecosistema en el que todos vivimos e interactuamos. La vieja economía se basaba en esas personas que viven dormidas y que van comprando a ciegas todo lo que se les dice que tienen que comprar. Esto es lo que ha permitido que el *statu quo* se mantenga y lo que ha llenado los bolsillos de los imbéciles que compran a nuestros políticos y que dirigen el rumbo del planeta hacia la contaminación, la guerra y el sufrimiento. Ya basta.

El dinero es energía y, si somos capaces de entender este principio, podremos entender el flujo de esta energía.

La pregunta clave es la siguiente: ¿Quién soy yo?

Después, pregúntate:

+ ¿Por qué me estoy gastando este dinero?
+ ¿Qué es lo que me lleva a hacerlo?
+ ¿Lo necesito de verdad o estoy alimentando cualquier tipo de dolor emocional?

✦ ¿Es un hábito o una necesidad?
✦ ¿Me hará feliz de verdad?
✦ ¿Cómo y por qué me hará feliz?

El dinero mueve la economía y no hay nada de malo en esto, pero sí hay un componente clave que debemos analizar.

Nosotros votamos con nuestro dinero.

Estamos entregando poder, energía e influencia a la gente a la que le damos nuestro dinero. Debes conocer bien este flujo y utilizarlo en tu beneficio. Si quieres un mundo mejor, vota en esa dirección. Gástalo en esa dirección.

Si te pasa lo mismo que a Natalie y te encuentras atrapado en el tenso juego del dinero, es hora de ponerle remedio. Se suele decir que las mejores cosas de la vida son gratis y la verdad es que, aparte de la comida y el techo, ¡es bastante cierto! Colocar tu dinero en una cuenta de ahorros, saldar la deuda de una tarjeta de crédito que acumula altos intereses o donarlo a una organización benéfica en vez de gastártelo en las típicas tonterías son experiencias realmente enriquecedoras. Es la primera mitad de esta ecuación: cortar el grifo de las pérdidas y dejar de gastar dinero en frivolidades.

La otra mitad consiste en integrarse en el flujo del dinero. Un monje urbano puede cómodamente perseguir el éxito financiero porque eso implica ser mejor cabeza de familia en el término más clásico de la expresión. Utilizar el dinero y la influencia para buenas causas es el futuro. El altruismo y la autenticidad son características inherentes al estilo del monje urbano a la hora de participar en el negocio y el comercio, haciendo que con cada gesto el mundo sea un lugar mejor. Así pues, cuanto más dinero gane y genere, mayor será su contribución en beneficio del mundo que le rodea. Recuerda: las personas le asignan valor a los servicios y productos y, en función de esta asignación, entregan su dinero. ¿En qué lugar de la cadena de valor te encuentras tú? ¿Cómo puedes conseguir más clientes y generar mayor abundancia en el mundo? Existen muchas herramientas poderosas que pueden enseñarte a conseguirlo. Internet ha revolucionado la forma en la que hacemos negocios y ahora *cualquiera* puede hacerse millonario con una empresa digital. Lo único que se interpone en este camino eres *tú mismo*. Aunque tengas que obligarte a ir a una biblioteca y empezar tu negocio *online* desde ahí, tú puedes hacerlo. La clave está en entender qué tipo de valor estás generando y para quién. ¿A quién te diriges y cómo vas a ayudarle? Este mismo principio también es aplicable si trabajas en un negocio tradicional o en el sector de los servicios profesionales. Puedes vender tus manualidades por internet y convertir esta habilidad en una próspera empresa. También puedes crear un blog para comunicarte y construir una comunidad de seguidores. Las tribus actuales se forman en torno a enfermeras, profesores, poetas o cualquier otra persona.

La economía, al igual que el dinero, es solo una idea. Cuando lo tengas claro, serás libre y podrás construir la vida de tus sueños. Si estás malgastando el dinero en un drama de identidad, déjate de tonterías y adáptate a los tiempos que corren. ¡Tú eres mejor que todo eso y el mundo te necesita en el bando correcto! Suma tu energía a la fiesta y trabaja con gente que piense como tú para generar abundancia, riqueza y un cambio positivo para las generaciones venideras.

PRÁCTICAS ORIENTALES

Medita antes de comprar

Voy a compartir contigo un ejercicio muy sencillo, pero potente, que podrás hacer cuando estés a punto de comprar algo.
Pregúntate a ti mismo mientras sacas el monedero, la tarjeta
o el teléfono si lo que vas a comprar es una necesidad o un
deseo.

Este ejercicio aparentemente sencillo te permitirá recopi-
lar todo tipo de información interesante. Descubrirás cómo
debates contigo mismo sobre algunas cosas. Creerás que necesitas ciertas cosas o que estas se pueden catalogar como
necesidades porque, técnicamente, son *comida*, pero eso no
quiere decir que las necesites. Debes pensar antes de comprar
y ver con qué frecuencia llegas a esa conclusión. Tendemos
a racionalizar las compras impulsivas y después nos agobiamos
por el dinero. Pensamos que necesitamos cosas y después
maldecimos nuestra suerte cuando no nos sale ese curro que
queríamos y nos damos cuenta del error que hemos cometido
porque necesitábamos ese dinero para pagar el alquiler.

Se trata de un sencillo ejercicio de contabilidad que te
permitirá ahorrar miles de dólares si lo haces de forma correcta. También es un ejercicio en consonancia con el concepto
budista del modo de vida adecuado, que te permitirá preguntarte si tu compra le hace daño a alguien o algo en el planeta.
Si es así, ¡no contribuyas con tu dinero!

Esta es la segunda parte.

Anota cada artículo que vayas a comprar y su precio. Al
final del día, transfiere esa cantidad a tu cuenta de ahorros
y bloquéala. Pon ese dinero fuera de tu alcance para que tus

viejas costumbres impulsivas no lo dilapiden. Deja pasar el tiempo y si, al cabo de una semana, todavía quieres comprarlo, utiliza el dinero de tu presupuesto normal y cómpratelo cuando puedas sin gastar dinero de tus ahorros. En poco tiempo, verás cómo el dinero aumenta y te darás cuenta de que puedes apañártelas perfectamente sin aquello que te resististe a comprar.

Invertir tus ahorros en causas que generen beneficios y apoyar tu futuro te cambiará la vida. Lo primero que tienes que hacer es librarte del hechizo consumista y frenar el comportamiento impulsivo.

Gastar rápido

Con este ejercicio acabarás con todos los gastos innecesarios durante un mes. Cada vez que vayas a comprar algo, te tienes que preguntar lo siguiente: «¿De verdad *necesito* esto?». A diferencia del primer ejercicio, que te será de gran utilidad durante toda tu vida, este otro está diseñado para un uso temporal, para así estar seguros de que podemos superarlo. Tienes que ser extremadamente disciplinado durante un mes. Coge todo el dinero que vayas a gastarte y ponlo en una cuenta de ahorros. Esto incluye el dinero para una cena, juguetes para tu perro, aplicaciones para el móvil y hasta el café que te tomas fuera de casa. Al final del mes, podrás devolver parte de la deuda, invertir ese dinero o incluso comprarte algo que siempre hayas querido. El objetivo del ejercicio es aprender a refrenar nuestros impulsos y descubrir que no es para tanto. Lo que sí es para tanto es vivir constantemente agobiado por el dinero. Cuando consigas liberarte de esta forma de esclavitud, disfrutarás de tu tiempo y te relajarás sin que tus genes de supervivencia te estén dando la lata.

Súmate al movimiento

Los ejercicios anteriores están diseñados para detener la hemorragia. Este, sin embargo, está diseñado para aumentar el flujo y generar más dinero.

Visualizar cómo el dinero y la energía llegan a tu vida es un ejercicio básico que te ayudará a permanecer en el flujo del Chi del universo. Nuestra mente necesita un esquema o una visión para que la energía pueda concentrarse en torno a ellos. Este ejercicio te permitirá estar alineado con la riqueza y atraer una mayor abundancia.

- o Siéntate cómodamente con la espalda recta.
- o Empieza a respirar con el Dantian inferior (a unos tres dedos por debajo del ombligo) para apaciguar la mente.
- o Inspira y espira por la nariz durante unos minutos y siéntete cómodo en tu cuerpo.
- o Coloca las manos en posición de oración delante del corazón (las palmas de las manos juntas y las yemas de los dedos hacia arriba).
- o Inspira y espira con el centro del corazón.
- o Sonríe ampliamente y siente cómo tu corazón se va calentando.
- o A continuación visualiza el centro del corazón como si fuese un astro solar brillante que emite luz en todas las direcciones.
- o Después, imagina cómo una lluvia cálida cae del cielo sobre ti y te envuelve.
- o Mientras la lluvia sigue cayendo a tu alrededor, imagina cómo brotan las plantas y las flores.

o Disfruta de la energía vital que crece a medida que la lluvia cae y descubre que el responsable de este fenómeno es el sol que se encuentra en el centro de tu corazón. *Ese astro en tu interior es el origen de toda la vida que te rodea.*

o Siéntate y disfruta del proceso mientras sigues respirando. Después, utiliza esta misma visión y aplícala a cualquier área de tu vida en la que estés estancado.

o Analiza las circunstancias y llévalas a tu jardín. Deja que la lluvia caiga para alimentarlas y que la luz de tu corazón brille sobre ellas.

o Observa cómo la vida crece a tu alrededor, y libera la energía vital en aquellas zonas en las que está estancada.

Puedes recurrir a esta visión siempre que lo necesites y te recomiendo que lo hagas con todas las áreas de tu negocio.

Con el tiempo, verás cómo eres capaz de dar rienda suelta a todo tipo de cosas maravillosas que estaban encerradas. También puedes utilizar este ejercicio para analizar y superar momentos y recuerdos de tu pasado, devolviéndoles el flujo de abundancia que habían perdido. De hecho, muchos de tus bloqueos actuales se esconden en rincones de tu pasado a los que este ejercicio te permitirá acceder. Limpiar la energía que rodea cualquier acontecimiento traumático siempre es un poderoso ejercicio.

La bondad conduce a la abundancia

Una forma de liberar tu abundancia es hacer que este concepto deje de ser condicional. Invierte tu tiempo como voluntario y ayuda a otras personas a entender de dónde viene la verdadera riqueza. Cuando aprendemos a quitarnos de en medio y nos convertimos en *agentes* de riqueza, dedicamos nuestra vida al servicio de los demás. Al hacerlo, las oportunidades empiezan a aparecer como por arte de magia. La riqueza tiene que circular a través de todos nosotros y ¿qué mejor forma de conseguirlo que *haciéndote a un lado*? Cuanto menos interfieras en esta corriente de abundancia, más fácil será que fluya. Sí, tus pies son los que avanzan, pero la energía sigue fluyendo a través de todos nosotros. Cuando la causa que te mueve es más importante que tú mismo, estás abonando el terreno para que pasen cosas buenas.

Al fin y al cabo, si tienes comida, fuego, cobijo y agua, ¿no deberías estar eufórico? Piensa en todas aquellas personas que ni siquiera tienen acceso a estos elementos básicos.

Sufrimos por cosas que *poco* tienen que ver con nuestras necesidades básicas, mientras que hay muchas personas que ni siquiera tienen estas necesidades cubiertas. Darnos cuenta de esta realidad nos recuerda qué es lo realmente importante y nos ayuda a mantener a raya nuestros deseos.

TRUCOS MODERNOS

¿Tienes un presupuesto?

¿Controlas el flujo de tu dinero? A mucha gente le encanta hacer la vista gorda. Piensan que el dinero es algo malo; es estresante y sucio. Los ascetas pueden darse el lujo de adoptar esta actitud, pero los cabezas de familia no. Evitar enfrentarnos a nuestros problemas de dinero no es una buena idea;

el alquiler lo tenemos que pagar todos los meses, no es algo que podamos evitar.

Fijar un presupuesto te ayudará a estructurar y organizar tu vida. Conseguirás ser más disciplinado y tendrás un esquema que te permitirá decir que no a aquellos gastos que no están incluidos en el plan. Recuerda: la negación es la clave del control. Es una capacidad que se ubica en la corteza prefrontal y una función del razonamiento superior cortical. Está relacionada con el tercer ojo del que hablan las tradiciones espirituales. El trabajo para cultivar este centro (y esta parte del cerebro) es un requisito obligado para lograr el control de nuestra vida. El monje urbano no va de *espiritual* ni evita la realidad material. Dar un paso al frente y afrontar esta realidad con decisión es un gran paso adelante en nuestro *regreso al hogar*.

Para fijar un presupuesto lo primero que tienes que hacer es analizar tus necesidades, incluyendo los gastos del alquiler o la hipoteca, el agua, el gas, la luz, los coches o los taxis que cojas, etcétera. Una vez que hayas hecho el cálculo, analiza dónde puedes recortar. ¿Puedes dejar de regar el césped? ¿Quizá te dejas las luces encendidas en habitaciones en las que no estás? Una vez hecho esto, analiza el resto de gastos y qué es lo que te aportan. ¿Para qué te sirven? ¿Qué es innecesario? Empieza por ahí y recorta. Cuando hayas identificado el dinero que ganas y el que gastas cada mes, podrás empezar a separar tus *necesidades* de tus *deseos*. Deshacerte de los deseos no suele ser la parte más difícil. Sin embargo, al examinar fríamente las necesidades, podrás descubrir cosas muy interesantes. A lo mejor dejas de alquilar coches nuevos y te compras uno con tres años que te dure un tiempo razonable. Quizá compartes coche de camino al trabajo y ahorras en gasolina. O quizá te mudas a una casa más pequeña ahora que tus hijos se han independizado.

Si te parece la peor opción del mundo, seguramente es *lo primero* que deberías hacer. Deja de evitar la realidad.

El hombre más rico de Babilonia

El hombre más rico de Babilonia, el clásico libro de George Clason, te enseñará una valiosa lección que cambiará tu vida para siempre. Una vez que hayas establecido un presupuesto y vigiles los ingresos y los gastos, la clave del éxito consistirá en destinar *siempre* un 10 por ciento de los ingresos a tus ahorros. Deja que crezcan y verás lo que pasa. Lo mágico de este ejercicio es que el dinero cobrará vida y, si dejas que crezca, empezará a generar energía. El capital es un elemento muy poderoso: puede financiar ideas, generar intereses, utilizarse como medio para conseguir préstamos mayores y mucho más. La clave consiste en dejar que el dinero crezca y devolvérselo a las generaciones venideras. Este concepto constituye una parte fundamental de la sabiduría que muchas familias occidentales han perdido a medida que iban cayendo presas de los publicistas y se enterraban en la deuda del consumo. La verdadera libertad es la que experimentamos cuando sabemos que podemos dejar un trabajo de mierda en cualquier momento y que tendremos para comer durante un (buen) periodo de tiempo. Podrás financiar tus sueños, comprarte algún terreno e invertir en un futuro mejor para tus hijos con este dinero, pero ¿cómo vas a conseguirlo si no ahorras?

Empieza ya. Destina el 10 por ciento de todo el dinero que llega a tu vida y apártalo en una hucha o en una cuenta de ahorros de alto rendimiento. A medida que crezca, puedes consultar a un asesor y trasladarlo a un fondo que te ofrezca mayor rendimiento, pero todavía no tienes que preocuparte por eso; tú solo preocúpate de ahorrar. Si de verdad quieres que el plan funcione, añade ese 10 por ciento al dinero que ya ahorras para la jubilación. Tendrás que trabajar mucho para hacer recortes en tu estilo de vida y gastar menos dinero en tu día a día. La idea es que el dinero de la jubilación te permita vivir cuando llegues a cierta edad y que el 10 por ciento que ahorres te permita incentivar las inversiones y el crecimiento del capital, que te ayudarán a escapar del círculo vicioso según el cual «el tiempo es dinero».

Si lo combinas con los ejercicios que hemos visto en este capítulo, además del 10 por ciento podrás añadir todo ese dinero que ibas a gastar en tonterías y ahorrarlo también. En poco tiempo, verás cómo un par de billetes se convierten en una buena cantidad de dinero y tú serás todo un inversor. Esto último cambiará por completo las reglas del juego.

Invierte en tu futuro

Otra pieza clave para convertirte en parte de la solución es invertir solo en fondos que sean ecológicos y sostenibles. Actualmente existen todo tipo de instrumentos de inversión positiva que suelen ofrecer una muy buena rentabilidad. Estos instrumentos han sido diseñados por personas que decidieron formar parte de la solución y que ya han marcado el camino para que sigamos su ejemplo. Hay buena gente en el mundo, y nosotros podemos ayudarla a salvar el planeta. No podemos arreglar el mundo nosotros solitos, pero juntos tenemos en nuestras manos la posibilidad de construir un futuro brillante. El monje urbano administra su dinero de acuerdo con sus convicciones. Recuerda: votas con tu dinero. En la sección de recursos encontrarás algunos enlaces sobre este tipo de fondos.

Adiós al pasado

El *best seller* de Marie Kondo, *La magia del orden*, ha sido toda una revelación sobre cómo ordenar nuestra vida. Creo que la idea es buena, pero se deja algo importante en el tintero. Por supuesto, tenemos que vender o dar aquellas cosas que no necesitamos y organizarnos, pero también tenemos que *dejar de comprar tonterías*. Solemos acumular demasiadas cosas con el paso del tiempo y la mayoría se quedan ahí en un rincón. Por eso me encanta irme de excursión solo con una mochila: implica sencillez. Revisa todas tus pertenencias y decide cuáles son necesidades y cuáles deseos. Las fotos y las reliquias familiares están bien, pero ¿para qué quieres esa raqueta de tenis que tienes desde la universidad? ¿De verdad vas a volver a usarla? El desorden es como una especie de Chi estancado en tu sistema. No nos ayuda y se interpone en nuestro camino. Si no tuvieras tantas chorradas, podrías convertir el garaje en una sala de baile o un gimnasio. ¿O de verdad vas a pagar por todos esos metros cuadrados para acumular basura que no necesitas? Vende estas cosas en un rastrillo o en eBay, o dónalas y sácalas de tu vida. Deshazte de todo lo que te sobra y pon en orden tu vida. ¡Dile adiós! El dinero que consigas de todo esto será una ayudita más.

Una de las claves de este ejercicio es la lección que aprenderemos durante el proceso. Enfrentarnos a las cajas y pilas de basura que hemos acumulado durante años hará que nos lo pensemos dos veces antes de comprarnos otra baratija. Viaja al futuro e imagínate a ti mismo vendiendo el artículo en un rastrillo. ¿Cómo te sentirías? ¿Merecería la pena invertir tu dinero y tu fuerza vital en algo así? Si es así, adelante. Esta es otra forma de crear un nivel más en este proceso que permitirá que nuestra razón intercepte una compra impulsiva.

No compres activos devaluables

Una vez que te hayas deshecho de toda la basura y veas lo poco que te dan por todo lo que has vendido, aprenderás una valiosa lección: los activos devaluables son una lata y tienes que evitarlos en la medida de lo posible. Un coche nuevo se depreciará hasta en un 11 por ciento nada más salir del concesionario. En un coche de 30 000 dólares, hablamos de una pérdida de más de 3000 dólares, y a partir de ahí es todo cuesta abajo. Por otro lado, el precio de la vivienda aumenta cada año. Las joyas, las antigüedades, las armas, los instrumentos musicales y el terreno suelen revaluarse, mientras que los millones de toneladas de plástico que llegan en barco desde China se convierten en basura nada más comprarlas. Sin embargo, esto no siempre es así. Los artículos de coleccionista pueden aumentar su valor y son buenas inversiones.

Lo importante es analizar siempre los gastos en forma de inversión. Por supuesto, tienes que ser un consumidor responsable y comprar artículos que se fabriquen de forma sostenible y contribuyan a hacer del mundo un lugar mejor. Cuanto más coherentes seamos con los valores en los que invertimos, mayor claridad conseguiremos. Y recuerda: tu dinero es tu energía, así que no puedes despilfarrarlo a lo loco. Inviértelo en el mundo que quieres crear y verás cómo todo cambia.

Sube de nivel

Una vez que hayas conseguido detener la hemorragia, el siguiente paso consiste en perfeccionar tu trabajo, tu mensaje o las ventas para mejorar tus ingresos. Si añades más agua a unas tuberías dañadas, empeorarás la situación; pero, una vez que consigas fijar un presupuesto y tengas claro qué es lo importante, aumentar el volumen es algo maravilloso. Sentarás las bases adecuadas para lograr un mayor éxito. Si, una vez que hayas pulido todos estos aspectos, eres feliz con tu estilo de vida, ¿para qué te serviría tener más dinero?

Entonces podrás destinar un porcentaje más alto del nuevo flujo a tus inversiones y tu tiempo de ocio. A mí me gusta destinar el 5 por ciento de mis ingresos a un fondo para las vacaciones que después me aseguro de gastar cada año. También dedico el 30 por ciento a inversiones, contribuyendo al crecimiento de mi empresa y, a nivel personal, también invierto en las causas en las que creo. Hacer donativos a organizaciones benéficas también es un eficaz canal para nuestro dinero. Una vez que esta energía fluya, descubrirás que puedes desempeñar un papel mucho más poderoso dentro de la sociedad. Hablar de cambiar el mundo es una cosa; el monje urbano pone en orden su casa e invierte el dinero en las causas en las que cree. Hacemos que sucedan cosas buenas y formamos parte de la solución global.

Así que, ¿cómo podemos aumentar el flujo? Depende del punto de tu vida en el que te encuentres en este momento. Si trabajas por cuenta ajena, investiga cómo conseguir más primas. Independientemente de tu profesión, no dejes *nunca* de leer, aprender, formarte y mejorar tus habilidades. Lucha por un ascenso, consigue esa paga extra o intenta lograr otro puesto si la empresa en la que estás no ofrece buenas oportunidades.

Si eres autónomo o trabajas a comisión, ya sabrás que el ancho de banda es el que marca el límite. Aprende a organizarte mejor y a delegar algunas tareas. Busca ayuda cuando la necesites y haz cada día mejor las cosas. Esta mejora empieza por tu vitalidad. Practica *chi kung* y consigue más energía; estar fuertes y en forma nos hace ser más productivos. Come bien y muévete. Duerme mejor. Podrás invertir el Chi extra en tu trayectoria profesional y leer esos libros, hacer esas llamadas, ir a ese evento o hacer todo lo que haga falta para avanzar.

Cuando consigas mayor vitalidad, tendrás más cosas que invertir en tu carrera y con las que construir tu energía. Como decíamos, el dinero es una forma de energía y, además, es el combustible de la economía. Con él, podrás contratar a alguien que te ayude, tener más presupuesto para publicidad o conseguir esa máquina o ese almacén que te ayudarán a avanzar. Adelante.

El monje urbano lucha con todas sus fuerzas porque es consciente de todo el bien que puede hacer con ese dinero. Un buen cabeza de familia es un líder de su comunidad que puede dar trabajo a miles de personas y contribuir con diversas causas benéficas. El dinero ya no es un problema porque es capaz de dominarlo y lo utiliza a modo de instrumento para hacer el bien.

EL PLAN DE ACCIÓN DE NATALIE

La vida de Natalie estaba plagada de malas costumbres, pero fue fácil trabajar con ella porque ya estaba entre la espada y la pared. Los pagos de la tarjeta de crédito estaban acabando con ella y, al rascar un poco la superficie, se horrorizó al descubrir cuánto dinero se le iba en intereses. Natalie pagaba un tercio de sus ingresos solo en intereses cada mes. Le di el contacto de un asesor especializado en deuda y negociaron un plan de pagos con cada banco, de modo que encontró una solución viable. Al principio le costó ser disciplinada; tuvimos que cortarle las tarjetas de crédito y transformar un poco su estilo de vida. Se acabaron los viajes caros y los zapatos nuevos. De hecho, ella misma vendió más de 40 pares de zapatos que ni siquiera se ponía.

Con la nueva tarjeta de débito, Natalie empezó a darse cuenta de lo caro que era su tren de vida. Consiguió ahorrarse los seis dólares que se gastaba cada mañana en el Starbucks y empezó a prepararse un buen café en casa antes de salir al trabajo. Sustituyó el *bagel* con el que solía acompañar el café por huevos orgánicos de su frigo. Empezó a cocinar en casa con amigos más a menudo, aunque algunos de ellos tomaron otro camino. ¡Adiós muy buenas! Sus amigos de verdad eran aquellos con los que podía pasar tiempo, hablar, pasear y ver películas.

Natalie empezó a practicar yoga, a leer libros de verdad y a escribir en su diario; fue así como se dio cuenta de que su infancia había provocado buena parte del caos financiero. Esta revelación le permitió ser más consciente de sus estados emocionales y decisiones impulsivas. Con ayuda de algunas notas a modo de recordatorio en su monedero, un límite en la tarjeta de débito y una pulsera que la anclaba a su mantra personal, Natalie aprendió bien a decir que no a las cosas. Dejó de ir al centro comercial a pasar el rato y empezó a ir a lugares en los que sí podía disfrutar de la vida sin gastar el dinero que no tenía. Los parques, las caminatas, los museos y las casas de sus amigos se convirtieron en los santuarios de esta nueva rutina.

El yoga y una alimentación equilibrada le ayudaron a mejorar su dolor de espalda y, además, consiguió ahorrarse el pastizal que le pagaba cada semana al quiropráctico. Este le enseñó algunos ejercicios para hacer en casa, y esta vez ella sí le hizo caso y empezó a hacerlos. Los pacientes que colaboran son los que más mejoran.

Natalie tardó dos años en saldar todas sus deudas y entonces sucedió algo increíble. Le gustaba tanto su vida nueva en comparación con la antigua que, cuando consiguió cancelar la deuda, siguió ingresando la misma cantidad de dinero en una cuenta de ahorros para el futuro. Sabía que no podía seguir trabajando al mismo ritmo, así que buscó una salida. Empezó a investigar sobre tintes del pelo que no llevaran sustancias tóxicas y encontró cosas muy interesantes. Se apuntó a un par de cursos *online* sobre *marketing* por las noches y creó su propio sitio web. Como ya no tenía ninguna deuda, destinó parte del dinero que había ahorrado a su nuevo negocio virtual y, en tan solo un par de meses, empezó a conseguir beneficios con las ventas. Se convirtió en «la chica de los tintes sin productos tóxicos» y el negocio empezó a despegar.

Pudo por fin dejar su trabajo y le fue muy bien como empresaria. Tiene cuidado con lo que gasta y ahorra dinero todos los meses. Natalie está orgullosa de sí misma, y tiene motivos. Dona dinero a un orfanato en Bolivia y también trabaja con chicas preadolescentes ayudándoles a desarrollar una imagen positiva de sí mismas.

CAPÍTULO 10

Dale sentido a tu vida

Veronica se levantó un buen día y se dio cuenta de que estaba perdida. Habían pasado cuatro meses desde que consiguió el ascenso por el que tanto había luchado, pero se sentía igual. Había trabajado durante tres años para lograr ese puesto. Se quedaba hasta tarde, no hacía descansos para comer, se reunía por Skype con el equipo de Asia a deshora y siempre hacía un esfuerzo adicional. Ahora los días se le hacen eternos y tiene más responsabilidades. El aumento de sueldo también hizo que tuviera que pagar más impuestos, así que al final no gana tanto dinero como pensaba. Después de comprarse un coche nuevo y de pagar la cuota del club de campo, las facturas la traen de cabeza.

En su intento por lograr el ansiado ascenso agotó sus suprarrenales y sus hormonas también habían empezado a revolucionarse. Comenzó a engordar, estaba nerviosa y le costaba dormir. Su marido seguía roncando y sus hijos arrastraban problemas en el colegio. Ahora, Veronica tenía los mismos dolores de cabeza y menos tiempo para hacer frente a los problemas de su vida.

No era la primera vez que se sentía así. Hace algún tiempo, ella y su marido tuvieron dificultades y, para solucionarlas, decidieron tener un bebé. Su madre la convenció de que eso solucionaría el problema, pero se equivocaba. El bebé vino acompañado de innumerables noches en vela y peleas sobre a quién le tocaba *encargarse*. Una vez superado el revuelo inicial, su hija fue creciendo. Un día, cuando Veronica llegó a casa después del trabajo, el bebé se puso a llorar porque quería volver a los brazos de la niñera, dejándola destrozada. El segundo bebé fue más de lo mismo.

¿Qué narices estaba ocurriendo y por qué tenía que pasar por todo eso? Se sentía desgraciada e incompleta. A pesar de la férrea disciplina en el trabajo, de sus elevadas aspiraciones profesionales y de que estaba logrando sus objetivos, no obtenía ninguna recompensa emocional. ¿Qué es lo que le faltaba?

EL PROBLEMA

Vivimos en una cultura que ha perdido la noción del sentido. Lo buscamos en lugares en los que resulta imposible encontrarlo. No tenemos ante nosotros el periplo del héroe. Hemos sustituido las viejas historietas que se solían contar junto al fuego por series y *reality shows.* Las grandes personas que hacían lo correcto y eran honestas solían ser una fuente de inspiración. El rey Arturo, Robin Hood, Luke Skywalker, Florence Nightingale y Rosa Parks lucharon por una buena causa. Nos ofrecieron una nueva perspectiva de la condición humana y nos ayudaron a entendernos mejor. Actualmente vivimos en una realidad rutinaria en la que no es fácil encontrar cosas interesantes de verdad, así que anhelamos algo distinto. Buscamos este sentido, pero acabamos sintiéndonos vacíos o satisfechos solo a medias. Aceptamos una visión del mundo que otros han diseñado por nosotros, pero que no ha funcionado.

Desde el origen de los tiempos, el ser humano ha intentado influir en los pensamientos y las emociones del otro. Nuestra cultura, sin embargo, adoptó un rumbo diferente hacia algo irreal tras la Segunda Guerra Mundial y desde entonces hemos intentado darle sentido. Dedicamos buena parte de nuestra energía a crear una nueva identidad tras la guerra, porque tuvimos que identificar nuestro propio *ethos* en contraposición a la filosofía comunista y socialista, que había creado nuestra nueva némesis. La Unión Soviética se construyó sobre la base de estos principios y consiguieron expandir su ámbito de influencia en todo el mundo. El ataque frontal al capitalismo, la religión y nuestro «estilo de vida» generó la necesidad en Occidente de crear una historia con la que todos nosotros pudiéramos identificarnos, algo que nos uniera y que nos diese un motivo para luchar. El resultado fueron series como *Leave it to Beaver (Déjaselo a Beaver)* y *Father Knows Best (Papá lo sabe todo)**. El cine y la televisión se utilizaron para diseñar una imagen de cómo debíamos ser y de cómo debíamos encajar en eso que llamamos sociedad. Era una imagen forzada, sexista y muy restrictiva. No tardó en surgir una contracultura en respuesta, y es que la gente sentía de manera innata que esa imagen carecía de vida. Hemos tenido que lidiar con las consecuencias desde entonces, y es algo que vemos con mayor profundidad en las nuevas generaciones.

---

* *Leave it to Beaver (Déjaselo a Beaver)* y *Father Knows Best (Papá lo sabe todo)* son dos series de mediados del siglo xx que retratan la vida en dos hogares de clase media de Estados Unidos. *(N. de la T.)*.

Saben que es una estupidez.

Saben que no funciona y que genera sufrimiento, pero el problema es que no conocen ninguna alternativa que sea mucho mejor. Han visto cómo sus padres trabajaban como esclavos y se divorciaban. Han visto cómo el empleo de sus sueños fue también la causa de un ataque al corazón. Han visto cómo el cáncer destruía familias que conocían. Saben que el dinero no soluciona todos los problemas, pero sí sirve para comprar comida, y que hace falta trabajar para ganar dinero. Si quieres trabajar, tienes que ir a la universidad o, al menos, vestirte de cierta forma y seguir las normas. Sí, el gasóleo y la gasolina contaminan, pero tu trabajo está a unos 48 kilómetros y los autobuses no llegan hasta allí. La industria de la moda es demencial, pero necesitas una chaqueta para este invierno.

Sabemos que hay mejores formas de hacer las cosas y las buscamos, pero en cierto modo falta cohesión. Tenemos un serio problema: nos siguen diciendo que los casquetes polares se están derritiendo y las ciudades árabes son invadidas por lunáticos todos los días. Vamos al trabajo, nos desplazamos, (quizá) contribuimos con la sociedad, pagamos impuestos, presenciamos guerras y atrocidades, leemos los titulares, volvemos a casa y nos calentamos algo en el microondas. Hemos perdido esa chispa.

La buscamos en la iglesia, pero acabamos insatisfechos. Probamos con las drogas y nos lo pasamos bien, pero no encontramos ninguna respuesta, solo más preguntas y, quizá, un delito menor en nuestro historial. A lo mejor esos días nos sirven para saber en qué consiste sentirse libre, pero al final vemos la cruda realidad y nos damos cuenta de cómo han acabado algunos de nuestros amigos. No podemos darnos el lujo de vivir al margen de la ley y, con hijos, todo eso está más que descartado.

Creíamos que lo único importante era casarse y tener una familia, pero eso conlleva muchísimo trabajo, y esos horribles dibujos animados de fondo nos dan dolor de cabeza. Las interminables tardes jugando con otros amiguitos, los partidos de fútbol, los viajes en coche, los tutores, las carreras a urgencias y las malditas gripes nos tienen totalmente agotados. Queremos a nuestros hijos y deseamos lo mejor para ellos; haríamos lo que fuera por ellos, pero también los sentimos cada vez más lejos. Todos los días los niños llegan a casa con alguna idea nueva o alguna impertinencia que han aprendido en el cole. Sentimos que no controlamos la situación, como si les hubiésemos entregado nuestro tesoro más preciado a unos completos extraños que están demasiado ocupados con el papeleo como para preocuparse por las necesidades individuales de cada niño. Puede que nos volvamos más estrictos y un poco más amargados. Al fin y al cabo, siempre habíamos pensado que, a estas alturas, estaríamos mejor o seríamos más felices. La vida se interpone entre nosotros y nuestros sueños y, con el paso del tiempo, nos sentimos cada vez más intranquilos.

¿Hacia dónde miramos? ¿Quiénes somos y qué estamos haciendo? ¿Cómo hemos llegado a esto? ¿Ha sido la vida siempre así de aburrida y absurda?

Puede que nos interesen muchas cosas, pero que realmente no nos entusiasme nada. Intentamos motivarnos para hacer cosas, pero, en el fondo, no nos apetecen. Vemos la vida un poco gris, nos encerramos en nosotros mismos y nos sentimos totalmente desconectados de aquella sensación de felicidad pura que sentíamos por las cosas cuando éramos pequeños. ¿Qué es lo que hemos perdido?

¿Para qué nos vamos a levantar de la cama? ¿Por qué merece la pena seguir luchando? Vemos morir a gente en África y Oriente Medio a diario —miles de ellos viven un infierno aquí en la tierra—. ¿Qué podemos hacer? Ya los hemos invadido y hemos intentado ayudarles, pero eso tampoco ha funcionado. ¿Qué sentido tiene todo esto? ¿Por qué toda esa mierda es culpa *nuestra*?

El mundo es un lugar extraño. El ciudadano medio de Occidente ha crecido con un sentimiento de culpa heredado de sus predecesores. Desde el racismo a la esclavitud, pasando por el imperialismo, las desigualdades económicas, el agotamiento de los recursos y la contaminación global, todos tenemos una buena ración de energía del tipo «es tu culpa». Ahora bien, si de verdad has desempeñado un papel activo en todo esto, tiene sentido, pero la mayoría de los occidentales maduraron, fueron a la universidad, consiguieron un trabajo y siempre han intentado salir adelante y hacer bien las cosas. Sus padres no son los dueños de las compañías petroleras y nunca han estado en una mina de diamantes africana. Dicho esto, quizá sí han comprado diamantes, conducen un deportivo y siguen teniendo los mismos memes racistas y tóxicos que el abuelo les endosó. Pero ¿tienen los ciudadanos occidentales que soportar toda esta carga, indemnizar al resto del mundo o combatir solos el cambio climático, o resulta un poco injusto? Estas son las preguntas de nuestro tiempo. Todos queremos pagar por los pecados que nuestros padres cometieron, pero la mayoría de nosotros no sabemos cómo hacerlo. Queremos darle un sentido y un propósito a nuestra vida, pero no tenemos modelos que nos inspiren. Queremos devolverle a nuestra comunidad lo que nos ha dado, pero no sabemos quién es nuestra comunidad ni lo que necesita.

Vuelve a intentarlo

En los últimos nueve capítulos hemos analizado muchos de los aspectos relacionados con nuestro estilo de vida que explotan nuestra fuerza vital y drenan nuestra vitalidad. Hemos estudiado cada uno de estos aspectos en profundidad para ayudarte a liberar tu poder personal mediante ejercicios, trucos y una mejor comprensión que nos permitan navegar en aguas turbulentas. ¿Cómo afectan estos aspectos al sentido y el propósito de nuestra vida? Pues nos ayudan a recuperar la conexión perdida con la vida misma y, por lo tanto, nos sitúan de nuevo en el flujo del universo. Vamos a analizarlos brevemente.

Estrés

Vivir agobiado por el estrés tiene un impacto directo sobre nuestro sistema inmunitario y nervioso, y afecta a nuestro metabolismo. Corta el flujo hacia la parte frontal del cerebro, que es la parte asociada con el razonamiento moral superior y la capacidad de pensamiento crítico que nos diferencia como seres humanos. Sin acceso a esta parte de nuestro cerebro, solo nos queda el cerebro animal de lucha o huida y la necesidad de pertenencia. Buscar el sentido de la vida con un razonamiento primitivo es algo prácticamente imposible. Tenemos que allanar el camino para que el cerebro pueda encender y activar nuestras facultades espirituales superiores. De este modo, no hará falta que busquemos el sentido: aparecerá por sí solo en nuestro interior.

Tiempo

El tiempo nos conecta con todo el poder del universo. Comprender mejor en qué consiste y cómo podemos existir en armonía con su flujo nos hará libres de una forma que no podemos ni imaginar. El tiempo es uno de nuestros grandes maestros y un aliado en la vida. Es el anclaje de nuestro ser; cuando perdemos el tiempo, malgastamos nuestra fuerza vital. Al vivir desconectados de nosotros mismos, lo invertimos de forma frívola y después nos quejamos porque estamos aburridos. El monje urbano domina su relación con el tiempo y encuentra el sentido y el propósito que buscaba cuando se descubre a sí mismo fuera del tiempo lineal. Parar el tiempo y encontrar la eternidad es un ejercicio diario que debemos dominar.

Energía

Es la moneda de la vida. Como recordarás, la energía Chi se puede cultivar en el Shen (o espíritu). Se convierte en un rico ingrediente que nos ayuda a conectar con todas las formas de vida que nos rodean. Es la estructura de la conciencia que todos compartimos con la vida a nuestro alrededor y algo que podemos reforzar y perfeccionar con la práctica. Lo primordial es contar con un sistema robusto y saludable que fluya con Chi. Hacer las cosas de otra manera y convertir nuestra energía en espíritu es el camino que sigue la alquimia y una de las piezas que faltan en el dilema de «la falta de sentido» al que nos enfrentamos en Occidente. Una vida a medio gas no es la solución. Tenemos que volver a la vida con mayúsculas.

Sueño

Todo lo que sube baja, y el sueño es el momento en el que reparamos nuestra alma. Es el lugar en el que nuestra mente subconsciente conecta con el inconsciente colectivo y donde extraemos el significado de lo que nos sucede a diario. Algunos de nosotros tenemos tal déficit de sueño que siempre sentimos que nos falta algo. Corregir este problema y conectar con nuestra dosis de «pequeña muerte» nos ayuda a beber de la red de la vida. Cuando dormimos adecuadamente, nuestra ansiedad basal empieza a desaparecer y recuperamos el enfoque y la perspectiva para encontrar las respuestas por nosotros mismos. Nos sentimos genial y nuestra fuerza vital nos aporta confort y comodidad. Debemos dormir para sentirnos completos.

Estilo de vida sedentario

Sentarse en el suelo y reflexionar sobre la existencia formaba parte de la vida de los monjes. El resto del tiempo lo dedicaban a ir a por agua y cortar madera a diario. Llevaban un estilo de vida activo y las colinas eran escarpadas. La vida nos obligaba a movernos, sudar bajo el sol, desafiar a los elementos y cargar pesos pesados. Así ha sido desde que nuestra especie consiguió superar la primera Edad de Hielo. Nuestra época es la primera en la historia de la humanidad que nuestra especie está formada por seres tan sedentarios y que nos pasamos sentados la mayoría del día. Muchos de nosotros estamos perdidos y vivimos desconectados de nuestras raíces primitivas. Moverse es fundamental para liberar nuestra energía vital y activar los genes clave encargados del crecimiento y la longevidad. Cuando el cuerpo no se mueve, deja de funcionar y hace que nuestra mente se apague, generando un sentimiento de desconexión y desasosiego. El propósito no siempre cae del cielo. Aparece de forma natural cuando volvemos a encender nuestras luces o regresamos al flujo del movimiento.

Dieta

Una buena alimentación aporta energía a nuestro cerebro y activa los centros de la espiritualidad superior que nos permiten despertar. La mala alimentación hace lo contrario: nos adormece y altera nuestro flujo de energía. Ser parte de la solución y no del problema es fundamental. No puedes comer comida basura y aspirar a encontrar un gran propósito en la vida. Somos lo que comemos a todos los niveles, incluyendo el plano físico, mental, psicológico, espiritual y energético, entre otros. Un monje urbano mima su experiencia vital ingiriendo alimentos saludables y evitando aquellos que frenan su desarrollo o suponen una carga para su sistema a cualquier nivel. Nos convertimos en lo que comemos y utilizamos ese combustible para estar aún más despiertos.

Naturaleza

Como dice el profesor chamánico Alberto Villoldo, los occidentales somos los únicos humanos que nos vemos a nosotros mismos *fuera del* Edén. Esta idea según la cual habríamos sido expulsados de un paraíso natural nos ha distanciado del profundo respeto hacia el mundo natural inherente a muchas otras culturas. Nosotros talamos los bosques, explotamos los recursos de las montañas, contaminamos los ríos y llenamos la tierra de plástico que no necesitamos. La desconexión con la naturaleza también nos aleja del cordón umbilical del universo y nos separa del resto de formas de vida a las que estamos unidos. Hacemos todo esto y después nos vamos a un taller en un retiro en la montaña para intentar encontrar el sentido y el propósito de nuestra vida, cuando el primer paso consiste en reconectar con el mundo natural en nuestra propia casa.

Soledad

Cuando encontramos a Dios, la Verdad o como quieras llamarlo, no existe nada parecido a la soledad. Sin embargo, cuando vivimos desconectados de nosotros mismos, nos sentimos aislados y confusos. Analizar las emociones de nuestra infancia y comprender que todos tenemos nuestros propios traumas es el primer paso. Entonces podremos encontrar sentido en los demás, podremos entender el sufrimiento común y vernos reflejados en el otro. Al cuidar de nosotros mismos y vitalizar nuestra existencia, podremos ayudar al resto de personas y disfrutar de la energía que obtenemos del servicio al otro. De este modo, dejaremos de ser un estorbo y permitiremos que nuestro Yo Superior obre a través de nosotros. Solo entonces entenderemos mejor quiénes somos en realidad.

Dinero

Conozco a mucha gente rica que carece de cualquier sentido en su vida. Se van de vacaciones a sitios caros, se compran la ropa de yoga más bonita, se dan masajes y, aun así, siguen siendo infelices. Si te has creído la falsa promesa del consumo ostentoso, tienes que saber que el dinero no puede comprar el sentido. Utiliza el dinero para alimentar tus sueños y vivir una vida de aventuras y descubrimientos. Utilízalo para ayudar a los demás y hacer del mundo un lugar mejor. El sentido de la vida no está a la venta, se cultiva. Un monje urbano lo tiene muy claro. Si tienes problemas para identificarte en diferentes memes culturales o intentas comprar tu acceso a las clases altas, estás perdido. Distinguir nuestras necesidades de nuestros deseos resulta fundamental para liberarnos de la trampa del dinero. Extrae la parte esencial de las cosas y desde ahí construye tu propia visión del mundo.

Si intentamos analizar por qué nos falta sentido, descubriremos que está inextricablemente ligado a nuestra conexión con la vida misma. La solución no pasa por encontrar la filosofía adecuada o el libro de autoayuda perfecto. Pensar que, solo con eso, hallaremos el sentido es absurdo. Esta creencia es, en buena parte, una mala interpretación de las tradiciones cristiana y zen, en las que un maestro de repente ilumina al discípulo. Nuestra cultura bien podría resumirse en la imagen del capo que va a la iglesia a pedir perdón por dar palizas toda la semana. Con un par de avemarías es absuelto de sus pecados y ya puede volver a pecar otra vez. Un súbito destello y un «zas» nos darían una gran historia, pero la realidad no funciona así. Conectamos con la vida a diario; rezamos a Dios a diario. Nos sentamos a meditar y encontramos la paz, el sentido y un propósito a través de la práctica. El monje urbano predica con el ejemplo y cumple con su deber a diario. Es un agente de la vida misma al servicio de las formas de vida que le rodean. Gracias a esto y a su práctica diaria, consigue alcanzar la conexión, el sentido y la razón de ser. Vuelve a la vida y encontrarás sentido en todos lados.

SABIDURÍA DE MONJE URBANO

Vivimos en una cultura de declaraciones en lugar de autoanálisis. Así pues, con tan solo 17 o 18 años, tenemos que decidir lo que seremos durante el resto de nuestra vida y, en cierto modo, anunciarle esta decisión al resto del mundo. «Voy a ser médico, abogado, programador, maestro...». Acabamos haciendo una declaración sobre quiénes somos basándonos en nuestros caprichosos intereses adolescentes y, con frecuencia, nos vemos atrapados en esta decisión el resto de nuestra vida. Imagínate que decides ser abogado porque buscabas cierta seguridad laboral y se te daba bien leer; con el tiempo, acabarás rodeado de otros abogados la mayor parte de tu vida. Si decides dedicarte al Derecho Penal, acabarás trabajando con clientes que podrían no ser especialmente majos. Los médicos viven rodeados de gente enferma y de otros médicos. Los maestros tienen que cargar con las decisiones de los políticos y clases masificadas. Así pues, si somos lo que comemos, también podemos decir que las decisiones que tomamos a una edad temprana nos suelen rodear de un tipo concreto de personas con las que tendremos que tratar durante décadas. No es algo malo *per se*, pero sí nos proporciona una visión del mundo que refuerza una identidad fabricada. Lo que pensamos que somos estará determinado por las personas que se creen esta identidad.

Y todo esto sucede en un momento de la vida en el que nos deberíamos estar planteando una pregunta importante:

¿Quién soy yo?

En la cultura oriental era especialmente importante buscar nuestros puntos fuertes y perseguir nuestro destino. ¿Quién eres y qué te hace feliz? ¿Cómo puedes seguir un camino coherente con aquello que te hace feliz? ¿Cómo puedes descubrirte a ti mismo y recorrer un trayecto personal que resulte satisfactorio y noble?

En la cultura occidental, sin embargo, solemos evitar este tipo de preguntas y nos sentimos perdidos. En nuestra adolescencia anunciamos la elección de una carrera que definirá quiénes somos y nos quedamos atrapados reforzando esta fachada durante el resto de nuestra vida. Por mucho mortero que pongamos en las agrietadas paredes, el interior se viene abajo. Nuestro yo verdadero se siente solo y espera el momento de brillar. Nos sentimos acorralados y nos pasamos el resto de nuestra vida buscando la forma de encontrarnos mejor. Buscamos distracciones, remedios para la ansiedad, libros de autoayuda y vacaciones en un *spa* para aliviar este sentimiento subyacente, pero en cierto modo sigue ahí. ¿Y si no nos estamos planteando preguntas lo suficientemente trascendentales?

Todos somos héroes

En el fondo a todos nos encantaría ser como los personajes de los cuentos clásicos. Películas, libros, juegos de fantasía, videojuegos o cualquier otro medio que podamos utilizar para evocar esos sentimientos está bien, pero al fin y al cabo ver a Luke Skywalker empuñar una espada láser no es lo mismo que aprender kendo y convertirse en una máquina. Vitorear a Spiderman mientras sobrevuela la ciudad no mola tanto como columpiarse en una liana en tu próximo viaje al Amazonas. Ver a alguien bailar en la tele y hacerlo tú mismo son dos cosas muy diferentes. Bailar es divertido y, sin embargo, lo hemos relegado a la categoría de deportes que vemos en la pantalla en lugar de utilizarlo como una actividad que nos aporte felicidad.

El problema del mundo moderno es que las *estrellas* son las únicas que se divierten. No tienes que ser un deportista olímpico para asistir a clases de gimnasia y aprender a hacer el puente. Parece que nos hemos olvidado de cómo hacerlo, y millones de personas ya se han rendido y se limitan a ver cualquier tontería en la tele de forma pasiva. No tienes que ser un experto para empezar a hacer cosas. Mucha gente nada y disfruta de la natación sin necesidad de ostentar ningún récord mundial. Quizá solo lo hacen porque les gusta el agua.

Han descubierto su pasión. ¿Cuál es la tuya?

A medida que descubrimos las conexiones en nuestro interior, accedemos a una ola de energía contagiosa. Es algo que podemos identificar en otras personas rápidamente. Podemos verlo cuando alguien está activado y nos atrae. Algunas personas tienen envidia, como puede verse en muchas empresas y familias de todo el mundo. De una forma u otra, identificamos las señales de vida, comparamos esa percepción con la imagen que tenemos de nosotros mismos y reaccionamos en consecuencia. Las personas que están vivas de verdad pueden generarnos admiración, influirnos, hacer que sintamos rechazo, que nos sintamos ofendidos o incluso motivados. O bien nos contagian y nos recuerdan aquello en lo que queremos convertirnos, o bien las odiamos porque son aquello que nosotros sentimos que no podemos ser.

¿Qué es lo que te gusta?

¿Qué es aquello que te activa por completo? ¿Dónde podemos encontrar la llama que encienda nuestro espíritu? La respuesta la obtendremos al solucionar los asuntos de los que hemos hablado en los nueve capítulos de este libro y al tomarnos el tiempo necesario para conocernos a nosotros mismos. Cuando la vitalidad vuelva a correr por nuestras venas, podremos saborear la vida y la gente lo notará en nuestra mirada. No hace falta que busquemos el sentido y el propósito porque el rumbo de nuestra vida será evidente. Seguiremos las miguitas y descubriremos que formamos parte de algo mucho mayor que nosotros mismos. Contribuiremos con el *progreso* de la sociedad, el arte, la cultura, las matemáticas, la ciencia, la filosofía o cualquier otro campo en el que nos ejercitemos. Ayudaremos y apoyaremos a la vida para que las generaciones venideras disfruten de una existencia mucho mejor, ya que vemos nuestro yo inmortal reflejado en el futuro de todas las formas de existencia y entendemos este principio de manera profunda.

Descubrir nuestra verdadera personalidad es la clave para encontrar el sentido y el propósito de nuestra vida. Una personalidad sin desarrollar es como una radio sin una señal clara: el sonido que debería ser perfecto se distorsiona. Limpiar los canales para poder resonar al compás de la armoniosa sinfonía del universo resulta fundamental. Para ello, tendremos que aprender a hacer las cosas de otra manera. La felicidad es el subproducto de la autorrealización y de la liberación de nuestra vitalidad. Cuando bebemos de la esencia de quienes somos realmente, gracias al *chi kung*, la meditación, la oración, el deporte, la dieta, unos buenos hábitos de sueño, nuestras relaciones y cualquier otra actividad que realicemos, ya no habrá ninguna pregunta desconcertante que nos tenga en vela. Dormiremos con una sonrisa en la cara porque, una vez más, habremos vuelto a tener un día pleno y maravilloso.

PRÁCTICAS ORIENTALES

Panorama general

Una forma eficaz de trazar un plan que te permita transformar tu vida pasa por sustituir tus circunstancias reales por una situación hipotética y ponerla en marcha. Pregúntate a ti mismo lo siguiente: si el tiempo, el dinero y el lugar no fuesen un problema, ¿qué te *encantaría* hacer con tu tiempo? Después, hazte las siguientes preguntas:

- ¿Por qué?
- ¿Qué puedo hacer para conseguirlo?
- ¿Qué se interpone en mi camino?
- ¿Es un obstáculo real o una limitación percibida?
- ¿Cómo puedo transformar estos obstáculos?
- ¿Cómo puedo cambiar mi estilo de vida actual para lograr este objetivo y avanzar en esta dirección?

Son preguntas sencillas, pero difíciles de responder. Muchos de nosotros tenemos hijos, facturas, padres mayores, trabajos de ocho horas y otras obligaciones que representan auténticas barreras que nos impiden levantarnos y abandonar nuestra realidad. Es normal. Hemos pasado tantísimo tiempo entrenándonos para pensar dentro del marco impuesto por los compromisos y las limitaciones de la vida que ahora creemos que no tenemos nada más que hacer. No recordamos en qué consiste soñar sin límites. Este ejercicio acabará con estos límites.

¡Deja de huir!

El monje urbano es un cabeza de familia. Vivimos en sociedad y tenemos una vida por la que hemos luchado. Así que ¿cómo adaptamos nuestra forma de invertir el tiempo, el dinero y la energía a la construcción de la vida que queremos? Una vez que hayas conseguido liberar tu energía con los ejercicios que has aprendido en este libro, podrás reinvertirla para optimizar el flujo de tu vida diaria. Al tener más tiempo y más dinero para invertir en tus sueños, podrás empezar a trazar un plan y hacerlo realidad. Empieza a diseñar una vida que sea divertida y que esté llena de cosas buenas todos los días. De esta forma, no tendrás por qué soñar con la idea de salir corriendo cada día. Imaginemos, por ejemplo, que siempre has querido visitar las pirámides de Egipto. Muy bien, eso es una semana de vacaciones. No tienes que poner tu vida patas arriba para hacer un viaje, por muy distante y difícil que esta idea te parezca porque *tu vida está llena* de responsabilidades. La levedad es lo contrario a la gravedad. Al aportar mayor levedad a tu vida diaria podrás trazar un plan, reservar los días, ahorrar el dinero e irte de viaje. Tendrás muchas historias que contar y fotos que enseñar, y habrás vuelto. Con suerte, habrás vuelto a una vida que no odias. Esa es la moraleja de esta historia. Lo divertido es que, una vez que consigas vivir una vida plena en casa, tendrás más energía, más tiempo y más dinero para emprender las aventuras con las que siempre has soñado. Cuando tu vida en casa y tu vida de vacaciones sean casi las mismas, sabrás que lo has conseguido. Para el monje urbano, la vida es un maravilloso flujo de experiencias, lecciones, aventuras y oportunidades para difundir bondad independientemente de donde estés.

Sabático

Así que ¿cómo organiza su tiempo un monje urbano? Tómate las vacaciones como un pequeño periodo sabático. No malgastes tu valioso tiempo de rejuvenecimiento en un autobús dando vueltas por una ciudad turística. Elige un lugar en el que te sientas a gusto y sumérgete en un libro, un ejercicio o en una actividad personal, o simplemente recupera el sueño atrasado. Pregúntate a ti mismo qué necesitas y date permiso para beber de ese cáliz. Una semana debería ser suficiente para la mayoría, y hoy en día no resulta muy difícil conseguir ese tiempo. Si tienes hijos pequeños, túrnate con tu pareja o con un amigo para cuidarlos mientras pasas algo de tiempo rejuveneciendo. Haz pequeños viajes siempre que puedas y organiza un periodo de descanso más largo cuando sea posible. Esperar a un viaje largo y no hacer pequeños descansos te obligará a permanecer en ese ritmo frenético durante años. Recuerda que estas pequeñas escapadas podrán ser de gran ayuda para reconectar con la Fuente y te mostrarán el camino para que vuelvas a afrontar tu día a día con claridad y equilibrio.

A pequeña escala, yo me tomo los domingos como miniperiodos sabáticos. Hago solo lo que me apetece e intento no hacer planes. De este modo, puedo relajarme y dejar que el día se desarrolle libremente. Como tengo hijos, no puedo evitar ir de un lado para otro, pero al menos tienen algo de tiempo no estructurado para jugar y explorar el mundo. Pasa este tiempo en familia y disfruta de él. Esos años nunca se recuperan y la sensación de paz que infundirás en tu vida es incalculable.

Meditación esencial de Rama Maharshi

«El pensamiento "¿Quién soy yo?" destruirá todos los demás pensamientos y, al igual que la estaca utilizada para atizar la pira funeraria, este mismo pensamiento también acabará destruido. Entonces surgirá la autorrealización».

RAMANA MAHARSHI
Las enseñanzas espirituales de Ramana Maharshi

Uno de los grandes santos indios de nuestra época fue Sri Ramana Maharshi. Era un hombre lleno de sentido que para nada se preocupaba por conseguir seguidores, aunque la gente viajaba desde lugares muy lejanos para conocerle. Su análisis sencillo y elegante para entender la realidad no incluía respiraciones, ni limpieza, ni posturas de yoga, ni donaciones a un templo. Él solo nos enseñó a hacernos preguntas muy sugestivas diseñadas para ayudarnos a indagar en la esencia de nuestro ser. Estas ideas escanean constantemente nuestro yo consciente, explorando la naturaleza de nuestro diálogo mental y ofreciéndonos la oportunidad de adentrarnos en la naturaleza de la persona que plantea cada una de estas preguntas. Es una forma extremadamente eficaz de cortar por lo sano y ahondar en quiénes somos realmente. Incluyo a continuación un ejemplo de este ejercicio tan recomendable que te animo a practicar:

o Siéntate en silencio y escucha tus pensamientos.

o Cuando hayas aislado uno de estos pensamientos, hazte la siguiente pregunta: «¿Quién ha tenido ese pensamiento?».

o La respuesta más frecuente suele ser «He sido yo» o «Yo». Comienza el juego.

o Pregúntate a ti mismo: «¿Quién soy yo?».

o A continuación puedes preguntarte: «¿Quién acaba de hacer *esa* pregunta?».

o Y después: «¿Quién acaba de preguntar eso?».

Este poderoso ejercicio nos permite ahondar en nuestra identidad para liberarnos de las distintas fachadas que hemos ido añadiendo a modo de máscara. A medida que profundicemos en la indagación sobre quiénes somos, empezaremos a descubrir las distintas fachadas o historias que hemos creado en torno a esa identidad. Cuanto más escarbemos, más evidente será que todo el escenario que hemos construido se parece a un barrio de chabolas brasileño, con cimientos muy inestables, etcétera. La verdad sobre quiénes somos es algo muy profundo y poderoso, y ahí está la ironía: nunca podrás encontrar una respuesta, solo más preguntas. ¿Por qué? Pues porque al investigar algo que es infinito acabarás inmerso en una búsqueda infinita. Cuando comencemos a explorar nuestra naturaleza infinita, nos daremos cuenta de que solo surgen más preguntas. No pasa nada. ¡Bienvenido al Gran Misterio de la vida!

Meditación taoísta con el Dantian

Uno de los ejercicios taoístas más eficaces que yo he practicado durante años está diseñado para encender la Esencia Vital en la zona llamada del Dantian inferior. Es una parte del cuerpo con la que hemos respirado en varios ejercicios del libro y ahora, en el último capítulo, nos toca activarla. Este ejercicio recurre a la manipulación física del centro para condensar el Chi en el Dantian inferior y activar tu poder personal. También puedes utilizar este ejercicio para potenciar el rendimiento atlético a todos los niveles. Yo he ayudado a muchos atletas profesionales con esta técnica, consiguiendo una mejora de su rendimiento. Cuando empieces a notar los beneficios, disfrutarás en abundancia de tu energía vital y te sentirás lleno de entusiasmo, nuevas ideas y energía para hacer cosas maravillosas. Allá vamos:

o Siéntate cómodamente con la espalda recta o adopta la postura Wu Chi (con los pies separados a la anchura de los hombros).

o Empieza a respirar llevando el aire al Dantian inferior, tres dedos por debajo del ombligo, en lo más profundo del centro de tu cuerpo.

o Infla la zona al inhalar y desínflala al exhalar.

o Repite el ejercicio durante algunas respiraciones para anclar tu mente y sentirte cómodo con el ejercicio. Si los siguientes pasos te resultan excesivos, vuelve a respirar con normalidad llevando el aire al Dantian y entra poco a poco en el ejercicio. El Chi suele desviarse hacia la cabeza y puede que al principio te encuentres mareado, así que no te fuerces.

o En la siguiente inhalación tienes que hacer cuatro cosas a la vez:

• Empuja el aire hasta abajo, llevándolo hasta la parte inferior del abdomen.

- A la vez, eleva el músculo pubococcígeo. Este movimiento es un ejercicio de Kegel y permite trabajar el músculo entre los genitales y el ano. Con la práctica, podrás levantar este músculo y reforzarás el suelo pélvico.
- Una vez que hayas conseguido levantar el músculo pubococcígeo (todo en la misma respiración), hunde el ombligo hacia la columna.
- Por último, imagina que empujas la columna hacia el ombligo.

Suceden muchas cosas en este ejercicio, pero, básicamente, estás rodeando la respiración y comprimiéndola desde cuatro puntos, como cuatro paredes que ceden sobre ella. La respiración controla el techo de la habitación y tú serás el encargado de decidir cuánto tiempo aguantas antes de exhalar (sí, todo esto lo hacemos al inhalar). Con el tiempo, empezarás a sentir cómo el Chi de esta zona se fortalece y verás cómo auténticas descargas de energía recorren tu columna llegando hasta la cabeza.

Cuando aprendas a transformar toda esta energía en Shen (prueba la meditación taoísta con velas que vimos en el capítulo dos), conseguirás una claridad y una percepción excepcionales.

Morir para conocernos

La meditación india sivaíta es poderosa e inquietante. Nos ayuda a separarnos de nuestro cuerpo y de nuestro ego para conocer con mayor claridad quiénes somos en realidad. La tradición tibetana Bön también utiliza esta práctica de forma activa. Básicamente, el ejercicio consiste en visualizar tu cuerpo muerto (sí, has leído bien). Visualiza tu propio cadáver y cómo se va descomponiendo. Imagínate cómo los gusanos, las larvas, las moscas, quizá también los perros y buitres, se van comiendo tu carne. Ve cómo devuelves tu cuerpo al ciclo de la vida. Observa cómo este se descompone y vuelve a la tierra, donde sirve de alimento a las flores y las plantas del suelo. No te resistas, deja que sea así. De todos modos, ¿cómo crees que vas a acabar? Enfrentarse a la muerte es un potente ejercicio que nos libera del miedo y nos permite vivir la vida plenamente.

Observa cómo las flores crecen y las mariposas revolotean en torno a la vida que ha nacido gracias a tu contribución al gran ciclo de la naturaleza. Haz este ejercicio a diario y siente la pérdida y la agonía del ego que se aferra a la vida. Imagínate a tus seres queridos llorando tu pérdida. Siéntelo.

¿Por qué? Pues porque te ayudará a volver al tiempo presente y a vivir tu vida plenamente en el *ahora*. Te liberará de las ataduras del ego y te permitirá aprender, explorar y no tomarte tan en serio. Te dejará deshacerte del miedo a la muerte y te devolverá al flujo de la vida. El sentido y el propósito de la vida se revelan a aquellos que renuncian a fingir y entienden su papel en el milagro de la vida. La muerte está ahí; es lo contrario al nacimiento. Es hora de sentirnos cómodos con ella.

Meditación con el tercer ojo

Como te prometí en el capítulo cuatro, incluyo un ejercicio que te ayudará a abrir tu «ojo espiritual» y a desarrollar tu intuición. Lo he reservado para el último capítulo para darte tiempo a desarrollar tu Dantian inferior. Con suerte, ya habrás hecho algunos ejercicios del libro a medida que lo hayas ido leyendo. Están diseñados para ayudarte a construir unos cimientos que permitan anclar tu energía y mantenerte en equilibrio durante el ejercicio. Muchos occidentales cometen el error de intentar los ejercicios espirituales más difíciles al principio. Confunden sus experiencias con una verdadera visión y se pierden. El desarrollo de la conciencia psíquica y la visualización de la energía son efectos colaterales de la apertura de nuestro tercer ojo, pero, si lo hacemos antes de anclar nuestra energía corporal en el Dantian inferior, dispersaremos nuestra mente. Primero tenemos que construir unos cimientos sólidos basados en las buenas prácticas y un estilo de vida saludable. Solo así conseguiremos que estos ejercicios den sus frutos.

Este es el ejercicio:

o Siéntate en una postura cómoda y dedica algunos minutos a respirar llevando el aire al Dantian inferior.
o A continuación, al inhalar, coloca las manos en alto delante de ti de forma que las palmas miren hacia afuera y los dedos señalen al cielo.
o Gira la muñeca ligeramente hacia dentro de forma que las manos dibujen un arco desde las puntas de los dedos. La parte *superior* de ese arco debe estar alineada con tu tercer ojo (en el centro de la frente).
o Relaja la vista y mira hacia el espacio que queda entre los dedos mientras la punta de la lengua toca el cielo de la boca y sigues respirando por la nariz.
o Mantente en esta posición mientras estés cómodo y observa el espacio delante de ti.

o Cuando estés listo para terminar, exhala por la boca mientras que las manos regresan a tu regazo.

o Respira un par de veces llevando el aire al Dantian inferior antes de levantarte.

Con algo de práctica, conseguirás una percepción más profunda y quizá experimentarás la precognición o conciencia psíquica. Este es el estado natural del despertar. Aumentarás tu intuición y serás capaz de acceder a tu brújula interior para tomar mejores decisiones en la vida. De hecho, descubrirás todo un mundo nuevo que estaba oculto a primera vista. He incluido un enlace sobre este ejercicio en la sección de recursos.

TRUCOS MODERNOS

Escribir en un diario

Una de las formas más eficaces de ahondar en nuestra psique y conocernos mejor es tener un diario, ya que nos permitirá repasar todo aquello que está en nuestra mente y también expresar nuestros sentimientos y frustraciones de un modo en el que no solemos hacerlo verbalmente. El sentido y el propósito de nuestra vida pueden estar enterrados bajo todo ese ruido. Algunas personas arrastran sentimientos de rencor y odio toda su vida que acaban volcando en aquellos que las rodean porque, precisamente, estos sentimientos se esconden bajo la superficie. Si no sabemos qué es lo que nos molesta, ¿cómo podemos comunicárselo adecuadamente a los demás? Nos convertimos en unos capullos amargados.

Escribir un diario es otra válvula de escape más para toda esta presión, ya que nos permite tener un diálogo con nosotros mismos haciendo que el yo y la mente subconsciente limen sus diferencias y que dirijamos nuestra atención hacia temas recurrentes. Vivimos en un mundo con tanto ruido que a veces apenas tenemos tiempo de mirar en nuestro interior. Este ejercicio nos obliga a actuar y suele dar resultados interesantes. Puede que patalees y grites al principio y que sientas que no tienes nada que escribir; no pasa nada, empieza a escribir cualquier cosa. Puede que los verdaderos traumas tarden una semana en aparecer, solo tienes que ser paciente y seguir escribiendo todo aquello que pasa por tu cabeza. Con el tiempo, acabarás explotando y no tendrás que volver al pasado. Es un proceso tan terapéutico que te sorprenderá ver lo bien que te sientes al cabo de un par de meses. Pronto verás cómo van surgiendo distintas ideas sistemáticamente. Suelen estar relacionadas con nuestros sueños y aspiraciones infantiles. Puede que las hayas intentado apartar pero, a medida que vas ganando claridad, el camino que se abre ante ti resulta cada vez más evidente. Empezarás a caminar en esa dirección y así comenzará la aventura de tu vida. Cuando llegues a este punto, encontrarás el sentido y el propósito que buscabas en tu interior.

Diario de sueños

Escribir un diario de tus sueños también es una forma eficaz de captar los mensajes que te envían tu subconsciente y, probablemente, el inconsciente colectivo. Podrás descubrir cosas muy interesantes. La clave consiste en tener el diario en la mesita de noche y escribir en él nada más levantarte. Si esperas, aunque solo sea un minuto, es probable que te olvides de muchos aspectos sustanciales. Con el tiempo, aprenderás a descifrar los mensajes que recibes durante el estado de sueño y podrás aprender más sobre ti mismo y sobre tu viaje.

Tanto si se trata de un diario normal que escribes cada día (o cada noche) como de un diario de sueños o una combinación de los dos, una pieza importante del puzle consiste *en volver al diario y leerlo*. Mucha gente se salta ese paso renunciando así a un tesoro oculto de valiosa información que podría ser de gran ayuda. Léelo regularmente y descubre aquello que te hacía tropezar. Analiza por qué estabas estancado y qué es lo que te molestaba. Alcanzar este nivel de comprensión de tu propia psique interior no tiene precio y es un punto clave de entrada hacia el reino del sentido y el propósito. Como decíamos, el sentido no es algo abstracto que se encuentre de un día para otro. Es un sentimiento estratificado y una gnosis de tu verdadero yo asociada con una profunda comprensión de la naturaleza y del funcionamiento del universo. Combinados, nos permitirán conocer qué lugar ocupamos en la red de la vida y vislumbrar nuestro camino. Muy pocas personas saben hacia dónde vamos y qué significado tiene todo esto. Ese no es el objetivo y, sinceramente, creo que le quita toda la gracia. El misterio y la aventura que la vida nos permite vivir cuando estamos en nuestro camino y disfrutamos del viaje es la parte divertida. Mientras *sientas* que estás en el camino adecuado, no hace falta que sepas adónde te diriges. El diario puede ayudarte.

VIAJES PERSONALES

Me crie con un padre estricto para el que los sobresalientes nunca eran suficientes. Hice todo lo posible para que estuviera orgulloso de mí, pero nunca era suficiente. Cuando terminaba los deberes, me ponía a estudiar algo más; nunca podía perder el tiempo. No tardé en desarrollar la costumbre de parecer siempre muy ocupado para evitar cualquier tipo de crítica. Era una forma de defensa fácil frente a las críticas de mi padre, pero, sin quererlo, se convirtió también en una parte más de mí. Cuando empecé a conocerme mejor a mí mismo e indagué aquello que me había marcado, descubrí este interesante virus en mi programación y cómo había afectado a distintos aspectos de mi vida. Aprendí a reeducarme y permití que el chaval que llevaba dentro volviese a jugar. Me sentía culpable, pero eso me ayudaba a saber que era algo especialmente bueno para mí. Darme permiso para vaguear y hacer otras cosas que no tuvieran que ver con el trabajo fue un ejercicio muy liberador, que me ayudó a entenderme a mí mismo, a comprender a mi familia y a ver toda la energía que había malgastado en crear esa fachada que no tenía por qué existir.

Reeducarse

Aprender a entablar un diálogo con el niño que todos llevamos dentro es una forma eficaz de acceder a tu alegría interior.

Muchos de nosotros acallamos esa voz al individualizarnos para convertirnos en los adultos serios y formales que somos. Dejamos de escuchar a ese niño que habita en nuestro interior y mantenemos siempre la compostura, obligándonos a ser como *tenemos* que ser. Llevamos años haciéndolo, pero ¿qué es lo que hemos conseguido? Estar agotados y sentirnos tristes. Esa llama infantil de euforia y entusiasmo se está apagando y parece que la hemos perdido. Aprender a hablar con el niño que llevamos dentro es una forma muy eficaz de recuperarla. Lo primero que tenemos que hacer es volver a conectar profundamente y con cariño con él o ella. Para eso tendrás que recapitular. El niño seguramente se siente inseguro; probablemente le has hecho pasar por varias situaciones incómodas y no has protegido su tierno corazón. Tienes que comunicarte con él y tranquilizarlo para que sepa que estás ahí para conectar con él y ser su amigo. Pregúntale a ese niño cómo se siente y qué es lo que le molesta. Puede que tarde un poco en confiar en ti, pero sigue intentándolo. Imagínate a ti mismo junto al niño que vive en tu interior tratando de comenzar este diálogo. ¿Qué es lo que quiere hacer? ¿Quiere un helado? Genial, tómate un helado de verdad y consiente un poco al niño que llevas dentro. Acostumbrarte a escuchar esta voz infantil te animará a hacer todo aquello que le aporta felicidad a tu vida. Cuando lo hacemos, nuestro niño no se rebela y no nos obliga a comernos toda la tarrina. Con un cucurucho y un paseíto o un día en la feria será suficiente.

La energía contenida que acumulamos al reprimir los impulsos del niño que llevamos dentro genera una tristeza sofocante en nuestra vida. Cuando comiences este diálogo y empieces a preocuparte por este niño, verás cómo recuperas esa sensación de libertad y de entusiasmo en tu vida. Así, el sentido y el propósito serán algo evidente. No tendremos que buscarlos porque surgirán a través de nuestra alegría y realización en la pureza y la belleza de la vida.

Aventuras rurales

Volviendo al capítulo siete, te propongo otro viaje a la naturaleza. Conseguirás regresar a tus raíces y acceder al reino del sentido y el propósito fácilmente. Vivimos en un mundo complejo. Pensamos que más es siempre mejor y que, como nuestra mente es compleja y está sometida a una gran presión, la solución tiene que consistir en un complejo esquema elaborado por el equipo de un superprofesor que se adapte perfectamente a nosotros. Así pues, buscamos y compramos a la persona, el programa, la dieta, el libro, al compañero o al gurú que se convertirá en la respuesta perfecta.

Pero ¿y si las respuestas estuvieran en otro lado? Quizá estamos demasiado atrapados en nuestro pensamiento abstracto y en un razonamiento excesivamente complejo. Quizá la belleza de la que somos testigos al ver cómo una mariposa aterriza en una flor bajo la brillante luz del sol es justo lo que necesitamos. Quizá volver a los principios básicos de comida, agua, cobijo y fuego nos puede ayudar a simplificar la vida y a ver qué tenemos en común con esa mariposa. Pensar que nuestro cadáver será el que sirva de alimento a esas flores dentro de poco puede ser un pensamiento bastante sombrío, pero quizá también es una dosis de una buena medicina. Por supuesto, podemos construir monumentos y grandes bibliotecas con nuestro nombre para que perduren durante varias generaciones, ¿y luego qué? Te vas a morir igualmente, así que

¿disfrutaste o no del viaje? ¿Encontraste la paz y la felicidad en tu corta vida y fuiste capaz de recorrer la tierra con una sonrisa en tu rostro? Si es así, serás capaz de mover montañas y cambiar la economía. Los monjes urbanos lo hacen por todo el mundo, pero la primera parada de este viaje es el regreso a su hogar. Encuentra la felicidad en la naturaleza y accede a tu yo esencial. Aprende a valorar el mundo natural del que venimos y a compartirlo con todas las formas de vida que nos rodean, dejando que este principio activo guíe todo el trabajo que realices.

El monje urbano encuentra su inspiración en la naturaleza, a la que regresa a menudo para rejuvenecerse y reconectar. Tómate tiempo para hacerlo y haz grandes viajes que te permitan vagar libremente por la naturaleza y caminar por el campo. Cuando hayas adquirido esta costumbre, entenderás su importancia y se convertirá en uno más de tus rituales para el resto de tu vida. Te recordará aquello por lo que merece la pena luchar.

Todos formamos parte de la vida que nos rodea, ¡es hora de sumarnos a la fiesta!

EL PLAN DE ACCIÓN DE VERÓNICA

Verónica lleva buscando cosas fuera de sí misma toda su vida. Tiene el poder personal y los recursos para hacerlo, pero, una vez tras otra, se da cuenta al llegar a la meta de que estaba corriendo en la carrera equivocada. Empezamos con un diario y logramos que trabajase desde casa dos días a la semana. Así consiguió suficiente tiempo para estar con sus hijos y deshacerse de la angustia de madre que estaba acumulando. Después, le enseñamos algunos ejercicios de *chi kung* y se interesó por la meditación y el autoanálisis de Ramana Maharshi. De alguna forma, empezó a mostrar un gran interés por este tipo de análisis, y le funcionó muy bien. Empezó a vivir algunas experiencias místicas gracias a esta práctica, que le ayudaron a suavizar su personalidad. Al fin y al cabo, había pasado muchos años construyendo el edificio de esa *persona* que quería ser, y el resultado era un desastre. Verónica disfrutó demoliendo ese edificio.

No le gustaba la visualización de la muerte, pero siguió haciéndolo a petición mía. Finalmente se derrumbó y conseguimos abrir una nueva puerta. Se había tomado tan en serio durante tanto tiempo que se había convertido en una suerte de camión blindado. Se negaba a pensar en su muerte o en cualquier otra cosa que pudiera desestabilizarla. Sin embargo, verse a sí misma muerta y preguntarse si todo merecía la pena se convirtieron en un potente catalizador. Este pensamiento la ayudó a replantearse cómo invertía su tiempo en el trabajo, en casa y con sus seres queridos.

A Verónica le encantaba pintar, pero dejó de hacerlo cuando las cosas se complicaron en el trabajo tras tener a su segundo hijo. Llevaba ocho años sin hacerlo y, al darse cuenta de lo que se había perdido, se derrumbó y empezó a llorar. Era una parte importante de su vida, pero habían ido apareciendo otras cosas que habían acabado desplazándola. Por supuesto, hicimos que Verónica empezase a pintar otra vez por las tardes y los fines de semana. Iba a un parque natural y pintaba paisajes. A veces la acompañaba su hijo pequeño, y el ejercicio se convirtió en una forma perfecta de conectar y compartir esa afición que tanto le apasionaba.

Con el tiempo, fue invirtiendo menos tiempo en el trabajo, pero obteniendo mejores resultados. Estaba feliz y se notaba. Consiguió más clientes y cerró varios buenos tratos. La empresa estaba contenta de tenerla, ya que siempre lograban buenos negocios gracias a ella. Al pasar más tiempo con sus hijos, su vida familiar también mejoró y pintar siempre la animaba. Empezó a leer otra vez y se apuntó a varios cursos de diseño medioambiental y de viviendas. Dejó el club de campo y se ahorró un montón de dinero.

Ahora su trabajo gira alrededor de una original combinación del arte con la vida urbana en un entorno repleto de plantas. A la gente le encanta su trabajo y sale en todos lados. Viaja y hace programas, da clases magistrales y estudia cosas interesantes para adaptarlas e inspirarse.

¿Sabe adónde le va a llevar esto o cuál es el sentido? No, pero está encantada y, sobre todo, está disfrutando del viaje.

PRÓXIMOS PASOS

Ahora nos toca arremangarnos y ponernos manos a la obra. Con suerte, ya habrás puesto en práctica algunos de los ejercicios y habrás liberado algo de energía a medida que ibas leyendo. Este libro ha sido escrito para tratar los principales problemas a los que nos enfrentamos en nuestro caótico mundo urbanizado y para ayudarte a salir del estancamiento. Hay un pero, eso sí: con leer el libro no basta. Tienes que poner de tu parte y hacer los ejercicios.

TRABAJO DURO

Como ya hemos visto, la traducción literal de la palabra *kungfú* sería «trabajar duro» o «comer amargo». Así que, cuando un compañero de artes marciales me pregunta que cómo está mi kungfú, no me está preguntando necesariamente cómo son mis patadas giratorias. Es una metáfora de la vida misma. Tu forma de hacer algo en la vida representa tu forma de hacerlo todo. La vida es trabajo duro y, cuando decidimos alcanzar la *maestría* en aquellos ámbitos en los que estamos comprometidos, hacemos lo que sea necesario para ser buenos. Tanto si trabajas como mecánico, asesor fiscal o eres un atleta, está en tus manos decidir si de verdad quieres esforzarte y dominar tu oficio. Esto constituye un marco de referencia, *una actitud*, y, una vez que la hayas adoptado, afectará a todo lo demás que hagas en tu vida. Nos volvemos buenos en algo porque permanecemos despiertos, alerta y presentes. La atención dividida nos fragmenta, nos hace estar nerviosos y que malgastemos nuestra energía. Un monje urbano está totalmente comprometido con la tarea que tiene entre manos y le presta toda su atención. Cuando termina esta tarea, pasa a la siguiente; cuando está cansado, descansa plenamente y duerme de un modo profundo; cuando toca divertirse, disfruta de la fiesta. Es una persona activa y llena de vida.

Míralo desde esta perspectiva: la vida va a ser dura de una forma u otra. O bien la dominas y la vives conscientemente, o bien dejas que las circunstancias, la debilidad, el drama y las malas decisiones acaben contigo. Creo que todos hemos visto y tenemos suficientes ejemplos de lo dura que puede llegar a ser. ¡Vamos a intentar mejorarla! Tenemos que entrar en nuestra vida y hacer los cambios necesarios para recuperar nuestra energía, liberarnos del peso muerto y empezar a actuar de otra manera.

TRAZAR UN PLAN

Mucha gente observa la pesada carga de todos sus problemas y se agobia. No hay forma de solucionar todos esos marrones a la vez. La mera idea de que sí se puede es ya demencial y hace que millones de personas ni siquiera den un primer paso en la dirección correcta. Lleva tiempo y eso es algo con lo que no estamos acostumbrados a lidiar en nuestra cultura. Nos hemos creído eso de que hay «una pastilla para cada enfermedad» y pensamos que todo se puede arreglar rápidamente, pero ¿a que no sabes qué? Es todo mentira. La vida es kungfú y encarrilar las cosas requiere trabajo. Los que lo consiguen son los amos. Los que no..., bueno, mira a tu alrededor.

La clave para dar un giro a tu vida y lograr un cambio positivo duradero consiste en centrarte en aquellas áreas en las que tu energía esté atrapada e intentar trabajar en ellas. Con la energía que consigas liberar, tendrás más recursos y más poder personal para seguir adelante. Tras un par de rondas, lograrás un mayor impulso y una trayectoria que te permitirá alcanzar un mayor crecimiento y desarrollo personal.

El ejercicio que te recomiendo para lograrlo es un Gong. Consiste en una serie concreta de trabajos con los que te comprometes durante un periodo determinado de tiempo. La duración típica de un Gong suele ser de cien días. Sí, es bastante tiempo, pero diversos estudios demuestran que se necesitan unos noventa días para reconfigurar una costumbre. Al hacer algo en tu vida durante cien días seguidos, conseguirás que esa actividad se convierta en un nuevo hábito y funcionará también como patrón disruptivo. Llevo años enseñando este principio y he visto cómo miles de alumnos transformaban su vida de forma radical. Funciona.

¿Qué se hace en un Gong? Bueno, eso tendrás que decidirlo tú. Debes analizar en qué partes de tu vida te falta claridad, vitalidad y poder personal, y a partir de ahí diseñar un plan personalizado. El ejercicio no consiste en que yo te diga lo que tienes que hacer; tú debes coger las riendas de tu vida y hacer lo que mejor te venga. Repasa cada uno de los capítulos del libro y decide en qué áreas necesitas ayuda. Quizá duermes fatal, estás muy estresado o tu carrera profesional es un desastre. Haz una lista de los ámbitos en los que estás más estancado y elige una o dos cosas que puedas hacer ahora mismo para solucionar el problema. Puedes recurrir a algunos de los trucos que se incluyen al final de cada capítulo o también echarle un vistazo a las sugerencias adicionales de la sección de recursos. El objetivo consiste en identificar aquellas áreas en las que sientes que necesitas más ayuda y elegir una serie de *acciones factibles* que puedas realizar a diario y que te permitan avanzar en la buena dirección.

Un ejemplo podrían ser los malos hábitos alimentarios. Tu Gong podría ser un desayuno contundente con al menos 20 gramos de proteínas cada mañana durante cien días. Si te saltas algún día, vuelve a empezar. Otro ejemplo podría consistir en añadir a tu rutina uno de los muchos ejercicios de meditación que has aprendido en el libro. Un Gong normal incluiría un set de *chi kung* y quince minutos de meditación al día durante cien días. Es una buena forma de hacer que tu Chi fluya y de conseguir algo de claridad mental. Puedes añadir lo que creas que necesitas, pero ten cuidado de no pasarte. El trato (contigo mismo) consiste en hacer cada una de las actividades con las que te has comprometido todos los días, durante cien días, sin excepción. Con los años me he encontrado con distintos tipos de alumnos: algunos suelen comprometerse en exceso y fracasan estrepitosamente; otros lo hacen de forma demasiado tibia y necesitan acelerar para pasar al siguiente Gong. El equilibrio es la clave. Analiza bien lo que tienes que hacer en los próximos cien días y asegúrate de que tus objetivos son realistas. Yo, por ejemplo, viajo mucho, así que un Gong que implique nadar no es la mejor opción. Las flexiones, sin embargo, son ya otra historia, porque puedo hacerlas en cualquier lado.

Intensificar el trabajo y acceder a nuestro poder personal es el primer paso para ser un monje urbano. A partir de ahí, nos convertimos en los faros de luz de nuestra comunidad y luchamos por cambiar el mundo. El monje urbano es una persona tranquila, presente, amable, servicial, generosa y llena de vida. Da lo mejor de sí mismo sin esperar nada a cambio, porque se ha tomado el tiempo necesario para beber de la Fuente de la Eternidad.

Identifica los puntos en los que necesitas más ayuda y comienza a hacer tu trabajo personal de inmediato. La práctica y la disciplina son necesarias para desarrollar buenos hábitos. Meditar mientras haces cola en la tienda no funciona igual de bien si no has cultivado esa práctica en casa. Tienes que saber cómo conseguirlo, porque te será mucho más difícil lograrlo cuando estés cabreado.

Como monjes urbanos, tenemos que rediseñar nuestras vidas para que sean más eficientes e integrar nuevas costumbres y pequeños ejercicios que nos permitan liberar nuestra energía, reducir el estrés y hacer las cosas de otra forma. La vida será mucho mejor. Con el paso del tiempo iremos mejorando y todo será más fácil, ya que tendremos mayor capacidad de adaptación y de resiliencia. Es un honor para mí que hayas invertido tu valioso tiempo en leer este libro que, con suerte, conseguirá despertar algo dentro de ti, aunque *esto es solo el comienzo*. Ahora te toca a ti trabajar en ti mismo y en tu propia vida. Nadie puede hacerlo por ti.

Déjate llevar para salir del estancamiento y encontrar la paz en tu propio cuerpo y en tu hogar. Lleva esa paz contigo y difúndela por el mundo. No necesitamos a gente bienintencionada que huya de la sociedad y se refugie en las montañas. Te necesitamos aquí y necesitamos que estés presente. Los hijos de nuestros hijos te necesitan. Nuestro planeta te necesita. Tenemos que formar parte de la solución.

Esto empieza con todos y cada uno de nosotros, y empieza ahora.

Me inclino con respeto hacia el monje urbano que hay en ti.

¡Adelante!

RECURSOS

CAPÍTULO 1
Sacúdete (vídeo)
Es importante que veas cómo se hace este ejercicio. Puedes echarle un vistazo en la siguiente dirección:
theurbanmonk.com/resources/ch1

Reforzando nuestro sistema inmunitario y nuestra vitalidad
Existen muchísimas plantas y hierbas tónicas que te ayudarán a reforzar el sistema inmunitario y a combatir el estrés. Estas son algunas de mis favoritas:

Hongo Reishi
Ayuda a regular nuestro sistema inmunitario y es adaptogénico.

Eleuthero (ginseng siberiano)
Nos ayuda a potenciar la energía y a adaptarnos al estrés.

Ginseng asiático
Un poco más caliente y más tonificante que la variedad siberiana.

Ginseng americano

Un poco más frío y más sedante que el resto, es muy eficaz a la hora de reforzar el sistema inmunitario.

Astrágalo

Ayuda a aumentar el Chi y alargar los telómeros, ampliando nuestra longevidad.

Todas estas plantas y hierbas tónicas pueden prepararse siguiendo las recetas para sopa del monje urbano de las que hemos hablado en los capítulos tres y seis. He incluido un par de ellas en los recursos del capítulo seis.

Dónde conseguir los preparados chinos tradicionales

Los preparados chinos son una excelente medicina, pero debes asegurarte de que los compras en un lugar seguro. Muchos ingredientes que se cultivan en Asia no están regulados y van cargados de productos químicos y metales pesados nocivos. El escenario es muy cambiante, así que he incluido una lista de los sitios que más me gustan, que iré actualizando a medida que vayan apareciendo nuevas empresas y otras vayan desapareciendo. Puedes consultar la lista en la siguiente dirección:

theurbanmonk.com/resources/ch1

Ejercicios de taichí

Puedes consultar un par de vídeos en inglés de *chi kung* taichí en la siguiente dirección:

theurbanmonk.com/resources/ch1

Sustitutos de la cafeína

Agua con limón

A veces una taza de agua caliente con una rodaja de limón te servirá para sustituir el ritual de la taza de café y te permitirá depurarte.

Agua con gas

No hay nada como esta mezcla, y es una bebida agradable a la que puedes darle sorbitos durante todo el día.

Sidra caliente de manzana

Sabrosa y sin cafeína, esta bebida agradará a tus papilas gustativas y te permitirá darte un caprichito.

Té de menta

Ayuda a movilizar el Chi del hígado y estimula el flujo de energía de forma natural sin la brusca sensación que nos deja la cafeína.

Variabilidad de la frecuencia cardiaca (VFC)

Este concepto ya lleva algo de tiempo con nosotros, y muchas personas inteligentes apuestan por él. El Heart Math Institute está realizando diversas investigaciones y muchas organizaciones han aceptado la VFC como un marcador objetivo del estrés y la resiliencia. Para más información, consulta la siguiente página:

heartmath.com/

CAPÍTULO 2
Pistas para meditar respirando en cuatro tiempos

He incluido una pista extra de meditación para acompañar el ejercicio de este capítulo que grabé en un estudio profesional con ingenieros de sonido. ¡Disfrútala!

theurbanmonk.com/resources/ch2

Ejercicio de *chi kung* con dilatación temporal (vídeo)

Este es otro ejercicio que te vendrá bien ver. Incluyo un vídeo en inglés en el que salgo practicándolo y que te permitirá hacerte una idea de la velocidad, la cadencia y la profundidad de las posturas.

theurbanmonk.com/resources/ch2

Meditación con vela (vídeo)

Una vez más, debemos recordar que muchos ejercicios han sobrevivido al paso del tiempo gracias a su transmisión directa durante milenios. Incluyo a continuación un vídeo en inglés en el que salgo practicando este ejercicio (tendrás que hacerlo a la perfección para que pueda llevarte a *otros lugares*).

theurbanmonk.com/resources/ch2

Calendario y aplicaciones para mejorar la productividad

Cada vez existen más, así que he creado una página en la que incluyo listas actualizadas de las aplicaciones que utilizo para gestionar mi tiempo y mi productividad. Con la aparición de los dispositivos *wereables* o ponibles y el movimiento Quantified Self (ser cuantificado), es cada vez más importante estar al día de las novedades.

Puedes acceder a esta lista en la siguiente dirección: theurbanmonk.com/resources/ch2

Música para las ondas cerebrales

Existen dos empresas que han realizado grandes avances en este campo y que cuentan ya con una dilatada trayectoria. Sin embargo, también han aparecido muchas otras empresas advenedizas que no han resistido la prueba del tiempo y muchos impostores. Estas son las dos empresas que más me gustan:

El Instituto Monroe (The Monroe Institute)

Se podría decir que fueron los primeros y llevan realizando un trabajo excelente bastante tiempo. Son un centro de referencia e incluyen experiencias inmersivas y una gran cantidad de valiosos datos en sus tratamientos.

monroeinstitute.org/

Centerpointe Research

Esta empresa también lleva tiempo en el mercado. Yo he usado personalmente sus materiales y se los recomiendo a mis pacientes. Funcionan bien y pueden ayudarnos a rebajar el estrés y reforzar nuestra resiliencia.

centerpointe.com

Asimismo, aquí encontrarás algunas pistas que he creado para ti:

theurbanmonk.com/resources/ch2

CAPÍTULO 3
Recursos sobre el moho

bulletproofexec.com/moldy-movie-toxic-mold-exposure-documentary/

Ejercicios de *chi kung* del monje urbano (niveles 1 y 2)

Estos ejercicios resultan muy eficaces a la hora de revitalizar nuestro Chi, potenciar nuestra Esencia y fortalecer nuestro Shen..., en serio. Existe una única condición: ¡tienes que hacerlos! He grabado estos vídeos en inglés para mis lectores (¡para ti!) y espero que los aproveches. Haz los ejercicios de nivel 1 por las mañanas y los de nivel 2 por las tardes para obtener mejores resultados. Conseguirás equilibrar el yin y el yang, y marcarás el tono de tu ritmo circadiano.

Puedes acceder a ellos en la siguiente dirección: theurbanmonk.com/resources/ch3

Herbología tónica

Las hierbas tónicas han ayudado a millones de personas a recuperar su chispa y estoy seguro de que también pueden ser de gran ayuda en tu caso. En el capítulo tres incluyo una lista de las hierbas tónicas que más me gustan. Asimismo, puedes consultar la lista de las compañías que yo recomiendo para adquirir productos selectos:

theurbanmonk.com/resources/ch3

Para consultar las recetas de sopa, puedes consultar los recursos del capítulo seis en la página 384.

Guía *detox*

Well.org ha creado una completa guía *detox* que me gustaría compartir contigo. Debes tener en cuenta diversos factores antes de lanzarte a hacer una limpieza o una rutina de depuración y esta guía puede ayudarte en el proceso.

theurbanmonk.com/resources/ch3

Reinicio suprarrenal: doctor Alan Christianson

El doctor Alan Christianson ha realizado un gran trabajo y se podría decir que es todo un héroe. Es un excelente doctor experto en medicina natural y todo un profesional en problemas relacionados con la toxicidad y las glándulas suprarrenales. Puedes visitar su sitio web en la siguiente dirección:

drchristianson.com/

Si quieres conocer a otros médicos cualificados, puedes consultar la web del Institute for Functional Medicine (Instituto de Medicina Funcional):

functionalmedicine.org

Entrenamiento funcional

Conozco a un par de héroes que hacen un trabajo maravilloso en este ámbito y creo que tú también deberías conocerlos.

El doctor Tim Brown es maravilloso. Lleva años trabajando con atletas de élite y está a la vanguardia de la medicina deportiva. Esta es su web:

intelliskin.net/

Por su parte, el doctor Eric Goodman también ha causado sensación, y su Foundation Training es maravillosa. Consulta toda la información aquí:

foundationtraining.com/

Por último, Pavel Kolar, de Praga, también está haciendo cosas impresionantes. Échale un vistazo al siguiente sitio web:

rehabps.com/REHABILITATION/Home.html

CAPÍTULO 4
Sustitutos del café

En los recursos del capítulo uno encontrarás algunos sustitutos de la cafeína, y aquí me gustaría recomendarte algunos sustitutos del café:

Si vas a beber café, te recomiendo Bulletproof: bulletproofexec.com

Son productos maravillosos y limpios, y Dave Asprey es increíble. A mucha gente le va bien el café, pero esta sección es para aquellos que no pueden dormir y que necesitan reducir su ingesta de cafeína. Si necesitas un descanso, estos son algunos sustitutos del café:

Té verde: Gracias al equilibrio de cafeína y L-teanina, el té verde te ayuda a relajarte al tiempo que te estimula.

Yerba mate: Estimulante natural, esta infusión te ofrece un buen chute de energía y cumple bien con su función.

Té Roiboos: Este té rojo africano es muy completo, sabroso y ligeramente estimulante.

Recursos CEM (campos electromagnéticos)

Existen muchísimos recursos en línea, pero es el Salvaje Oeste de los productos CEM, por lo que no incluiré ningún enlace, ya que sigue siendo un asunto espinoso para la ciencia y se venden todo tipo de artilugios de dudosa eficacia. Puedes consultar mi página de recursos para acceder a la última información sobre el tema:

theurbanmonk.com/resources/ch4

Es un asunto al que tendremos que enfrentarnos en nuestra cultura. Sin embargo, hay muchas empresas que se aprovechan del miedo de la gente para vender aparatos *cuánticos* sin ninguna base científica real. Haré que mi equipo haga los deberes y publique los artículos y los recursos más razonables sobre el tema.

Aislamiento de paredes

lessemf.com/wiring.html/emfsafetystore.com

Meditación relajante para dormir

Incluyo a continuación un enlace a una pista que he creado con tecnología Holosync de fondo diseñado para ayudarte a dormir.

theurbanmonk.com/resources/ch4

Ponte los auriculares y deja que el sonido te guíe poco a poco hacia un estado mental más profundo y relajado.

Jaulas de Faraday

El efecto «jaula de Faraday» anula la acción de los campos estáticos y magnéticos, creando una zona libre de electricidad en su interior. Las jaulas de Faraday, que reciben su nombre de Michael Faraday, quien las inventó en 1836, se utilizaban en experimentos científicos y actualmente mucha gente las usa para evitar la exposición a los campos electromagnéticos. Yo una vez dormí en una habitación aislada con el sistema Faraday y tuve una de las mejores noches de sueño en mucho tiempo. ¡Merece la pena echarle un vistazo!

En este blog podrás descubrir cómo construir tu propia jaula:

thesurvivalistblog.net/build-your-own-faraday-cage-heres-how/

CAPÍTULO 5
Arrastrarse y gatear

Ya hemos explicado cómo, a medida que vamos creciendo, pasamos por distintas fases de desarrollo. Sin embargo, muchos padres impiden que sus hijos pasen por estas etapas al utilizar andadores y otros soportes para que no tengan que arrastrarse. En los últimos años hemos visto cómo muchos de estos niños (y adultos) que no reptaron por el suelo y que empezaron directamente a gatear o pasaron de gatear a andar demasiado rápido presentan trastornos de desarrollo. Existen tratamientos muy eficaces para este tipo de patologías que ofrecen excelentes resultados en el caso de los problemas de aprendizaje, equilibrio y de comportamiento. Los padres, a medida que vuelven al 3D y tienen que utilizar su cuerpo partiendo desde el suelo, también disfrutan de los beneficios. Este recurso es muy útil:

rehabps.com/REHABILITATION/Home.html

También encontrarás otros tratamientos en la siguiente página de recursos:

theurbanmonk.com/resources/ch5

La posición del caballo cuadrado en kungfú

La posición básica en el kungfú chino es la conocida como «posición del caballo cuadrado» y es la base de muchos de los ejercicios de esta práctica. Es una posición excelente porque fortalece las piernas y los glúteos, mejora el equilibrio, le quita presión a nuestra zona lumbar y nos ayuda a generar más energía para el cuerpo.

Para adoptar esta postura, colócate con los pies juntos y después separa las puntas todo lo que puedas. A continuación, manteniendo las puntas de los pies en la misma posición, separa los tobillos todo lo que puedas y, después, vuelve a separar las puntas manteniendo los tobillos en la misma posición. Por último, una vez que tus pies estén a la distancia correcta, colócalos en paralelo para que los dedos apunten hacia delante. Ahora ponte cómodo y hunde ligeramente el tronco. El peso debe estar bien distribuido entre los centros de tus pies y de tus tobillos, y la pelvis debe mantenerse en posición neutral. Eso significa que el trasero no debe sobresalir por la parte de atrás ni quedarse metido hacia dentro. Desciende lentamente mientras respiras llevando el aire hacia el Dantian inferior. A continuación encontrarás un dibujo de la posición:

Para más información, consulta la siguiente dirección: theurbanmonk.com/resources/ch5

Consecuencias de estar sentado

«Amount of time spent in sedentary behavior in the US, 2003-2004», en *American Journal of Epidemiology*, volumen 167, número 4, 2008.

En línea: http://aje.oxfordjournals.org/content/167/7/875. full.pdf+html

«Leisure time spent sitting in relation to total mortality in prospective cohort of US Adults», en *American Journal of Epidemiology*, volumen 172, número 4, 2010.

En línea: http://aje.oxfordjournals.org/content/172/4/419. full.pdf+html?sid=89f676d6-cad1-4552-9a16-efb73ae68137

Pennington Biomedical Research Center (del artículo «Is Sitting a Lethal Activity?», en *New York Times*, 14 de abril de 2011).

En línea: http: //www.nytimes.com/2011/04/17/magazine/mag-17sittingt.html

«Interindividual variation in posture allocation: possible role in human obesity», en *Science*, volumen 307, número 5709, enero de 2015.

En línea: www.sciencemag.org/content/307/5709/584. abstract?sid=b27f80a3-1e62-4759-b104-b5171391c8f7

«Calories Burned Standing vs Sitting», en *Livestrong Foundation*, agosto de 2011.

En línea: www.livestrong.com/article/73916- calories-burned- standing-vs.-sitting/

«Exercise physiology versus inactivity physiology: an essential concept for understanding lipoprotein lipase regulation», en *Exercise and Sports Science Reviews*, volumen 32, 4.ª edición, octubre de 2004.

En línea: http://journals.lww.com/acsm-essr/Abstract/2004/10000/Exercise_Physiology_versus_Inactivity_Physiology_.7.aspx

Posturas de kungfú para el escritorio

Una vez que hayas conseguido realizar la posición del caballo cuadrado, podrás empezar a practicar otras posturas que te permitirán trabajar los diferentes músculos de las piernas, construir tu Chi y conseguir mayor estabilidad. He recopilado una secuencia básica que utilizo en muchas de las empresas con las que trabajamos. Mantente en cada una de estas posturas durante cinco minutos mientras haces un descanso y respira llevando el aire al Dantian inferior. En la siguiente dirección podrás consultar estas posturas y ver un vídeo en inglés explicativo: theurbanmonk.com/resources/ch5

Ejercicios para el escritorio

En Well.org hemos creado un maravilloso circuito de entrenamiento para los empleados de las empresas con las que trabajamos. Estos ejercicios nos ayudan a mantenernos activos durante el día, dando un giro radical a nuestra rutina. Puedes consultar el vídeo en inglés en la siguiente dirección:

theurbanmonk.com/resources/ch5

Earthing: conecta con la tierra

Clint Ober y el doctor Stephen Sinatra han creado una superficie que se conecta al cable de tierra de la toma de corriente y te permite absorber la energía de la tierra. Puedes colocar estas superficies debajo del escritorio, de la cama o de cualquier otro sitio en el que pases mucho tiempo. Descubre este maravilloso invento en la siguiente dirección:

earthing.com/

Diseño medioambiental

Transformar tu entorno para adaptarlo de forma óptima a tus necesidades de movimiento es algo fundamental. Rediseña el medio en el que vives para obligarte a levantarte y a moverte. Siéntate en el suelo y ten a mano aparatitos que te hagan sentir mejor. Rodéate de buenos alimentos con un alto valor nutritivo y bajos en calorías vacías. Llena la nevera solo de comida saludable. Aprovecha la luz natural y el aire fresco. El monje urbano analiza todos los elementos de su entorno y hace los cambios necesarios para optimizarlos. ¿Cómo puedes hacer que tu coche sea menos ruidoso? ¿Qué puedes hacer para no hacerte daño en los músculos posturales durante un vuelo?

Tienes que analizar todos y cada uno de estos aspectos. Estudia detenidamente todos los lugares a los que vas y cómo pasas el tiempo durante la semana, y piensa cómo puedes optimizar estos elementos para conseguir un humor, un rendimiento, una postura y una agilidad mucho mejores.

Ejercicio en BOSU con los ojos cerrados

Como puede que te sea difícil visualizar este ejercicio, he incluido un vídeo en inglés demostrativo en la siguiente dirección:

theurbanmonk.com/resources/ch5

CAPÍTULO 6

Receta de chucrut saludable

1 cabeza de col sin corazón y picada uniformemente.

1 cebolla cortada (que constituye una buena fuente de prebióticos en forma de inulina).

Eneldo fresco (para darle sabor) picado en trocitos pequeños.

1 cucharada de semillas de comino.

2 cucharadas soperas de sal no yodada.

En un cuenco, mezcla la col con la cebolla. Añade el eneldo, las semillas de comino y la sal, y mézclalo. Introduce la mezcla en un tarro grande (o en varios si fuese necesario), asegurándote de que está bien comprimida y de que no quedan bolsas de aire. Deja entre uno y dos centímetros en la parte superior del tarro. (Con una col tendrás suficiente para llenar un tarro grande).

Deja el tarro ligeramente abierto durante una semana para que la col fermente y después ciérralo.

En una semana ya podrás comértelo, aunque el chucrut mejora con el tiempo. Lo ideal es esperar unas tres semanas.

Incluyo a continuación un vídeo en inglés que hice con Summer Bock sobre el tema:

theurbanmonk.com/resources/ch6

Sopas

El monje urbano utiliza las sopas para restaurar su Chi y nutrir su cuerpo. Antiguamente solíamos cocinar sopas medicinales en cazuelas de barro; ahora tenemos maravillosas ollas de cocción lenta. Las siguientes recetas son muy fáciles de preparar: solo tendrás que mezclar los ingredientes en una olla y dejar que se cocine durante unas seis horas mínimo. Si añades huesos grandes, te aconsejo que los cuezas durante al menos veinticuatro horas y que añadas algo de vinagre para descomponerlos.

En cuanto a las hierbas, puedes consultar una lista de proveedores de hierbas culinarias y medicinales limpias:

theurbanmonk.com/resources/ch6

Receta taoísta de sopa tónica

Coloca las legumbres secas que quieras en un tazón con agua y déjalas en remojo durante la noche. Al día siguiente, quítales el agua y apártalas.

Elige carne de ganado alimentado con pasto, como carne de res asada o pierna de cordero, y añádela a la olla de cocción lenta. La carne tiene propiedades que estimulan el Yang Chi, así que añade toda la que necesites. Otra opción consiste en cortar un pollo en piezas grandes, dejarle los huesos y ponerlo todo en la olla. Si eres vegetariano, añade más judías.

Elige distintas verduras frescas que sean de temporada (como el apio, el brócoli, el pimiento morrón, las zanahorias o los guisantes) y córtalos en trocitos más o menos parecidos. La patata dulce también es una buena opción para darle buen sabor. Añade las verduras a la olla junto con las legumbres que reservaste al principio y mézclalo todo.

A continuación añade las siguientes hierbas:

6 piezas de azufaifas. Mejorarán la calidad de tu sangre.

6 gramos de astrágalo. No es comestible pero le dará más fuerza a la sopa y ayudará a potenciar tu Chi. Puedes dejarlo en la sopa, pero no te lo comas.

6 gramos de *ginseng*. Otro potente tónico para el Chi. Si lo cocinas durante bastante tiempo, podrás comértelo.

Por último, a mí me gusta añadir una taza de arroz glutinoso, que le aporta una textura muy parecida a la de las gachas.

Cuece la mezcla a fuego alto durante seis horas. Deja que se enfríe un poco y cómetelo caliente.

Tónicos sexuales taoístas

Para elaborar esta receta, debes utilizar una pierna de cordero con hueso y las verduras de temporada que más te gusten. Añade estos ingredientes a la olla de cocción lenta junto con las siguientes hierbas:

6 gramos de He Shou Wu *(Polygoni multiflori radix)*. Es una potente hierba tónica que te aportará vitalidad.

3 gramos de Chen Pi. Es la cáscara de la mandarina secada al sol *(Citri leiocarpae exoparpium)* y nos ayuda a agitar el Chi.

1 puñado de bayas de Goji *(Lycii fructus)*.

Si necesitas más energía yang, también puedes añadir entre 3 y 6 gramos de Du Zhong *(Eucommiae cortex)* para conseguir mayor vitalidad.

Cocina a fuego lento durante ocho horas (necesitarás más tiempo si has incluido huesos) y bébetelo caliente.

Huertos domésticos (guía)

Well.org ha creado una fantástica guía que te ayudará a crear tu propio huerto doméstico. Consúltala en la siguiente dirección:

well.org/homegardening

Ayunar correctamente

Well.org también ha creado una guía para ayunar correctamente que te permitirá conocer qué tipo de ayuno es el más adecuado para ti. Consúltala aquí:

well.org/fasting

Ácidos grasos monoinsaturados (MUFA, por sus siglas en inglés)

No todas las grasas son malas. Los ácidos grasos monoinsaturados son un tipo de grasa buena. Sustituir las grasas menos saludables, como las grasas saturadas o las grasas trans, por ácidos grasos insaturados, como los monoinsaturados (MUFA) y los poliinsaturados, es una muy buena idea.

Consumir este tipo de ácidos grasos puede ayudarte a reducir el riesgo de padecer enfermedades de corazón al reducir los factores de riesgo. Los MUFA permiten rebajar los niveles de colesterol total y de lipoproteína de baja densidad (colesterol LDL o *malo*), pero manteniendo los niveles de lipoproteínas de alta densidad (HDL o colesterol *bueno*).

Incluyo a continuación una lista de alimentos ricos en MUFA:

Aceite de oliva

Frutos secos, como las almendras, los anacardos, las nueces pecanas y de Macadamia.

Aceite de colza

Aguacate

Mantequilla de nueces

Aceitunas

Aceite de cacahuete

Enzimas digestivas

Las enzimas digestivas nos ayudan a descomponer los distintos alimentos. Puede que te falte alguna de estas enzimas o que tu sistema enzimático no funcione bien. Para descubrirlo, puedes investigar cuál es la enzima correcta que sirve para descomponer los alimentos que más molestias te causan. Incluyo a continuación una lista con los distintos tipos de enzimas y los alimentos que permiten digerir.

Las **proteasas y peptidasas** rompen los enlaces de las proteínas convirtiéndolas en pequeños péptidos y aminoácidos.

Las **lipasas** descomponen la grasa en tres ácidos grasos y una molécula de glicerol.

Las **amilasas** ayudan a digerir los hidratos de carbono como el almidón o los azúcares convirtiéndolos en azúcares simples como la glucosa.

Puedes tomarte una pastilla que contenga los tres tipos principales o probar por separado con cada uno de ellos para ver cómo te ayudan a digerir los distintos alimentos. Conocer mejor cómo funciona tu cuerpo te permitirá alcanzar una gran sabiduría.

CAPÍTULO 7
Paseo silencioso (vídeo)
Este ejercicio puede ser un poco complicado, así que te enseñaré cómo se hace:

theurbanmonk.com/resources/ch7/

Curso de habilidades primitivas
Aprender a sobrevivir en la naturaleza utilizando las herramientas más primitivas te hará más fuerte y es un hermoso proceso. Cliff Hodges es todo un experto. Lleva mucho tiempo enseñando estas destrezas y no es una persona sectaria y raruna como muchos otros del sector. Incluyo un enlace a su escuela:

adventureout.com/

Existen muchos otros cursos que cuentan con un gran número de seguidores, pero todas las personas a las que les he recomendado los cursos de Cliff han podido disfrutar de la educación y la experiencia integral que ofrece el maestro.

Escuelas de actividades al aire libre
Existen escuelas que, desde hace años, organizan diversas actividades al aire libre para los niños. Como padre, te alegrarás enormemente de que tus hijos hayan disfrutado de este tipo de experiencias.

CAPÍTULO 8
Meditación centrada en el corazón
Déjame enseñarte en qué consiste el ejercicio:

theurbanmonk.com/resources/ch8

Los cinco animales

Es un ejercicio complicado, así que es mejor que veas en qué consiste. En el siguiente vídeo en inglés podrás ver las cinco posturas y cómo *convertirte* en estos animales:

theurbanmonk.com/resources/ch8

El profesor Carl Totton

Mi principal maestro. Un genio y una caja llena de sorpresas.

taoistinstitute.com

Sal de tu zona de confort

Existen mil formas maravillosas de salir de tu burbuja, hacer amigos y enfrentarte a algunos de tus miedos. A mí me gustan las clases de hablar en público y la comedia de improvisación.

Toastmasters lleva mucho tiempo trabajando con este tipo de problemas y tienen clubs por todo el mundo. Ayudan a gente como tú y como yo a vencer el miedo a la hora de hablar en público mediante la práctica. Estas reuniones cambiarán tu vida.

Si quieres más información, consulta el siguiente enlace: toastmasters.org/

Si quieres encontrar clases de improvisación, tendrás que buscar una escuela local. Yo tengo la suerte de vivir en Los Ángeles, donde hay miles de opciones. No obstante, la mayoría de las ciudades tienen un club de la comedia y es un buen lugar para empezar. Puedes investigar si existe algún tipo de formación en esta materia o si conocen algún centro donde se imparta. Quizá te puedes unir a un grupo local y empezar a practicar. Será divertido y te ayudará a no tomarte tan en serio.

CAPÍTULO 9
Asesoramiento financiero

Estar endeudado no es ninguna tontería, y muchísimas personas viven agobiadas por las deudas. Necesitas un plan para salir de esa situación y no volver a vivir con esa carga nunca más. Te hará falta disciplina, pero merecerá la pena. Comparto contigo un recurso que te ayudará a dar el primer paso:

nfcc.org/

Academia de comunicación digital

Well.org lleva tiempo ayudando a pequeñas empresas a dar el salto y a crear con éxito empresas digitales y estrategias de comunicación eficaces. Muchos emprendedores y pequeñas empresas saben que necesitan estar *online* y tener presencia digital, pero no saben por dónde empezar ni cómo hacerlo. Pues bien, Well.org ha creado un completo curso que te ayudará a crear tu perfil digital y dar a conocer tu trabajo. Consúltalo en la siguiente dirección:

media.well.org/

B Corporation

Las B Corps son el futuro. Son ya muchas las empresas responsables y comprometidas que están avanzando en esta dirección, y es un tema en boca de todos. Si tienes una empresa, te recomiendo encarecidamente que te plantees conseguir tu certificación B Corporation y superes el proceso de evaluación.

bcorporation.net/

Game Changers 500

Mi amigo Andrew Hewitt es el fundador de esta empresa que está cambiando las reglas del juego. Básicamente, ¿cuáles son las 500 empresas más importantes que sí se preocupan y están cambiando el mundo? ¿Cómo podemos remodelar el concepto de valor de una compañía y qué criterios debemos utilizar? Esta iniciativa es el contrapunto perfecto a la lista Fortune 500, en la que solo se tienen en cuenta los beneficios y no la sostenibilidad de las empresas.

Aquí tienes el enlace a este maravilloso recurso: gamechangers500.com/

Fondos sostenibles

El capitalismo consciente ha dado lugar a grandes movimientos que yo mismo he estado siguiendo de cerca. Por eso, hemos creado un recurso con información actualizada sobre fondos coherentes con las prácticas sostenibles que sí predican con el ejemplo. Iremos actualizando poco a poco la lista que podrás encontrar en la siguiente dirección: theurbanmonk.com/resources/ch9

Votemos con nuestro dinero y seamos parte del cambio que queremos ver en el mundo.

CAPÍTULO 10
Meditación taoísta con el Dantian

Deja que te enseñe cómo hago yo este ejercicio: theurbanmonk.com/resources/ch10

Meditación con el tercer ojo

Una vez más, es muy importante que coloques las manos en la posición correcta. El siguiente vídeo en inglés te ayudará a entender mejor el ejercicio:

theurbanmonk.com/resources/ch10

Aventuras rurales

Existen empresas que pueden ofrecerte todo lo que necesitas cuando te decides a explorar la naturaleza. Puede que te haga falta un hornillo de gas, algo para cobijarte dependiendo de dónde estés, un filtro de agua y otro tipo de equipamiento. No tiene por qué costarte un ojo de la cara. Puedes alquilar algunas cosas e ir construyendo poco a poco tu propio equipamiento. Coge la mochila y llega todo lo lejos que puedas. También puedes consultar las excursiones de senderismo que se organizan cerca de tu lugar de residencia haciendo una búsqueda en internet. Si te apuntas, seguro que podrás conocer a gente muy interesante.

¡Sal de casa y diviértete!

AGRADECIMIENTOS

Me gustaría empezar dándole las gracias a mi amada esposa, que ha soportado tantísimas cosas durante estos años mientras que yo hacía películas y viajaba por el mundo. Ha sido la piedra angular de mi vida y siempre ha estado ahí dándome todo su amor, su ánimo y su apoyo. Es un ángel.

A mis hijos, que son la luz de mi vida. Hago todo esto por ellos y por sus hijos.

A mis padres, que trabajaron tantísimo para empezar una nueva vida y darnos todas las oportunidades que nos han permitido llegar hasta aquí... ¡Gracias!

También quiero darle las gracias a mi hermana, mi compañera en todo este viaje y una persona que siempre creyó en mí.

A mi familia: primos, tías, tíos, abuelos, familia política y demás allegados. Me han convertido en la persona que soy y siempre me han apoyado dándome todo su amor.

A mis amigos, que siempre creyeron en mí y que me han acompañado en tantas aventuras increíbles a lo largo de mi vida. Os quiero.

Por último, quiero darle las gracias en especial al doctor Carl Totton, quien me apoyó durante mi formación y mi educación durante todo el viaje, y también al increíble equipo de Well.org, que lucha con tanto empeño para hacer del mundo un lugar mejor.

Este libro
se terminó de imprimir
en el mes de enero de 2017